Life Engineering

Hubert Österle

Life Engineering

Mehr Lebensqualität dank maschineller
Intelligenz?

Hubert Österle
Universität St. Gallen
St. Gallen, Schweiz

ISBN 978-3-658-28334-6   ISBN 978-3-658-28335-3 (eBook)
https://doi.org/10.1007/978-3-658-28335-3

Die Deutsche Nationalbibliothek verzeichnet diese Publikation in der Deutschen Nationalbibliografie; detaillierte bibliografische Daten sind im Internet über http://dnb.d-nb.de abrufbar.

Springer
© Springer Fachmedien Wiesbaden GmbH, ein Teil von Springer Nature 2020

Springer ist ein Imprint der eingetragenen Gesellschaft Springer Fachmedien Wiesbaden GmbH und ist ein Teil von Springer Nature.
Die Anschrift der Gesellschaft ist: Abraham-Lincoln-Str. 46, 65189 Wiesbaden, Germany

Vorwort

Die Menschheit steht vor einem Evolutionssprung. Evolution bezeichnet dabei im Sinne von Damasio [1] und Tegmark [2] vor allem die kulturelle (gesellschaftliche und technologische) Evolution, in weiterer Zukunft aber auch die biologische Weiterentwicklung des Menschen. Neue Technologien, allen voran die Informationstechnik, verändern unser Leben grundsätzlich. Individuen, Unternehmen und Staaten kämpfen im Wettbewerb um die Führung in der technologischen Entwicklung und versuchen gleichzeitig, die Technologie zum Wohle der Menschen zu nutzen. Die Unternehmen überbieten sich mit Heilsversprechen, vom vollständig selbstfahrenden Auto bis zur Heilung von Krankheiten wie Krebs. Die Individuen dagegen sind von ihren persönlichen Erfahrungen mit digitalen Diensten und den Versprechungen zum Teil enttäuscht, vor allem aber durch die überbordende Komplexität oft überfordert. Man denke an die Installation eines Smartphones, an die finanzielle Altersvorsorge im eBanking, an die Zustimmung zur Weitergabe der persönlichen Daten und schliesslich an das Erkennen von Manipulationen. Die Medien und teilweise die Politik nutzen auf der einen Seite die Verunsicherung der Menschen für Panikmache und wecken auf der anderen Seite simplizistische Euphorie.

Emotionen und Missverständnisse prägen häufig die Diskussionen. Es geht aber um die grundlegende Frage, wie die Menschen die technologischen Opportunitäten zur Steigerung ihrer Lebensqualität nutzen und die Bedrohungen vermeiden können. Es besteht die Gefahr, dass wir die wahrscheinlich folgenschwerste Innovation der Menschheitsgeschichte nicht richtig erkennen, uns mit Symptomen wie dem Verlust des papierenen Buches oder der „Handysucht" der Jugendlichen beschäftigen, Entwicklungen wie die Überwachung des Internetverkehrs im Programm PRISM [3] oder das Social Scoring in China [4] mangels Verständnis falsch einschätzen und schließlich nicht die richtigen Konsequenzen, wie etwa die Beschränkung auf wenige ausgewählte digitale Dienste, daraus ableiten oder die individuelle Kontrolle der Personendaten unterlassen. Fragen rund um den Schutz der Privatheit, die zunehmende Macht monopolartiger Dienstanbieter zu Lasten von Staaten und Bürgern oder die Inhalte einer zukunftssicheren Berufsausbildung überfordern den Bürger massiv, die Politik weitgehend und die Experten in vielen Fällen, selbst wenn man von einem allseits guten Willen ausgeht.

Mehrere Disziplinen bemühen sich um belastbare Grundlagen: Informatik, Wirtschafts- und Sozialwissenschaften, Politologie, Psychologie, Philosophie, Neurowissenschaften, Ethik und Religion. Wissenschaftler, die an der Schnittstelle von Informationstechnologie, Wirtschafts- und Sozialwissenschaften arbeiten und bereit sind, sich in die Erkenntnisse der anderen Wissenschaften einzulesen, können möglicherweise zur Klärung einiger Positionen beitragen und somit die Diskussionen versachlichen. Diese Schrift ist ein bescheidener Versuch dazu, wohl im Bewusstsein folgender Beschränkungen:

- Die Verbindung des Wissens aus den involvierten Disziplinen mit inkompatiblen Denk- und Begriffswelten ist herausfordernd.
- Die Aussagen und Schlussfolgerungen sind selten quantitativ empirisch oder mathematisch beweisbar. Selbst die argumentative Deduktion gelingt nur teilweise, so dass viele Aussagen persönliche Meinungen darstellen oder als spekulativ zu gelten haben. Die Folgerungen sind vielfach nicht so klar und operational, wie es in einer gestaltungsorientierten Forschung wünschenswert wäre. Vielleicht kann der Gewinn an Strukturierung dafür entschädigen.
- Manche Folgerungen widersprechen fest verankerten Haltungen (Mainstream) oder sind wegen ihres Widerspruchs zum Selbst- und Arterhaltungstrieb nicht willkommen. So fällt es uns schwer, zu akzeptieren, dass der Mensch nicht das Ziel, sondern nur eine Zwischenstufe der Evolution sein könnte. Die Vorstellung, dass die staatliche Überwachung und Steuerung der Bürger wie im chinesischen Social-Credit-Scoring-System möglicherweise ein Vorbild für die soziale Marktwirtschaft sein könnte, verträgt sich nicht mit unserem intuitiven Bedürfnis nach Freiheit. Versucht man nüchtern die Vor- und Nachteile zu diskutieren, ist es nicht immer leicht, dabei die politische Korrektheit einzuhalten oder den gesellschaftlich breit akzeptierten Wertvorstellungen zu entsprechen. Die Erkenntnisse können ebenso ermutigend wie deprimierend sein.
- Eine rationale Auseinandersetzung mit dem Thema ist nicht einfach und unterhaltsam, sondern verlangt mühsame Abstraktion.

- Dieser Text präsentiert eine mögliche Sicht auf die digitalisierte Welt; andere sind danebenzustellen. Ich vertrete eine ingenieurwissenschaftliche, marktwirtschaftliche und menschenzentrierte Grundhaltung; ein chinesischer oder kongolesischer Standpunkt und ein religiöses Weltbild dürften sich in vielen Aspekten deutlich unterscheiden.

In Anbetracht der Opportunitäten und Bedrohungen aus der Digitalisierung des persönlichen Lebens ist es deutlich vorteilhafter, aus dem verfügbaren Wissen, wie unsicher es auch immer sein mag, Zusammenhänge zu erkennen und Handlungsmaximen abzuleiten, als auf wissenschaftstheoretisch saubere Erkenntnisse zu warten, die meist nur ex post verfügbar werden. Das heißt aber auch, die umfassenden Datensammlungen der digitalen Dienste intensiv zum Finden von Zusammenhängen und Strukturen zu nutzen.

Gefordert ist eine Disziplin **Life Engineering,** die Chancen und Gefahren für den Menschen aufzeigt, Impulse für unternehmerisches Handeln liefert und zur politischen Willensbildung beiträgt. Werte wie Menschenwürde, Humanismus und Freiheit sind im Zusammenhang mit maschineller Intelligenz zu konkretisieren. Der Leser, der nach Ideen zum Verständnis und zur Nutzung des technologischen, wirtschaftlichen und gesellschaftlichen Wandels sucht, findet hier hoffentlich eine rationale Betrachtung ohne allzu emotionale Einflüsse und voreingenommene Ideologie. Er möge aus diesem Text Anregungen für die wissenschaftliche und vor allem praktische Vertiefung finden.

Danken möchte ich an dieser Stelle all jenen, die mich bei der Entstehung dieses Buches unterstützt haben. Rieke Bärenfänger, Bernadette Burtscher, Christian Dietzmann, Manuel Eisele, Florian Schweitzer, Bruno Weder und Bianca Wipplinger haben mich in zahlreichen Diskussionen gefordert und wesentlich zum Reifen der Aussagen beigetragen. Michael Gasser und Annette Glaus haben aus dem Manuskript ein Buch geformt. Renate Schilling hat mich als Lektorin herausgefordert und wesentlich zur inhaltlichen Klarheit beigetragen.

Literatur

1. Damasio, A. R. (2018). *The strange order of things: Life, feeling, and the making of cultures.* New York: Pantheon Books.
2. Tegmark, M. (2018). *Life 3.0. Being human in the age of artificial intelligence.* New York: Knopf.

3. Snowden, E. (2013). PRISM/US-984XN overview. https://snowdenar-chive.cjfe.org/greenstone/collect/snowden1/index/assoc/HASH9cc7.dir/doc.pdf. Zugegriffen am 12.09.2019.
4. Chin, J. (10. August 2017). In China, surveillance feeds become reality TV. *The Wall Street Journal*, S. 8–10.

St. Gallen, Schweiz   Hubert Österle
30. September 2019

Inhaltsverzeichnis

1

Leben mit maschineller Intelligenz

Vielfältige Arten maschineller Intelligenz verändern alle Bereiche unseres Lebens. Maschinelle Intelligenz steht hier für jede Art digitaler Dienste, die dem Menschen geistige Tätigkeiten abnehmen oder die Intelligenz des Menschen verstärken. Darunter fallen die Kontoführung einer Bank genauso wie das Management einer Lieferkette, die Terrorabwehr, die Haussteuerung, autonome Fahrzeuge, ein aktives Exoskelett und alle Apps auf mobilen Geräten oder Websites im Internet, also alle Informationstechnik, die unser Leben jetzt und in Zukunft bereichert. Die Lebensbereiche reichen von der Kommunikation über die medizinische Therapie bis zur finanziellen Altersvorsorge. Die große Frage dabei lautet: Macht uns die maschinelle Intelligenz glücklich oder werden wir zu unglücklichen Sklaven der Technologie?

1.1 Utopie oder Dystopie

Die Medien überbieten sich seit Jahren mit Berichten zur maschinellen Intelligenz, entweder mit utopischen oder mit dystopischen, seltener mit realistischen. **Angstthemen** sind die Superintelligenz, die den Menschen verdrängt, Roboter und Artificial Intelligence, die zur Arbeitslosigkeit oder zur Entmenschlichung führen, die Manipulation der Menschen durch soziale Netzwerke, die Überwachung durch Kameras und Sensoren aller Art usw. **Hoffnungsthemen** sind Wohlstand für alle, selbstfahrende Autos ohne Verkehrsunfälle, die Heilung von Krankheiten und die Delegation von unangenehmen Arbeiten an Roboter (z. B. die Pflege von Alten). 85 % der

© Springer Fachmedien Wiesbaden GmbH, ein Teil von Springer Nature 2020
H. Österle, *Life Engineering*, https://doi.org/10.1007/978-3-658-28335-3_1

US-Amerikaner glauben, dass die Informationstechnologie gut für ihr Land ist, und 75 %, dass sie gut für sie persönlich ist [1]. Gleichzeitig wollen mehr als 81 Prozent der 1003 Befragten, dass die sozialen Medien Hass auf ihren Plattformen besser kontrollieren, 82 Prozent, dass die sozialen Netzwerke weniger Daten sammeln, und 89 Prozent, dass „Fake News" besser erkennbar sind [1]. Die Menschen freuen sich also über die Annehmlichkeiten der digitalen Helfer und sorgen sich um die Entwicklung.

Selbst in der Sach- und Fachliteratur findet man äußerst widersprüchliche Szenarien. So entwerfen Diamandis und Kotler das Zukunftsbild einer weltweiten Überflussgesellschaft [2]. Zuboff ruft zum Kampf gegen einen Überwachungskapitalismus auf, der sich hauptsächlich gegen die Machtposition der Datenkraken richtet [3]. Dazu zählen laut Christl und Spiekermann allerdings nicht nur Google, Facebook usw., sondern auch Datenbroker wie Acxiom, Oracle und Arvato Bertelsmann [4]. McNamee, ein früher und immer noch aktiver Investor in Facebook, warnt sogar vor einer Facebook-Katastrophe [5]. Schmidt und Cohen entwickelten schon 2013 eine eher nüchterne politische Agenda zum Umgang mit der Digitalisierung [6]. Collier macht Vorschläge zur Wiederherstellung einer ethisch fundierten Gesellschaft [7]. Harari sieht die Vision einer dem Menschen ähnlichen Intelligenz als unerlaubte Simplifizierung des Lebens und hofft auf eine geistige / metaphysische Komponente des Menschen [8, S. 401], erwartet aber eine biochemische Verbesserung und ein Re-engineering unseres Körpers und Geistes [8, S. 48]. Andere versuchen, eine Ethik der Digitalisierung oder Regeln für den Umgang mit maschineller Intelligenz zu entwickeln [9, 10].

Sind die Menschen heute glücklicher als vor 3000 Jahren? Verbessert die Technologie unsere **Lebensqualität**? Auf welche technischen Errungenschaften könntest du[1] verzichten: Telefonie, eMail, eBanking, eGovernment, Internetsuche, Fotografie, Musik, Video, Spiele, 3D-Druck, Augmented Reality, Computertomografie, Wettervorhersage und Navigation? Warum tust du es nicht? Millionen von Entwicklern und Unternehmern nutzen jede Gelegenheit zur Innovation derartiger digitaler Dienste. Milliarden von Konsumenten springen auf die Neuigkeiten und Verbesserungen. Der OECD-Report „How's Life in the Digital Age?" kommt nach Auswertung zahlreicher Studien in verschiedenen Ländern zum Schluss, dass der Internetzugang und die Zufriedenheit mit dem Leben einen signifikanten Zusammenhang aufweisen, ohne allerdings daraus eine Kausalität ableiten zu wollen [11, S. 92] (vgl. Abb. A.1 im Anhang). Der Report nennt aber mögliche Begründun-

---

[1] Ich verwende an einzelnen Stellen die Ich- und die Du-Form, um die persönliche Betroffenheit zu verstärken.

gen für den Zusammenhang: neu erhältliche Güter und Dienste, digital ermöglichte soziale Beziehungen, Sprach- und andere Online-Kommunikation, flexiblere Arbeitsformen, besserer Zugang zu medizinischen und staatlichen Diensten, leichteres Finden von romantischen Beziehungen [12] und schließlich einfachere Möglichkeiten zum Lernen von Wissen und Fähigkeiten. Der Fortschritt und das Glück der Menschen scheinen also Hand in Hand zu gehen. Trotzdem gibt es die vielen erwähnten kritischen Stimmen [13]. Spiegeln diese also tatsächlich ernste Probleme oder bedienen sie nur Ängste?

Der Wettbewerb im **kapitalistischen Wirtschaftssystem** hat in den letzten zweihundert Jahren eine geradezu exponentielle technologische Entwicklung und diese einen noch vor kurzem unvorstellbaren **materiellen Wohlstand** gebracht. Ein immer größerer Teil der Bevölkerung ist mit allen notwendigen Gütern und Dienstleistungen versorgt, so dass in hochentwickelten Gesellschaften die Grundbedürfnisse wie Essen, Trinken, Wohnen, medizinische Versorgung und Sicherheit erfüllbar sind. Für die nächsten zehn Jahre erwarten wir weitere rasante Fortschritte der Technologie, allen voran der Informationstechnologie. Diese werden den Lebensstandard weiter erhöhen, auch wenn die Vorhersage von Diamandis und Kotler [2] wohl eher plakativ gemeint ist, dass die Menschen bereits in den dreißiger Jahren dieses Jahrhunderts alle Güter und Services, die sie benötigen und wünschen, auch bekommen können.

Verdrängt die Quantität allenfalls die Qualität? Sind wir noch in der Lage, die Vielfalt der Optionen (Paradox of Choice [14]) zu verstehen und uns auf die richtigen zu beschränken?

> *Die Messung des Fortschritts in Form von monetärem Einkommen bzw. von Bruttosozialprodukt pro Einwohner sagt immer weniger über unsere Lebensqualität aus.*

Die Menschheit steht vor einem **Evolutionssprung**. Evolutionssprung bezeichnet hier einen großen Schritt zunächst der soziotechnischen und wahrscheinlich etwas später auch der biologischen Evolution, wenn wir die vielfältigen Formen des Transhumanismus (Gentechnik, Hirnstimulation usw., siehe z. B. [15]) als biologische Evolution akzeptieren. Die Menschen brauchen immer weniger zu arbeiten, um ihre Grundbedürfnisse zu befriedigen, und haben immer mehr Zeit, sich um ihre Lebensqualität zu kümmern. Die Optionen dafür sind schier unendlich, von Kleidung und anderen Statussymbolen bis zu Videospielen. Die maschinelle Intelligenz schafft neue Möglichkeiten zur Steigerung des Wohlbefindens, sei es durch Komfort wie den Einkauf über das Internet und jederzeitigen Zugriff auf einen unerschöpflichen Fundus an Musik, Filmen und Spielen, sei es durch bequemere Formen der Mobilität wie Navigation mit verschiedenen Kombinationen von Verkehrsmitteln oder sei es durch medizinische Maßnahmen zur Verbesserung und Verlängerung des Lebens.

Gleichzeitig wachsen die Sorgen, dass die Technologie zum **Verlust von menschlichen Werten** führt. Wenn ein selbstspielendes Klavier wie das Steinway Spirio anstelle eines Musikers tausende von Musikstücken in der Interpretation der weltbesten Pianisten spielt, elektronische Bücher das Bücherregal mit sorgfältig gebundenen Ausgaben ersetzen oder Jugendliche lieber in sozialen Netzwerken chatten, als mit ihren physisch anwesenden Eltern zu reden, ist das für viele Menschen der Untergang des Humanismus. Sie sprechen dann von Verblödung und kultureller Verarmung.

„Unternehmen bieten an, was der Mensch braucht, und der Mensch kauft, was ihn glücklich macht", ist eine gerne verwendete Floskel zur **Autonomie des Menschen**. Jeder Mensch soll selbst entscheiden, was ihn glücklich macht. Dass der Mensch dazu jedoch nur beschränkt in der Lage ist, belegen viele Formen schädlicher Sucht und der immer wieder zutreffende Spruch: „Der Geist ist willig, doch das Fleisch ist schwach." Außerdem: Der Mensch fährt, wohin ihn das Navigationssystem leitet, bucht, was ihm Airbnb vorschlägt, hört, was Spotify für ihn spielt, und kauft, was ihm die Werbung nahelegt. Die maschinelle Intelligenz bestimmt den Menschen fast unbemerkt, aber in wachsendem Masse fremd oder beeinflusst mindestens seine Entscheidungen wesentlich. Marketing und Verkauf setzen mehr auf die Schwächen als auf die Rationalität der Menschen. Mit jeder Funktion, die maschinelle Intelligenz besser als der Mensch erledigt, geben wir einen Teil unserer Autonomie ab und akzeptieren Fremdbestimmung durch die Maschine.

Die **Angst vor der totalen Überwachung** ist fast täglich ein Thema in den Medien. Der Smartspeaker Alexa von Amazon, der schon über 100 Millionen Mal in Haushalten installiert ist, und die Sprachsteuerung von TV-Geräten können weit mehr, als nur bestimmte Kommandos entgegenzunehmen. Sie erfassen die Anwesenheit der Bewohner, hören das Öffnen einer Bierdose [16] und verstehen mehr von den gesprochenen Worten in ihrer Umgebung, als uns bewusst ist [17, 18].

Der Rekrutierungsprozess in den Unternehmen kann heute die Selbstdarstellung der Bewerber aus den Bewerbungsunterlagen und dem Interview, aber auch zusätzliche Daten wie die Kreditwürdigkeit, die Kontakte in den sozialen Netzwerken oder das Suchverhalten im Internet nutzen. Künftig ist es technisch möglich, Bewerber nach physiologischen Merkmalen wie

Gesichtsausdruck, Stimmbild, Herzfrequenz, sportlicher Leistungsfähigkeit und bestimmten Genvarianten in der DNA zu selektieren. Für viele Menschen ist das ein Eingriff in die **Persönlichkeitsrechte** und beinhaltet eine massive Gefahr der Diskriminierung.

Roboter und maschinelle Intelligenz vernichten Millionen von Arbeitsplätzen und führen zu **Arbeitslosigkeit.** Seit Beginn der Computerisierung in den 1950er-Jahren ist die Beschäftigung allerdings trotz wiederholt gegenteiliger Prognosen auf ein in Friedenszeiten nie dagewesenes Niveau gestiegen, weil neue Arbeitsplätze entstanden sind. Die Arbeitnehmer kämpfen seit Jahrzehnten um kürzere Arbeitszeiten, fürchten sich aber zu Recht vor der Arbeitszeit Null. Ein bedingungsloses Grundeinkommen könnte die Verarmung weiter Bevölkerungsteile verhindern, würde den Menschen aber keinen Lebenssinn und damit keinen Selbstwert geben, eine Voraussetzung für subjektives Wohlbefinden. Arbeit und Lebenssinn, Einkommens-, Vermögens- und Machtverteilung werden immer noch wie vor der Industrialisierung diskutiert, als es noch um Hunger, medizinische Versorgung und Sicherheit ging.

> *Die Menschen fühlen, dass die maschinelle Intelligenz ihr Leben viel fundamentaler verändert, als sie zuvor die Unternehmen umgestaltet hat. Der Mensch lässt sich in allen Lebensbereichen von digitalen Diensten helfen, ohne sich dieser überhaupt noch bewusst zu werden, und gibt damit Kompetenz und Autonomie an Maschinen ab.*

1.2 Maschinelle Intelligenz zum Wohle der Menschheit

Der wirtschaftliche Nutzen der Unternehmen steuert die technologische Entwicklung. Doch führen uns Kapitalismus und Technologie ins Paradies oder ins Elend? Auf jeden Fall beschäftigen sich die Menschen zunehmend mit der **Lebensqualität**, was sich u. a. in einer seit den neunziger Jahren boomenden Glücksindustrie niederschlägt, die von der Wissenschaft [19, S. 12] über praktische Ratgeber und Drogen bis hin zu jeder Form von Lebensberatung und staatlichen Leistungen reicht, beispielsweise der Kulturförderung.

Die Öffentlichkeitsarbeit bedeutender Technologieunternehmen greift die Angst der Menschen vor der Technisierung auf und formuliert Leitsätze ihrer Unternehmen wie „for a better world", „for the well-being of people", „for the future of life", „better policies for better lives" und „don't be evil", ohne jedoch im Detail zu sagen, was das heißt, ohne gute und schlechte Wirkungen zu konkretisieren.

Tab. 1.1 Organisationen, die sich mit dem Thema Artificial Intelligence (AI) und Lebensqualität auseinandersetzen

Initiative/Organisation	Kernaussagen zur Lebensqualität
The Asilomar AI Principles The Future of Life Institute [20], [21] und [22]	Artificial Intelligence (AI) für Wohlbefinden, Lebenssinn und ethische Werte (Würde, Rechte, Freiheit, Sicherheit und kulturelle Diversität) Beherrschung der AI, Verantwortlichkeit der Entwickler, Nachvollziehbarkeit von Entscheidungen der AI, Recht des Individuums auf Kontrolle persönlicher Daten, Entscheidungsfreiheit des Menschen, offene Kooperation zwischen AI-Forschern, Vorbereitung auf maschinelle Superintelligenz Nutzen und Wohlstand für alle, Unterstützung der Gesellschaftsordnung, Vermeidung eines Rüstungswettlaufs, Verbindung von Wissenschaft und Politik
IEEE Ethically Aligned Design. A Vision for Prioritizing Human Well-being with Autonomous and Intelligent Systems IEEE Standards Association [23]	„Höchste Ideale des menschlichen Wohls" durch autonome und intelligente Systeme: Wohlbefinden, Menschenrechte, Gleichheit, Freiheit, Würde, Verantwortlichkeit, Transparenz, Privatheit, Vermeidung von Missbrauch Kontrolle über persönliche Daten, Entscheidungsfreiheit des Menschen, Nachvollziehbarkeit von AI-Entscheidungen
The World Economic Forum [24]	Netzwerkzugang, verantwortliche Unternehmensführung, kompetente Politik, Robustheit gegen Störungen, vertrauenswürdige digitale Identität, Nutzung der Daten, Privatheit
OECD Going Digital [11, S. 22, 26]	Einkommen, Besitz, Jobs, Gesundheit, Bildung und Ausbildung, Work-Life-Balance, ziviles Engagement, Governance, soziale Beziehungen, Umwelt, persönliche Sicherheit, Wohnung, subjektives Wohlbefinden
European Commission [25]	Rechte: Würde, Freiheit, Demokratie, Gleichheit, Bürgerrechte Prinzipien: zum Wohle, nicht zum Schaden, Autonomie des Menschen, Gerechtigkeit, Transparenz, Sicherheit Werte (Beispiele): informierte Zustimmung, Chancengleichheit, Umwelt, Selbstbestimmung

Eine erfreuliche Zahl von Initiativen versucht, die maschinelle Intelligenz **zum Wohle der Menschheit** zu steuern. Tab. 1.1 zeigt ein paar stark diskutierte Vorstöße, die häufig von der Artificial Intelligence (AI) (siehe Abschn. 3.6) ausgehen (weitere Beispiele siehe Abb. A.2 und Tab. A.1 im Anhang). Das mag aus dem Bestreben, die notwendige Aufmerksamkeit zu gewinnen, richtig sein, verengt den Blick aber unzulässig. Die Möglichkeiten der AI werden trotz aller Erfolge auf eher technischen Teilbereichen (z. B. Fußgängererkennung durch Autos) erheblich überschätzt. Eine den Menschen übertreffende Superintelligenz ist noch 50 bis 100 Jahre (siehe Abschn. 7.7) entfernt, dagegen betreffen andere Fähigkeiten der Informationstechnik (z. B. Vernetzung von allem und jedem) die Menschen in den nächsten Jahren und Jahrzehnten viel stärker. So werden das Internet der Dinge, bis 2030 besonders getrieben vom 5G-Netz, und die Datensammlungen der Megaportale unser tägliches Leben massiv verändern.

Eine **Steuerung der maschinellen Intelligenz** (siehe Abschn. 7.5) ist aus Sicht der erwähnten Initiativen dringend notwendig, wenn wir die Entwicklung in Anbetracht der grundlegenden Veränderungen aller Lebensbereiche nicht dem Prinzip von Versuch und Irrtum oder der Kapitalakkumulation überlassen wollen.

„Will the best in human nature please stand up. Before the prospect of an intelligence explosion, we humans are like small children playing with a bomb." Nick Boströms Appell [26], stellvertretend für viele Initiativen, klingt eher nach Verzweiflung als nach einem Plan, und die Reduktion der maschinellen Intelligenz auf die Superintelligenz lenkt von den naheliegenden Aufgaben ab, wie sie in Kap. 2 beispielhaft formuliert sind.

Der IEEE-Standard zum „Ethically Aligned Design" liefert erfreulich konkrete Empfehlungen zur organisatorischen Umsetzung von ethischen Zielen, bleibt aber – wie auch die anderen Initiativen – bei den Zielen selbst äußerst vage und konkretisiert Begriffe wie Autonomie oder Würde nicht. Die Ziele des OECD-Projektes „Going Digital" [11, S. 22] sind wesentlich konkreter, fokussieren aber darauf, dass alle Menschen gleiche Chancen zur Entwicklung und Nutzung der Informationstechnologie bekommen, gehen daher vom technologischen Fortschritt für alle und nicht vom Glück der Menschen aus. Die OECD setzt damit technologische Entwicklung und Lebensqualität weitgehend gleich.

Das oberste Ziel der Menschen ist Glück. Was allerdings Glück und die Vermeidung von Leid oder, etwas neutraler formuliert, Lebensqualität ausmacht, ist seit Aristoteles und Epikur bis zur heutigen neurobiologischen Sicht auf das Glück unklar. Die Kernaussagen zur Lebensqualität aus Tab. 1.1. sind schwer in konkrete Handlungsanleitungen umsetzbar und repräsentieren oft eher leicht kommunizierbare, intuitive Parolen, als dass sie auf die tatsächlichen Bedürfnisse der Menschen und auf konkrete Situationen heruntergebrochen werden können. Das Verständnis der Lebensqualität ist Voraussetzung dafür, die Technologie zum Wohle der Menschen einzusetzen und den Fortschritt zu messen.

Ist allerdings Glück das Ziel der Evolution? Können wir der Evolution überhaupt ein Ziel unterstellen? Bringt die soziotechnische Evolution den Menschen eine höhere Lebensqualität, mehr Glück und weniger Leid? Welche Kriterien steuern die Entwicklung von Technik und Gesellschaft?

Die Evolution ist ein Prozess, den wir Menschen beobachten und daraus eine Richtung ableiten können. Seit der Entstehung der ersten Einzeller führt die Evolution zu immer komplexeren und intelligenteren Lebewesen, Maschinen (Technologie) und Organisationen (Regeln) für das Zusammenleben von Lebewesen und Maschinen. Folgt man Autoren wie Boström [26], Damasio [27], Harari [8], Kurzweil [28] oder Tegmark [29], führt die Evolution zu einer wachsenden, letztlich dem Menschen überlegenen Intelligenz. Die nächste Stufe der Evolution könnte also eine fortgeschrittene Zivilisation mit einer unbekannten Rolle des Menschen sein. In diesem Sinne könnte man den Fortschritt von Technologie und Gesellschaft als Ziel der Evolution bezeichnen. Die Evolution verwendet Glück und Unglück als Anreizsystem für die Menschen zur Weiterentwicklung von Technologie und Gesellschaft, wie Kap. 4 anhand eines Modells der Lebensqualität darlegt.

Wenn die Menschen die soziokulturelle Evolution im Sinne ihrer Lebensqualität nutzen wollen, müssen sie sich bereits heute damit beschäftigen, da wir bereits mitten in der Entwicklung stehen und die Richtung noch zum Wohle der Menschen gestalten können. Es wäre verhängnisvoll, damit auf die Existenz der Superintelligenz zu warten.

> *Wenn eine höhere Intelligenz das Ziel der Schöpfung[2] ist, dann ist das Glück des Menschen nicht das Ziel, sondern Glück und Unglück sind der Steuerungsmechanismus der Evolution.*

Evolution bezeichnet in diesem Buch vorwiegend die soziotechnische Evolution, die allerdings auch die Weiterentwicklung des Menschen selbst betrifft. Die soziale Evolution entwickelt Strukturen und Regeln für das Zusammenleben der Menschen und die Kooperation mit den Maschinen. Beispiele dafür sind die Datenschutzgesetzgebung und die Ausbildung der Menschen im Umgang mit der Technik. Die technische Evolution umfasst das Wissen, insbes. der technischen Disziplinen wie Medizin, Pharmakologie, Biologie, Chemie, Physik, Mechanik, Mathematik und Informatik. Gentechnik, Prothetik,

---

[2] Der Begriff der „Schöpfung" liefert in vielen Religionen lediglich leicht kommunizierbare Erklärungen für unsere Existenz, doch gibt es auch aus naturwissenschaftlicher Sicht keine kausale Begründung für das Vorhandensein der Welt. Der Begriff „Schöpfung" dient hier daher als Platzhalter.

Gehirnstimulation u. a. Technologien werden auch die Biologie des Menschen weiterentwickeln. Das Buch konzentriert sich auf die Entwicklung der Informationstechnologie, bestehend aus Hardware, Software und Daten sowie die dafür notwendige Organisation.

Die Evolution bedient sich der Mittel der Reproduktion und der Selektion. Sie sorgt für die Arterhaltung und gleichzeitig mit der Selektion für die Auswahl der stärksten Exemplare, was auch immer in einer Gesellschaft als stark oder schwach angesehen wird. Wir können beobachten, dass neben körperlichen und geistigen Fähigkeiten technische und gesellschaftliche Konstrukte in die Selektion eingehen. Das wird im Sinne von Harari [8] oder Tegmark [29] die Weiterentwicklung des Menschen einschließen.

Es sei bereits an dieser Stelle in aller Deutlichkeit darauf hingewiesen, dass es in diesem Buch nicht um Sozialdarwinismus oder gar eugenetische Selektion geht, sondern darum, die beobachtbaren Mechanismen der Evolution zu verstehen und mit dem Ziel der Lebensqualität zu nutzen. Eine möglichst rationale Analyse des beobachteten menschlichen Verhaltens und die Identifikation der Triebe (Bedürfnisse) als Kriterien der Selektion zielt gerade darauf ab, politischen Missbrauch zu erkennen und zu vermeiden. Eine von Emotion geleitete Argumentation, die sich den nüchternen Erkenntnissen zu den Steuerungsmechanismen widersetzt, schadet der Lebensqualität. Dazu gehört der unerschütterliche Glaube an die Autonomie des Menschen, der beispielsweise die Nutzung unserer Bedürfnisse durch die Werbung negiert. Das Ziel des Life Engineering ist eine hohe Lebensqualität für alle Menschen, was in die Forderung nach einem humanen Kapitalismus (siehe Abschn. 6.2.6 und Abschn. 6.3.6) mündet. Beispiele für Konstrukte der sozialen und technischen Evolution sind das Social Scoring, das China in verschiedenen Varianten erprobt, und werbefinanzierte digitale Megaportale wie Google, Facebook und Tencent, die uns zum Konsum an- oder verleiten.

Ein Robo-Adviser, wie ihn Banken heute mit großem Aufwand entwickeln, ist ein Stück Evolution – eine technische und organisatorische Weiterentwicklung der Menschheit. Ein Robo-Adviser verwertet alle verfügbaren Daten zum Kunden, also die finanzielle Situation, sein Konsumverhalten, seinen Freundeskreis, seine Ängste und seine Interessen. Er entwickelt daraus Argumente für die Anlageprodukte der Bank. Wenn ein derartiger Robo-Adviser alle heute verfügbaren Techniken der Datenanalyse bzw. der Artificial Intelligence verwendet, um dem Konsumenten Vorsorgeprodukte vorzuschlagen – zu wessen Vorteil wird dann dieser Vorschlag wohl ausfallen, zu dem der Bank (Vertriebs- und Gewinnziele) oder zu dem des Konsumenten (Schutz vor Altersarmut)? Der Erfolg einer Kapitalanlage wird zwischen der Bank und dem Kunden geteilt. Die OECD-Initiative „Going Digital" hat den Chancen und Gefahren von Robo-Advisern für die Altersvorsorge einen eigenen Bericht gewidmet [30]. Hier zeigt sich: *Die Autonomie des Menschen ist durch sein Wissen begrenzt.*

Google baut seit vielen Jahren eine Weltdatenbank auf, die ein möglichst umfassendes und genaues Abbild der Konsumenten, aber auch der Unternehmen (z. B. Öffnungszeiten) und der physischen Welt (z. B. Geodaten in Maps) repräsentiert. Google analysiert diese Daten ständig auf Muster wie Kaufverhalten, Mobilitätsverhalten, Wohnverhalten [31]. Google hat das Potenzial, das Leben der Menschen besser als jede andere Organisation zu verstehen und dieses Wissen auf den einzelnen Konsumenten anzuwenden. Das kann zu dessen Nutzen geschehen, wenn Google auf seine Bedürfnisse eingeht. Google erzielt seine Erlöse mit dem Verkauf der Personendaten an Unternehmen, die wiederum ihre Produkte und Dienste verkaufen wollen. Google verwendet die Erlöse, um seine Datenbasis weiter auszubauen und die Algorithmen zur Erkennung und Verwertung von Verhaltensmustern zu verfeinern. Das wird dann zum Problem für die Menschen, wenn Google und seine bezahlenden Kunden ihr Wissen nutzen, um die Konsumenten zu beeinflussen, und die Produkte und Dienste deren Lebensqualität nicht erhöhen. Ähnliches gilt selbstverständlich für Amazon, Alibaba usw.

Diese beiden Beispiele zeigen, dass das Kapital die Evolution im Sinne der technischen und organisatorischen Weiterentwicklung treibt (siehe Abschn. 5.1.2), weil jeder Wettbewerbsvorsprung das Kapital vermehrt. Das Kapital ist damit ein Treibstoff der Evolution.

1.3 Evolution oder Lebensqualität

Die maschinelle Intelligenz ist Gegenstand und Werkzeug der Evolution, indem sie die Kultur, bestehend aus Wissen, Technik, Organisation und Kunst, voranbringt.[3] Doch ist das Ziel der Menschen der Fortschritt, die Evolution? Und ist das Ziel der Evolution das Glück der Menschen?

Die Ziele der Evolution und die der Menschen sind nicht deckungsgleich.[4] Die Evolution steuert den Menschen über Glück und Unglück. Sie belohnt evolutionsförderndes Verhalten mit Glück und bestraft evolutionsschädliches

---

[3] Zur Erinnerung: Evolution wird hier zwar auch als biologische, vor allem aber als soziotechnische Evolution gesehen.
[4] Der Mensch ist Bestandteil der Evolution. Es ist daher zu überlegen, wie weit er seine Ziele autonom bestimmen oder die Evolution ihre Ziele durchsetzen kann.

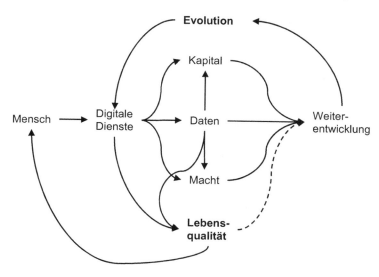

Abb. 1.1 Regelkreis von Evolution und Lebensqualität

Verhalten mit Leid, wie in Kap. 4 noch detailliert argumentiert wird. Der **Regelkreis der Evolution** in Abb. 1.1 soll dies veranschaulichen.

Der Mensch nutzt digitale Dienste in allen Lebensbereichen. Über das Abonnement des Dienstes, die Werbeerlöse oder die Provision stärkt er das Kapital des Dienstanbieters, übergibt ihm seine Daten und verstärkt das Wissen und die Macht des Anbieters. Damit liefert er dem Dienstanbieter die Ressourcen zur Weiterentwicklung seines Dienstes, also zur Evolution der Technik.

Selbstverständlich nimmt der Mensch derartige Dienste nur in Anspruch, wenn er davon einen Nutzen (Verbesserung seiner Lebensqualität) erwartet. Das ist der Fall, wenn der Dienst (z. B. der Fahrdienst Uber) ihm Arbeit abnimmt und seine Kosten reduziert. Für Facebook heißt das, dass der Dienst das Wissen des Nutzers vergrößert, seiner Selbstdarstellung dient und hilft, seinen Freundeskreis über digitale Kommunikation zu pflegen. Ein Dienst wie Twitter ermöglicht es, zu ausgewählten Themen auf dem Laufenden zu bleiben oder andere Menschen zu beeinflussen und somit die eigene Bedeutung und letztlich das Selbstwertgefühl zu stärken. Der Anbieter achtet darauf, dass der Mensch eine Nutzenerwartung an den Dienst hat, orientiert sich jedoch an den Erlösströmen, nicht an einer dauerhaften Lebensqualität des Konsumenten. Daher ist diese Beziehung in Abb. 1.1 nur als gestrichelte Linie eingezeichnet.

Der Mensch hinterlässt auch dann Datenspuren, wenn er nichts davon bemerkt. Flächendeckende Kameraüberwachung mit Gesichtserkennung, Lokationsdaten über das Smartphone, DNA-Spuren und künftig auch eine

Geruchsidentifikation (wie beispielsweise durch Hunde) u.v.a.m. sorgen für die Identifikation und die Verbindung mit beliebigen Tätigkeiten wie Sport oder Einkauf.

Wenn der Mensch mit Google Maps navigiert, produziert er Daten für Google, zu seinem eigenen Mobilitätsverhalten, zur aktuellen Straßensituation und zum Ziel der Navigation, z. B. einem Supermarkt. Google verkauft dieses Wissen in vielfältiger Form, verbunden mit seinem Wissen über den Supermarkt und die Suchabfragen, vor der Fahrt an die Einzelhändler. Jede Nutzung von Google Maps erhöht den Traffic des Dienstes und damit die Macht im Wettbewerb. Mit dieser Macht, den Daten der Navigation und dem Werbe- oder Provisionserlös kann Google den Service Maps weiterentwickeln, beispielsweise Algorithmen zum Verstehen des Mobilitätsverhaltens – ein kleiner Beitrag zur Evolution der Technik.

Der Mensch nutzt Google Maps, weil es bequem ist. Maps erkennt schon nach der Eingabe weniger Buchstaben aufgrund der aktuellen Lokation und der Navigationshistorie des Konsumenten, wohin er wahrscheinlich möchte. Der Mensch muss nicht für die Nutzung der Karten bezahlen, muss die Fahrzeit nicht selbst berechnen, muss sich nicht in einer Straßenkarte zurechtfinden, wird auf Staus und Umfahrungen hingewiesen usw. Das trifft Bedürfnisse der Menschen, die wiederum die Entwicklung von Maps leiten.

Damit scheint ja alles in Ordnung zu sein, zum Wohle des Dienstanbieters und -nutzers – wenn da nicht auch Schattenseiten wären. Die Navigationsdaten zusammen mit den Kontaktdaten erlauben es, Ort und Zeit des Treffens von Personen zu protokollieren. Das hilft in der Terrorprävention, könnte aber auch zur Wirtschaftsspionage (z. B. Früherkennung von Übernahmegesprächen) genutzt werden oder politisch Andersdenkende identifizieren und so totalitäre Systeme fördern. Im privaten Bereich könnte es eifersüchtigen Partnern den Privatdetektiv ersetzen. Im Minimum monetarisieren die digitalen Dienste dieses Wissen durch die Anregung zu zusätzlichem Konsum. Die Wirkung auf die Lebensqualität der Menschen hängt also vom Verwendungszweck der Daten ab – und dieser wird meist über den Preis bestimmt, den der digitale Dienst erzielen kann.

> *Der Beitrag zu den Unternehmenszielen bestimmt, welche Bedürfnisse des Menschen befriedigt werden.*

Unternehmen, die am wirtschaftlichen Erfolg gemessen werden, richten sich nach den (Konsum-) Bedürfnissen der Menschen, also im Endeffekt nach ihrem eigenen **Umsatz** und **Deckungsbeitrag**. Aus den Erkenntnissen der

Psychologie, aus der Marktforschung und aus den konkreten Daten eines Individuums vermitteln sie dem Konsumenten in der Werbung die Hoffnung auf die Befriedigung dieser Bedürfnisse, auch wenn das Produkt oder der Service damit wenig zu tun haben, wenn etwa eine Uhr über eine glückliche Vater-Sohn-Beziehung oder eine Hausratversicherung über eine attraktive, leicht bekleidete Frau angepriesen wird. Und ein Pharmaunternehmen bewirbt einen Stimmungsaufheller, auch wenn ein 20-minütiger Spaziergang eine bessere Wirkung hätte, aber keinen Umsatz bringt.

Wenn die Konsumenten das Produkt oder den Service gekauft haben, tritt die Ernüchterung gewöhnlich unmittelbar ein, da nur das Produkt, nicht aber die Assoziation ankommt. Wenn sie dann auch noch sehen, dass ihre Facebook-„Freunde" noch teurere Statussymbole erworben haben, kommt erst recht Unzufriedenheit auf. Die Evolution stellt die Menschen in ein Hamsterrad, das sich durch die Vergleichsmöglichkeiten der sozialen Medien noch viel schneller als früher dreht. Die Evolution nutzt nicht nur das Glück, sondern gleichzeitig auch das Unglück zum Treiben des Hamsterrades, wenn z. B. ein Konkurrent über schönere Kleidung und ein höheres Einkommen verfügt oder mehr „Freunde" im sozialen Netzwerk hat. Und wenn ein Mensch die Anforderungen des digitalisierten Berufes nicht erfüllt, kann das den Verlust seines Arbeitsplatzes und seines Selbstwertes bedeuten.

Wir verlassen uns in immer mehr Lebensbereichen auf die digitalen Helferlein – in der Navigation, in der Geldanlage, in der Suche nach Informationen usw. Binswanger und Kolmar sehen die Menschheit auf dem Weg in die digitale Knechtschaft [13]. Es ist die Frage, ob uns die Entlastung von unangenehmen Tätigkeiten mehr Autonomie für grundsätzlichere Überlegungen schafft oder die Technik unsere Entscheidungsfähigkeit vermindert. Es ist weiter unklar, ob die von Kant geforderte **Autonomie des Individuums** zu dessen Glück beiträgt. Sicher ist aber, dass die digitalen Helfer nicht das Glück der Konsumenten, sondern den Umsatz des Anbieters im Auge haben. Der Konsum wiederum trägt wenig zu einem sinnerfüllten Leben in Zufriedenheit bei. *Unzufriedenheit kreiert mehr Konsumbedürfnis und Leistungsbereitschaft im Beruf als zufriedenes Sich-Zurücklehnen.*

Abb. 1.1 zeigt noch weitere Wirkungsmechanismen. Der **Netzwerk- und der Dateneffekt** sorgen dafür, dass jeder Klick und jeder Sensor in einem digitalen Dienst zu dessen Marktposition beitragen. Wenn ein Dienst wie Google oder Facebook eine dominante Stellung erworben hat, wird es für Wettbewerber schwierig, ähnliche, ggf. auch bessere Dienste auf demselben Gebiet anzubieten. Für den Konsumenten bedeutet das, dass seine Auswahl schwindet, dass er mit höheren Preisen rechnen muss und dass die Monopolisten bis zum Jahre 2030 in der Lage sein werden, für manche der heutigen

Gratisdienste Gebühren zu kassieren. Amazon Prime wie auch viele andere Premiumdienste zeigen, wohin die Reise geht. Der Konsument verstärkt die **Monopolisierung**, wenn er stets auf die Dienste zugreift, von denen er das meiste Wissen (z. B. Google) oder das größte Angebot (z. B. Amazon) erwartet, und die Alternativen meist gar nicht mehr kennt.[5]

Neben dem Netzwerk- und dem Dateneffekt muss man wohl auch von einem **Gatekeepereffekt** sprechen. Der Großteil der Konsumenten benutzt (neben den durch das Betriebssystem vorinstallierten) nur ungefähr sechs Apps wenigstens monatlich [32]. Diese Apps und die Betriebssysteme Windows, Android und iOS entscheiden weitgehend, welche Dienste entwickelt und benutzt werden können. An ihnen kommt der Konsument nicht vorbei, er trägt aber zu ihrer Marktmacht bei, beispielsweise wenn er für neue Funktionen (z. B. Anmeldung mit Gesichtserkennung) neue Geräte kauft oder zusätzliche Abonnements abschließt. Der Nutzer von Google bezahlt den Dienst mit seinen Daten, die für Google Werbeerlöse schaffen. Diese Daten waren es Google wert, im Jahr 2018 fast 9,5 Mrd. USD an Apple zu bezahlen, damit Google in iOS als Suchmaschine vorinstalliert ist.

Kapital und Daten treiben die technische Evolution.

FAMANG (Facebook, Amazon, Microsoft, Apple, Netflix und Google) [33, Pos. 2032] sowie **BAT** (Baidu, Alibaba und Tencent) besitzen bereits heute eine enorme Marktmacht, einerseits über die Konsumenten und andererseits über die Lieferanten. Welcher Konsumgüterhersteller hat an diesen Unternehmen vorbei Zugang zu den Konsumenten?

Diese Marktmacht und das detaillierte Wissen über das Individuum verleiten zur Manipulation der Menschen. Ein viel beachtetes Symptom dieser Konstellation ist die sogenannte **Echokammer** (**Filterblase**), in der die Megaportale den Menschen genau jene Nachrichten vermitteln, die sie gerne lesen, hören und sehen und in denen die Netzwerkteilnehmer sich ihre Stellungnahmen gegenseitig bestätigen, ohne Gegenstimmen zu Wort kommen zu lassen. Das verstärkt ihre Ansichten und kann bis zur Radikalisierung und zum Hass auf andere ausgebaut werden. Wahlkampfmanager nutzen das Wissen über die Wähler und insbesondere die Echokammern, um die Wähler mit genau den Aussagen ihrer Partei zu füttern, die den vermittelten Ansichten entgegenkommen, nötigenfalls auch mit Fake News. Einzelne Mitglieder der

---

[5] Kennst du z. B. die Suchmaschinen DuckDuckGo, Ecosia, MetaGer oder Fireball?

Echokammern versuchen sich zu profilieren, indem sie mit markigen Worten die Nachrichten verstärken.

Zusammenfassend lässt sich zum Regelkreis der Evolution sagen:

- Die Konsumenten nutzen diejenigen Dienste, von denen sie sich am meisten erhoffen. Mit der Nutzung der Dienste stärken sie die Daten-, Kapital- und Machtbasis der Anbieter und treiben damit die Evolution, insbesondere der digitalen Dienste.
- Der Mensch hinterlässt auf jedem digitalen Dienst Datenspuren und ist über die Kombination von Daten fast immer identifizierbar und damit adressierbar.
- Die Anbieter nutzen ihr Wissen zur Beeinflussung der Konsumenten. Mit ihrem Wissen zum allgemeinen Konsumentenverhalten und zu den individuellen Präferenzen wecken sie Bedürfnisse und versprechen Leistungen, die sie jedoch nur teilweise erfüllen können.
- Die Anbieter optimieren ihren Gewinn, nicht die Lebensqualität der Konsumenten.
- Die Anbieter mit dem größten Netzwerk und den umfassendsten Personendaten können den attraktivsten Dienst anbieten, so dass die Konsumenten diesen wählen und damit das Monopol des Anbieters weiter stärken.
- Wenn ein Anbieter eine Monopolposition erlangt hat, kann er die Meinung der Konsumenten beeinflussen, den Konsumenten seinen Dienst zu einem Monopolpreis verrechnen, sich von den Produkt- und Dienstanbietern für die Vermittlung teuer bezahlen lassen und für seine eigenen Produkte und Dienste die Konkurrenz ausschalten. Für all diese Verhaltensweisen findet man bereits heute, nicht erst im Jahre 2030, zahlreiche Beispiele.

Die Ziele des **Menschen** und der **Evolution** sind nur teilweise gleich. Die Alternative

Evolution oder Lebensqualität

im Sinne eines inklusiven Oder steht somit im Mittelpunkt dieser Schrift. Das Kapital ist der Treibstoff dieser Evolution und bestimmt die Entwicklungsrichtung. Als Mensch bin ich aber den Zielen des Menschen verpflichtet. Wenn wir die technologische Entwicklung zum Glück der Menschen steuern wollen, müssen wir verstehen,

- wie die digitale Welt in der Zukunft (hier bezogen auf 2030) aussieht (Kap. 2 und Kap. 3),
- was unsere Lebensqualität (Glück und Unglück) ausmacht (Kap. 4),

- was die Technologie, insbesondere die maschinelle Intelligenz, zur Lebensqualität beitragen kann (Kap. 5),
- was daraus für das Individuum, die Unternehmen und die Gesellschaft folgt (Kap. 6) und
- welche Aufgaben eine Disziplin Life Engineering hat (Kap. 7).

Business Engineering [34, 35] dient dem materiellen Fortschritt und damit der soziotechnischen Evolution. In einer Überflussgesellschaft brauchen wir zusätzlich ein **Life Engineering**, welches die Erkenntnisse aus den Gebieten der Ökonomie, der Informatik, der Glücksforschung und den Neurowissenschaften, aus den Politikwissenschaften und aus Gebieten wie Philosophie und Religion zusammenträgt und Handlungsempfehlungen ableitet. Maschinelles Lernen in all seinen Formen soll Zusammenhänge von Phänomenen des menschlichen Lebens erkennen und zu anwendbaren Regeln führen, um die Zukunft zu unserem Wohle zu gestalten. Es geht nicht nur um das enge und überbetonte Gebiet der AI, es geht um jede Form der maschinellen Informationsverarbeitung, um Daten, Algorithmen, Geräte und Organisationen. Und es geht nicht nur um eine eher abstrakte Ethik aus Sicht der Gesellschaft, sondern um die Veränderung des Lebens des Individuums, um die Veränderung der Geschäftsmodelle und um die Veränderungen der Gesellschaft. Eine Disziplin Life Engineering wird auf absehbare Zeit sicher nicht alle Fragen zu einem glücklichen Leben mit Informationstechnik beantworten können, soll jedoch die Grundlagen für eine menschzentrierte Nutzung der maschinellen Intelligenz schaffen und auf dieser Basis nach und nach Antworten auch auf kleinteilige, aber sehr konkrete Fragen wie die folgenden geben:

Fragen aus Sicht des Individuums
- Sollst du als 14-Jähriger Instagram verwenden? Wie oft solltest du dazu täglich das Smartphone aktivieren?
- Wie verhinderst du als Benutzer von Tinder, dass deine Präferenzen bei der Partnerwahl zu deinem Schaden verwendet werden?
- Wann empfindest du Glück? Was quält dich? Wann bist du mit deinem Leben zufrieden?
- Fühlst du dich mitten in einer Stadt wohl oder eher auf dem Land? Was empfiehlt dir Airbnb?
- Welche berufliche Laufbahn bringt dir Freude und sichert deine finanzielle Existenz langfristig? Wie sieht der Arbeitstag eines Softwareentwicklers, eines Sanitärinstallateurs oder eines Schweißers in der digitalen Welt aus?
- Welche der Millionen von Apps brauchst du und welche passen für dich (z. B. eBanking)?
- Welche Technologieaktien eignen sich zur finanziellen Altersvorsorge?

Fragen aus Sicht des Unternehmens

- Was bewegt den Menschen zur Nutzung eines digitalen Dienstes? Warum verwenden Menschen Facebook, Wikipedia, Amazon, Games und WhatsApp? Geht es um Selbstdarstellung, Bequemlichkeit oder Geld?
- Wie motiviert ein digitaler Therapieassistent einen Adipositas-Patienten zur Einhaltung seines Diät- und Bewegungsplanes?
- In welchem Kontext (Reise, Wohnen etc.) nutzt der Konsument unsere digitalen Dienste? Verstehen unsere Marketingmitarbeiter diesen Kontext aus eigener Erfahrung?
- Kauft der Konsument künftig unsere Produkte und Dienstleistungen (z. B. Hundefutter, Hotelzimmer) online direkt bei uns? Oder über einen Berater (z. B. Versicherungsagenten)? Oder über ein Megaportal (z. B. Konzerttickets)?
- Welche Daten (z. B. Skitouren der Facebook-Freunde) brauchen wir, um unsere potenziellen Kunden (z. B. Skitourengeher) zu finden und individuell nach Ausgabefreudigkeit, Markenimage bei den Freunden und fahrerischen Fähigkeiten zu bedienen? Wer hat die Daten dazu?
- Wie kann ein Fußballclub aus seinen Fandaten Erlösströme generieren?

Fragen aus Sicht von Gesellschaft und Wirtschaft

- Was kann der Konsumentenschutz erreichen, und vor allem, wie kann er es erreichen?
- Ist die Datenschutzgrundverordnung (DSGVO) der EU (engl. GDPR, General Data Protection Regulation) ein Segen oder ein Fluch für die europäischen Konsumenten und die Wirtschaft?
- Was bringt ein staatlicher Identifikationsserver oder eine staatliche Kontrolle privater Identifikationsservices? Wem nutzt eIDAS (electronic Identification, Authentication and Trust Services)?
- Wer sollte deine persönlichen Daten besitzen dürfen, und wer besitzt sie bereits?
- Wo haben FAMANG und BAT mehr Macht als unsere Regierungen? Wie ist die Macht der Megaportale begrenzbar?
- Wer bestimmt, was für dich gut ist? Soll dir Amazon oder Apple eine Urlaubsdestination unter Berücksichtigung deiner finanziellen Möglichkeiten und deiner Neigungen empfehlen oder buchen? Wo brauchst du einen Konsumentenschutz?
- Ist Social Scoring eine ernstzunehmende Ergänzung zum Strafrecht in einer westlichen Mehrparteiendemokratie? Kann es das Kapital zum Wohle der Konsumenten steuern?

Diese Schrift kann diese und ähnliche Fragen natürlich nur teilweise beantworten, vielleicht aber ein paar neue Sichtweisen einbringen und die Grundzüge eines Modells der Lebensqualität und die Konsequenzen daraus umreißen.

Literatur

1. Winnick, M., & Tolibas, E. (2019). Americans agree: We love technology, but it's starting to worry us. tech&us. https://dscout.com/tech-and-us?utm_medium=website&utm_source=sitebanner&utm_name=TechandUs. Zugegriffen am 05.04.2019.
2. Diamandis, P. H., & Kotler, S. (2012). *Abundance: The future is better than you think*. New York: Free Press.
3. Zuboff, S. (2019). *The age of surveillance capitalism*. New York: PublicAffairs.
4. Christl, W., & Spiekermann, S. (2016). *Networks of control*. Wien: facultas.
5. McNamee, R. (2019). *Zucked: Waking up to the Facebook catastrophe*. New York: Harper Collins Publishers.
6. Schmidt, E., & Cohen, J. (2013). *The new digital age. Reshaping the future of people, nations and business*. London: Alfred A. Knopf.
7. Collier, P. (2018). *The futue of capitalism. Facing the new anxieties*. London: Penguin Books.
8. Harari, Y. N. (2015). *Homo deus. A brief history of tomorrow*. New York: Harper Collins Publishers.
9. Spiekermann, S. (2019). *Digitale Ethik. Ein Wertesystem für das 21. Jahrhundert*. München: Droemer.
10. Nida-Rümelin, J., & Weidenfeld, N. (2018). *Digitaler Humanismus. Eine Ethik für das Zeitalter der Künstlichen Intelligenz*. München: Piper.
11. OECD. (2019). How's life in the digital age? Opportunities and risks of the digital transformation for people's well-being. https://www.oecd-ilibrary.org/docserver/9789264311800-en.pdf?expires=1555916044&id=id&accname=ocid195658&checksum=F8EBF6B177E0D7DDFF431B3F48C310E2. Zugegriffen am 02.03.2019.
12. Bar, N. (August 2018). Meet markets. How the internet has changed dating. *The Economist*.
13. Binswanger, J., & Kolmar, M. (02. April 2019). Auf dem Weg zur digitalen Knechtschaft. *NZZ*, Zürich, S. 1–7.
14. Schwartz, B. (2007). *The paradox of choice*. New York: HarperCollins e-books.
15. Boström, N. (2005). Transhumanist values. *Review of Contemporary Philosophy, 4*(May), 3–14.
16. Orlowski, A. (2018). Forget your deepest, darkest secrets, smart speakers will soon listen for sniffles and farts too. *The Register*. https://www.theregister.co.uk/2018/12/14/smart_speakers_to_listen_for_yawns_farts_and_coughs/. Zugegriffen am 25.12.2018.

17. Lobe, A. (10. April 2019). Die Stimme verrät uns dem Roboter. *NZZ*, Zürich, S. 37.
18. Lau, J., Zimmerman, B., & Schaub, F. (2018). Alexa, are you listening? *Proceednings of ACM Human-Computer Interact, 2*(CSCW), 1–31.
19. Lis, J. (2014). *Nutzen Oder Glück: Möglichkeiten und Grenzen Einer Deontologisch-Theoretischen Fundierung der Economics of Happiness.* Stuttgart: Lucius & Lucius.
20. O.V. (2017). Asilomar AI principles. *Future of Life Institute.* S. 1–25. 5.–8. Jan 2017, California.
21. Dean, J., Gruber, T., & Romero, A. (2018). State of California endorses asilomar AI principles. https://futureoflife.org/2018/08/31/state-of-california-endorses-asilomar-ai-principles/. Zugegriffen am 07.09.2018.
22. O.V. Future of life. https://futureoflife.org/. Zugegriffen am 02.05.2019.
23. IEEE. (2017). The IEEE global initiative on ethics of autonomous and intelligent systems. Ethically aligned design: A vision for prioritizing human well-being with autonomous and intelligent systems, Version 2.
24. World Economic Forum. (2017). *Digital transformation initiative: Unlocking B2B platform value.* Köln: Worlf Economic Forum.
25. O.V. Digital single market. ec.europa.eu/digital-single-market/en/news/draft-ethics-guidelines-trustworthy-ai. Zugegriffen am 02.05.2019.
26. Boström, N. (2014). *Superintelligence. Paths, dangers, strategies.* Oxford: Oxford University Press.
27. Damasio, A. R. (2018). *The strange order of things: Life, feeling, and the making of cultures.* New York: Pantheon Books.
28. Kurzweil, R. (2013). *How to create a mind: The secret of human thought revealed.* New York: Viking Press.
29. Tegmark, M. (2018). *Life 3.0. Being human in the age of artificial intelligence.* New York: Knopf.
30. OECD. (2017). *Robo-advice for pensions.* Paris: OECD.
31. O.V. Your digital marketing toolbox. thinkwithgoogle.com/tools/. Zugegriffen am 22.04.2019.
32. O.V. (2015). How many apps do smartphone owners use? – eMarketer. *eMarketer.* https://www.emarketer.com/Article/How-Many-Apps-Do-Smartphone-Owners-Use/1013309. Zugegriffen am 15.11.2016.
33. Kagermann, H., et al. (2014). *Smart service welt. Recommendations for the strategic initiative web-based services for businesses.* Berlin: Acatech-National Academy of Science and Engineering.
34. Österle, H. (1995). *Business Engineering. Prozess- und Systementwicklung.* Berlin/ Heidelberg: Springer.
35. Winter, R., & Österle, H. (Hrsg.). (2012). *Business Engineering. Auf dem Weg zum Unternehmen des Informationszeitalters.* Berlin/Heidelberg: Springer.

2

Lebensassistenz im Jahre 2030

Eine Disziplin Life Engineering muss sich an der künftigen Welt mit maschineller Intelligenz, nicht an der Vergangenheit orientieren. Ausgangspunkt ist hier deshalb ein Szenario des Konsumenten im Jahre 2030, ein Zeithorizont, für den die technische, soziale und politische Entwicklung einigermaßen abschätzbar ist. Der Mensch nutzt bereits heute digitale Dienste in allen Lebensbereichen (siehe Abb. 2.1). Die folgende Darstellung greift einzelne Lebensbereiche heraus und beleuchtet diese so weit, dass die grundlegenden Trends ausgehend vom heutigen Stand bis zum Jahre 2030 in Umrissen erkennbar werden.

- **Maschinelle Intelligenz** tritt in vielen Formen auf: Websites, Apps, Unterhaltungselektronik, Fahrzeuge, Haushaltsgeräte, medizinische Geräte etc.
- Die Dienste werden **intelligenter**. So werden auch billige Überwachungskameras nicht nur Bewegung, sondern auch Personen erkennen.
- Aus passiven Diensten, die vom Menschen bedient werden müssen, entstehen **aktive Assistenten**, die von sich aus tätig werden und dem Menschen Empfehlungen geben und ggf. Aktionen selbst auslösen.
- Die digitalen Dienste wachsen zusammen (**Integration**). So kann ein künftiger Therapieassistent von Apple oder Google die Vereinbarung und das Bezahlen eines Arzttermines mit den biometrischen Daten, dem Kalender, den Kontakten und der Navigation verbinden und die Abrechnung mit der Versicherung übernehmen.
- Die digitalen Dienste **kooperieren** über den gegenseitigen Zugriff auf die Daten. Die Navigation verwendet die persönliche Mobilitätshistorie, die persönlichen Kontakte, Straßenkarten, Wetterdaten, Unternehmensadressen, Fahrpläne, Interessen (z. B. aus dem Leseverhalten), Kosten usw.

© Springer Fachmedien Wiesbaden GmbH, ein Teil von Springer Nature 2020
H. Österle, *Life Engineering*, https://doi.org/10.1007/978-3-658-28335-3_2

Abb. 2.1 Lebensbereiche des Menschen

- **Sensoren** erfassen mehr Aspekte der Wirklichkeit, als dies der Mensch selbst kann. Das eHome-Produkt Netatmo misst bereits heute die CO_2-Belastung und die Luftfeuchtigkeit im Raum; neue Sensoren werden die elektrische Strahlung und Schadstoffe wie Feinstaub erfassen und Indikatoren für unser Wohlbefinden, wie Räuspern, Stimmfarbe und Atemfrequenz, erkennen.
- **Aktuatoren** erledigen viele Aufgaben automatisch. Der Jalousiemotor schließt die Jalousie, die Insulinpumpe ersetzt die Spritze, das autonome Auto fährt teilweise ohne Mitwirkung des Menschen.
- Die **Mensch-Maschine-Kooperation** wird einfacher. Amazons Alexa leitet z. B. beim Kochen bereits heute per Sprachkommunikation an, da sich mit schmutzigen Händen kein Tablet und erst recht keine Tastatur bedienen lässt. 2030 werden Alexa und ähnliche Assistenten mehr Formen der Kommunikation nutzen und weniger Eingaben vom Menschen verlangen, da sie mehr vom Kochen, von Lebensmitteln und Diäten verstehen werden.

2.1   Information, Kommunikation und Unterhaltung

Privatpersonen konsumieren professionelle, digitale Informationsdienste wie News, Suchmaschinen, Wissenssammlungen (z. B. netdoktor, geografische Informationsdienste), Lernplattformen (z. B. MOOCs), Streamingdienste (z. B. Fernsehen, Spotify und Netflix) und Spiele. Sie konsumieren aber auch

Medien, für die sie selbst produzieren: Telefon, Messaging (z. B. WhatsApp), Broadcast Messaging (z. B. Twitter), eMail (z. B. Outlook), Podcasts und Blogs (z. B. Fashiontweed), Foto- und Videoplattformen (z. B. Instagram, Youtube, Snapchat und persönliche Foto- und Videosammlungen) sowie Wissenssammlungen (z. B. Wikipedia und andere Wikis). Werbung, gesellschaftliches Engagement und die Neigung zur Selbstdarstellung sorgen für eine Befüllung all dieser Gefäße. Livecams, Wetterbeobachtung, Monitoring von Geschäftstransaktionen (z. B. Finanzinformationsdienste) und Newsbots (Computational Journalism [1]) sind Beispiele maschinell generierter Informationen, die zum **Überangebot an Information** beitragen.

> *Die größte Herausforderung für den Konsumenten besteht bereits heute darin, korrekte, fundierte, ausgewogene und für ihn relevante Informationsquellen zu selektieren.*

Der Mensch wird die elektronische Kommunikation und Unterhaltung im Jahre 2030 wesentlich immersiver (realitätsnäher) als heute erleben. **Virtuelle (VR) und erweiterte (augmented) Realität (AR)** [2] werden bis zum Jahre 2030 den Durchbruch aus der Spiele- in die Informations- und Kommunikationswelt schaffen, beispielsweise wenn eine VR-Brille mit einer WebCam in einer potenziellen Urlaubsdestination so verbunden wird, dass sich der Konsument selbst im Urlaubsort „umschauen" kann. Die Kameras von Millionen selbstfahrenden Autos stehen als WebCams mit exakter Lokalisierung zur Verfügung und lassen sich mit der Kopfbewegung des Trägers der VR-Brille ausrichten. Alternativ könnten Drohnen mit Kameras oder Roboter wie der Knightscope K5 gegen Bezahlung Live-Bilder von fast beliebigen Orten anbieten. Technisch ist das teilweise schon heute, wirtschaftlich mit dem 5G-Mobilfunk spätestens 2030 möglich, rechtlich aber möglicherweise eingeschränkt.

2030 wird die sog. **Immersion**, also das Eintauchen in eine virtuelle Welt, durch Stimuli wie Bild, Ton, Haptik und Geruch so weit fortgeschritten sein, dass der Mensch eine Präsenz an einem anderen Ort, wie z. B. dem des Kommunikationspartners, beinahe als real empfindet und er mit der entfernten Umgebung interagieren kann. Daraus entstehen neue Möglichkeiten zu lebendigerer Kommunikation in Sitzungen, zur Wartung von Maschinen, zur Modellierung in der Architektur oder für Sex mit Avataren und Robotern [3].

Die Megaportale gewinnen ein immer genaueres **Bild der Konsumenten**. Hohe Aufmerksamkeit widmen Unternehmen wie Alibaba der maschinellen Bild- und Spracherkennung und in der Folge der Bildsuche in Dokumenten,

Katalogen, Fotobibliotheken oder Filmarchiven, die eine bedeutende Ergänzung zur bisher üblichen textlichen Suche bringen wird. Was davon im Jahr 2030 zu erwarten ist, lässt sich bereits heute in Google Foto erkennen, wenn jemand dort seine Fotos abgelegt hat und diese dann nach Bildern einer bestimmten Person oder nach New York bei Regen durchsucht. Die Bild- und Spracherkennung ist heute schon in vielen Überwachungskameras, aber auch in Haushaltsgeräten im Einsatz und wird in 2030 als leistbarer Konsumentenservice allgegenwärtig sein. Die maschinelle Sprach- und Geräuscherkennung, die von Sprachassistenten wie Alexa, Google Assistant oder Cortana und von Geräten mit Sprachsteuerung (z. B. TV und Auto), nicht zuletzt aus der Telefonüberwachung, laufend mit Daten gefüttert wird, erkennt nicht nur gesprochene Worte, sondern beispielsweise auch das Zischen beim Öffnen einer Bierflasche. Bild und Ton vergrößern das Wissen der Maschinen dramatisch, ohne dass der Mensch dazu beitragen muss. Fitness Tracker können physiologische Daten wie die Oberflächenspannung der Haut, die Herzfrequenz oder den Blutdruck liefern, um die Wirkung der konsumierten Informationen auf die Gefühle des Menschen zu messen.

Die Konsumenten akzeptieren trotz der im Jahre 2018 in Kraft getretenen Datenschutzgrundverordnung (DSGVO, GDPR) die **Datenschutzbestimmungen** jedes digitalen Dienstes geradezu bedenkenlos, empfinden die Abfrage dazu als lästig, lesen wohl zu weniger als einem Prozent die Geschäftsbedingungen durch und verstehen sie dann bestenfalls teilweise. Sie werden also den Megaportalen aus Bequemlichkeitsgründen auch im Jahre 2030 die Verwendung ihrer persönlichen Daten erlauben und sich kaum gegen die Datensammlung durch staatliche Organe wehren können. Es entstehen detaillierte und umfassende **digitale Abbilder (Digital Twins)** des Menschen.

Die Megaportale haben 2030 ein so detailliertes Bild des Konsumenten, dass sie das Informations- und Kommunikationsangebot auf dessen individuelle Bedürfnisse hin filtern können. Ein digitaler Assistent wird dich dann in Teilbereichen besser kennen als du dich selbst. Da er auch die Informations- und Unterhaltungsangebote besser kennt als du, kann er passende Inhalte anbieten und situationsabhängig die geeignete Musik spielen. Um den Horizont des Individuums zu erweitern und die Gefahr einer **Filterblase (Echokammer)** zu vermeiden, bei der nur noch die eigene Meinung bestätigende Informationen vermittelt werden, kann der digitale Assistent gezielt kontroverse Meinungen zum gleichen Thema anbieten oder den Musikgeschmack durch ungewohnte Musikstücke erweitern. Aus der längerfristigen Entwicklung der Stimmungsindikatoren des Menschen bzw. aus der Analyse vieler ähnlicher Personen könnte ein digitaler Assistent künftig Angebote ableiten, die den Menschen nicht nur seriös informieren, sondern auch das längerfristige Wohlbefinden steigern.

Ob ein digitaler Dienst die Pluralität oder die Filterblase fördert und ob er Informationen zur Erlösmaximierung oder im Sinne der Lebensqualität anbietet, hängt davon ab, welche Anreize den Dienstanbieter treiben. Der wirtschaftliche Nutzen und die Machtinteressen der Anbieter bestimmen derzeit das Angebot, so beispielsweise der ARPU (Annual Revenue Per User) bei der Telekommunikationsindustrie, die Rentabilitätskennziffern der Kunden in der Finanzindustrie oder die Zensur staatsgefährdender Beiträge im Bereich des Verfassungsschutzes. Der Informationsassistent kann sehr viel zur Lebensqualität des Menschen beitragen, kann aber auch einfach den kommerziellen Wert eines Konsumenten für den Inhaltsanbieter maximieren, ohne Rücksicht auf das Wohl des Menschen.

Geschickte **digitale Assistenten** liefern dem Konsumenten für jeden Bedarf auf ihn zugeschnittene Informationen. Sie helfen dem Menschen bei der Planung der Urlaubsfinanzen, bei der Zusammenstellung der Kleidung für die Reise, liefern ihm einen Reiseplan, erinnern ihn an Abfahrtszeiten, empfehlen ihm Restaurants und Aktivitäten, verbinden ihn mit Menschen mit ähnlichen Interessen vor Ort und warnen ihn vor Gefahren für die Gesundheit. Sie unterstützen ihn auch bei der finanziellen Vorsorge, beim Mieten einer Wohnung oder bei der Kindererziehung. Menschen nutzen den gigantischen Fundus an Inhalten in allen Lebensbereichen, beispielsweise zur Unterhaltung (z. B. Musik und Klatsch), zum Lernen (z. B. Videos), in der Forschung (z. B. elektronische Publikationen) und für die finanzielle Vorsorge (z. B. Börseninformation). Ein umfassender aktiver Informationsassistent könnte bis zum Jahre 2030 die Suchmaschine Google, die Marktinformationen von Amazon und Alibaba und soziale Netzwerke wie Facebook und WeChat (von Tencent) ablösen. Innovative Dienste wie SnapChat werden dann in den Megaportalen aufgegangen sein, so dass eine Privatperson nur noch die Wahl zwischen sehr wenigen Informationsassistenten haben wird.

Das **Informations- und Kommunikationsprofil** eines Menschen ist auch gesellschaftlich und politisch nutzbar. Im positiven Sinne kann der Informationsassistent zu umweltbewusstem oder sozialem Verhalten anleiten und staatliche Sicherheitsdienste frühzeitig auf terroristische oder kriminelle Absichten hinweisen, im negativen Fall aber das Machtstreben von Personen oder Organisationen unterstützen, indem der Informationsassistent den Bürger primär mit Inhalten beliefert, die eine bestimmte politische Ausrichtung vertreten. Dies hat laut Presseberichten etwa das Unternehmen Cambridge Analytica durch personalisierte Wahlkampfbotschaften im US-amerikanischen

Wahlkampf 2017 getan. Digitale Kommunikationskanäle beeinflussen die politische Meinungsbildung im Interesse der bezahlenden Auftraggeber.

Spiele, Filme, aber auch Bücher versetzen Menschen in **virtuelle Umgebungen.** Wir verbringen 2030 verglichen zu heute einen noch größeren Teil unserer Zeit in elektronischen Welten und entsprechend weniger in der physischen Welt, also beispielsweise im Garten, beim Kochen oder beim Meditieren in der Natur. Vor allem für ältere Menschen beschwört das Bild der digitalisierten Informationswelt, das mit dem Anblick von intensiven Smartphone-Nutzern allgegenwärtig ist, Ängste vor dem Untergang des Humanismus herauf.

Digitale Dienste können in extremis **Suchtverhalten** hervorrufen, wenn Menschen beispielsweise ohne ein bestimmtes Ziel ständig via Smartphone mit anderen kommunizieren, sich berieseln lassen und sich so die Möglichkeit nehmen, die Inhalte zu verdauen oder über sich selbst nachzudenken. Soziale Medien können die Teilnehmer zu einem Wettstreit der Selbstdarstellung verleiten und so das Streben nach dem Besitz von Konsumgütern, aber auch die Botschaften von Religionen und Weltanschauungen massiv verstärken.

> *Es macht einen erheblichen Unterschied, ob die maschinelle Intelligenz zum Wohle des Menschen oder zur Mehrung des Kapitals und der Macht wirkt (siehe Abb. 1.1).*

Kapital und Macht forcieren die Weiterentwicklung der Technik und wirken damit im Sinne der Evolution. Internetnutzer sind sich einig, dass die verbesserte Information, Kommunikation und Unterhaltung sehr wertvoll für die Menschen sind, dass sie sich aber auch gegen sie wenden können. Totalitäre, bisweilen auch demokratisch gewählte Regierungen setzen ihre Datensammlungen nicht selten zum Nachteil ihrer Bürger ein.

Entscheidend wird sein, wer die dominanten Informations-, Kommunikations- und Unterhaltungsassistenten entwickelt und welche Kontrollen die Gesellschaft etablieren kann oder etablieren wird. Kandidaten sind die Megaportale, die aktuell bereits Zugriff auf die Personendaten einerseits und auf das Informationsangebot andererseits haben. Auch Staaten nutzen zunehmend die Macht der Informationsassistenten. China zensiert das Informationsangebot nach den Richtlinien der kommunistischen Partei, Russland arbeitet an einem Gesetz zur Abkoppelung des russischen Internets (Runet) vom globalen Internet [4], und die westliche Welt diskutiert immer mehr die Vermeidung von sogenannten Fake News, von Hassbotschaften und von

Internetkampagnen zur Beeinflussung von Wahlkämpfen oder allgemein von „Feindsendern" im Internet. Manche sehen darin eine andere Form von Zensur.

> *In der Utopie werden die Menschen zu selbstbestimmten Herren über alle Informationen der realen und virtuellen Welt, in der Dystopie aber zu manipulierten Idioten.*

Die Evolution wird über das Kapital- und Machtstreben einer kleinen Elite eher zur Dystopie führen, doch die Menschen sollten ihre Chance auf eine hohe Lebensqualität wahrnehmen.

2.2   Soziale Steuerung

Die kommunistische Partei Chinas versucht, parallel zur kapitalistischen Steuerung ein Social-Scoring-System zur Steuerung nach sozialem Wohlverhalten zu etablieren [5]. „Under this system, individuals, businesses, social organisations and government agencies are assessed based on their ‚trustworthiness'" [6]. Der Social Score hat einen Einfluss auf die Zulassung zu einem Studienplatz, den Erwerb einer Wohnung und auf die Gewährung von Krediten. Alternative, ebenfalls im Versuchsstadium befindliche Social-Scoring-Systeme erfassen sozio-demografische Faktoren wie die Ausbildung, das Online-Verhalten wie die Nutzung von sozialen Medien, die Befolgung von Regeln im Straßenverkehr und im Zahlungsverhalten, das Verhalten der Schüler in der Schule oder politische Merkmale wie das Vertrauen in die Regierung oder Spenden für wohltätige Zwecke. Lily Kuo berichtet [7], dass die Guangdong Guangya High School smarte Armbänder für ihre Schüler eingeführt hat, die den Puls, die physische Aktivität u. a. Messwerte erfassen.[1]

Das Social-Scoring-System ist im Moment nicht ein einziges zentralisiertes System, sondern besteht aus einer Vielfalt von konkurrierenden Ansätzen im Pilotbetrieb. Ein kleines Beispiel ist die vollautomatische Verkehrsbusse für Fußgänger in Shanghai. An einzelnen Kreuzungen mit Fußgängerampeln überwachen Kameras die Einhaltung der Grünphase, erkennen das Gesicht eines Sünders und schicken ihm eine Busse über Wechat, bevor er die andere

---

[1] In der westlichen Welt tragen wir freiwillig Fitness Tracker mit dem gleichen Datenpotenzial in der Cloud.

Seite der Straße erreicht hat. Diese Lösung erzieht sicher stark zu einem Verhalten, das die Sicherheit und den Verkehrsfluss fördert. Die gleiche Fußgängererkennung kann aber auch einer herrschenden Elite helfen, unbotmäßiges Verhalten frühzeitig zu unterdrücken und die Freiheit massiv einzuschränken.

Die westlichen Medien unterstellen der chinesischen Regierung die Absicht einer totalitären Beeinflussung und Überwachung. Die chinesische Regierung sieht darin jedoch die Chance zur automatisierten und objektivierten Förderung von sozial erwünschtem Verhalten [8]. Im Jahre 2030 werden die Megaportale, die Sicherheitsdienste und politische sowie weltanschauliche Organisationen mit einem hohen informationstechnischen Entwicklungsstand die Fähigkeit zu einer äußerst differenzierten Persönlichkeitsprofilierung haben. Sie werden dann wahrscheinlich über nicht weniger Daten als das chinesische Social-Scoring-System verfügen. Es ist eine Frage unserer Gesellschaften, ob wir das entstehende Wissen zur Steigerung der **Lebensqualität** der Menschen, im Sinne des Kapitalismus zur Steigerung des **Unternehmenswertes** oder im Sinne politischer Organisationen zum Auf- und Ausbau ihrer **Macht** nutzen.

Die Jahre bis 2030 werden wesentlich darüber entscheiden, wie dieser Interessensausgleich stattfindet. Eine fundierte Diskussion dazu ist bisher weder in den Medien noch in den Wissenschaften zu beobachten, wohl aber eine überhöhte Berichterstattung über einzelne Symptome wie etwa den möglichen Missbrauch der elektronischen Gesundheitskarte in Deutschland, den Verdacht auf Beeinflussung eines Wahlkampfes oder das Mobbing von Jugendlichen in sozialen Netzwerken.

Eine wohlüberlegte soziale Steuerung kann ein Stück weit die Utopie einer konfliktarmen Gesellschaft verwirklichen, bekannte Versionen autoritärer Regierungen nähren dagegen eher die Angst vor der Dystopie. Megaportale können bis 2030 zu neuen Machtzentren neben den Regierungen werden.

2.3   Konsum

Im Jahre 2016 kauften bereits 64 % der Deutschen gelegentlich online ein [9], im Jahre 2030 dürfte die Zahl bei 90 % liegen. Die Konsumenten werden weiterhin das physische Einkaufserlebnis wünschen, daneben jedoch die Vorteile des elektronischen Einkaufs nutzen, also einfache Produktsuche mit Preisvergleich, Zeitersparnis und Rückgaberecht. Unternehmen wie Google oder Amazon besitzen immer detailliertere Daten über ihre Konsumenten, kennen den größten Teil der Angebote von Produkten und Dienstleistungen im Markt und verstehen das Kaufverhalten der Konsumenten, so dass sie einen individuellen Bedarf mit den passendsten Angeboten verbinden können. Information, Kommunikation und Unterhaltung wachsen immer mehr mit dem Konsum (eCommerce) zusammen.

Aktive digitale Assistenten werden im Jahr 2030 aus dem **Wissen über die Konsumenten** (Präferenzen, Haushalt, Körpermasse, Finanzen usw.) und aus der **Kenntnis des Produkt- und Dienstleistungsangebots** konkrete Einkäufe vorschlagen, Routineartikel wahrscheinlich sogar automatisch einkaufen [10]. Wenn sie das Persönlichkeitsprofil aus dem Informations- und Kommunikationsverhalten mit dem Einkaufsverhalten kombinieren (dürfen), werden sie den Bedarf sehr geschickt vorhersehen und auch lenken. Eric Schmidt, damals CEO von Google, formulierte im Jahre 2012: „I actually think most people don't want Google to answer their questions. They want Google to tell them what they should be doing next" [11]. Ein aktiver Einkaufsassistent erkennt den Bedarf des Konsumenten, sucht passende Angebote, macht Vorschläge, wickelt die Bestellung, Bezahlung, Rückgabe, Reklamation usw. für ihn ab, dokumentiert die Einkäufe für die Garantie und die Steuererklärung und erklärt die Benutzung der Produkte und Dienste.

Madden [12] sieht Google, Facebook, Amazon und Nextdoor als Unternehmen, die allein in den USA einen 800-Milliarden-USD-Markt der **professionellen Dienstleistungen**, von der Physiotherapie bis zur Haushaltshilfe, durch Online-Vermittlung umgestalten werden. Digitale Assistenten werden Routinetermine wie Reifenwechsel, Kontrolltermine beim Zahnarzt und Gruppentermine bei Veranstaltungen automatisch vereinbaren.

Digitale Dienste erleichtern die gemeinsame Nutzung oder Wiederverwendung von Produkten, was publizistisch bereits zur **Sharing Economy** hochstilisiert wurde. In die gleiche Kategorie gehören Zeitbörsen, in denen Menschen Arbeiten, für die sie spezifische Fähigkeiten haben (z. B. Steuererklärung, Rasenmähen), für andere übernehmen, meist im Tausch gegen andere Arbeitsleistungen, teilweise aber auch unentgeltlich.

Ein Einkaufsassistent könnte den Konsumenten helfen, mit wirklich nutzbringenden Produkten und Dienstleistungen ihr Wohlbefinden zu steigern, preiswert einzukaufen, Fehleinkäufe zu vermeiden, ihre Verschuldung in Grenzen zu halten und den Aufwand und die Mühe beim Einkaufen zu reduzieren, also alles in allem die Lebensqualität zu fördern. Wer investiert aber in die Entwicklung und den Betrieb eines derartigen Assistenten? Am wahrscheinlichsten ist, dass solch ein Einkaufsassistent allein auf Umsatz und Deckungsbeitrag, also den Unternehmenswert, ausgelegt sein wird und die Konsumenten in den Konsumwettbewerb mit ihren Vergleichspersonen und damit in unsinnige Ausgaben und in die Verschuldung treiben wird. Aktuelle Beispiele sind die schwer durchschaubaren Tarife der Telekommunikations-,

Bank- und Versicherungsprodukte, die der Konsument nicht mehr versteht und die zu finanziellen oder Leistungsüberraschungen (z. B. in Bezug auf Bandbreite, Schadensdeckung) führen. Die Anbieter nutzen die wachsende Informationsasymmetrie zu ihren Gunsten.

McNamee formuliert seine Kritik an Facebook stellvertretend für FAMANG (Facebook, Amazon, Microsoft, Apple, Netflix, Google) in seinem Buch „Zucked. Waking Up to the Facebook Catastrophe" [13]. FAMANG verfolgen die Menschen im Internet, beanspruchen die gewonnenen persönlichen Daten für sich, verstehen das Konsumentenverhalten und steuern den Konsumenten mit dem Ziel der Maximierung ihres Werbeumsatzes. Alt und Reinhold zeigen an vier Fallbeispielen im Detail, wie Unternehmen die sozialen Netze zur Beeinflussung der Konsumenten nutzen [14].

> Ein digitaler Einkaufsassistent könnte wie ein Anlageberater oder Versicherungsmakler den Konsumenten beim Einkauf beraten, wenn ein praktikables Anreizsystem die Neutralität des Agenten sicherstellen könnte. Ohne staatliche Eingriffe wird im Jahr 2030 wahrscheinlich der Unternehmenswert und nicht die Lebensqualität dominieren.

Staatliche Eingriffe in den Konsum klingen nach massiver Überwachung und Bevormundung, haben aber auch in der Vergangenheit bereits existiert, etwa mit der Standardisierung von Versicherungsprodukten, und sind die Grundlage des Verbraucherschutzes. Eine Disziplin Life Engineering sollte allerdings anstelle von staatlichen Verboten nach positiven Anreizen suchen, welche die Lebensqualität der Konsumenten in den Vordergrund stellen.

2.4　Wohnen

Lange vor dem Smartphone galt das **Smart Home** [15] als „the next big thing". Im Jahr 2019 prägen immer noch viele isolierte Geräte und Programme den Stand der Technik, und es stellt sich die Frage, welche der vielen Dienste an das Haus und welche an die Bewohner gebunden sind.

Eine **intelligente Haustechnik** wird im Jahr 2030 im Großteil der neuen Wohnungen das Raumklima steuern, im Winter heizen, im Sommer kühlen und auf die Luftqualität gemessen am CO_2-Gehalt durch Lüftung achten, sofern die mechanischen Voraussetzungen (z. B. Lüftung) gegeben sind. Intelligente Technik regelt bereits heute die Beschattung (z. B. Jalousien) abhängig von der Temperatur (außen und innen), vom Sonnenstand und vom Wind und sorgt für einen helligkeitsabhängigen Schutz gegen Einsicht. Ähnliches gilt für die Beleuchtung je nach Helligkeit, Bewegung im Raum und ggf. Stimmung der Bewohner. Das Energiemanagement analysiert und steuert den Energieverbrauch sowie die Energieerzeugung (z. B. Solarzellen, Batterien). Sicherheitssysteme helfen, unerwünschte Eindringlinge durch Zutrittssysteme und Außenhautüberwachung fernzuhalten. Roboter mähen den Rasen, saugen die Böden und reinigen die Fenster. Diese Funktionen bleiben nicht der Luxus von wenigen, sondern werden wie Warm- und Kaltwasser zur Standardausstattung von Wohnungen.

Die **Unterhaltungselektronik** im Haushalt galt lange als Integrationspunkt für das Heim, dürfte sich im Jahre 2030 aber auf die Darstellung von Inhalten durch Bildschirme und Projektoren (z. B. die VR-Brille Oculus-Rift), auf die Wiedergabe von Ton (z. B. Sonos), auf Spielkonsolen und ortsgebundene Eingabemedien wie Mikrofone (z. B. Alexa oder Sony TV) und Gestenerkennung (z. B. Kinect) beschränken. Der Inhalt (Daten, Bilder, Videos, Musik, Spiele) kommt individualisiert an den Konsumenten angepasst aus dem Netz, so dass die digitalen Dienste stationär und mobil bezüglich Bedienung, Verträgen, Daten, Profil usw. zusammenwachsen und sich lediglich die Kommunikationsgeräte im Haushalt, im Auto oder als Wearables unterscheiden. Ein Musikdienst wird in der Wohnung, im Auto, im Büro und auf einer Wanderung gleich zu bedienen sein und das gleiche Wissen über den Konsumenten verwenden.

Geräteunabhängige Services rund um das Zuhause, beispielsweise ein Dienstleistungsmarktplatz, bleiben nicht isolierte Apps, sondern werden in dominante Applikationen integriert. Ein Nachbarschaftsportal wie Nextdoor, das u. a. Nachbarn entlaufene Hunde meldet, auf der Suche nach einem Klempner hilft, Angaben zu lokalen Straßensperren oder Veranstaltungen streut, wird zu einer lokalen Gruppenfunktionalität in sozialen Netzwerken und Messagingportalen. Funktionen wie die Verwaltung von gekauften Geräten (Kühlschrank etc.), Möbeln (Couch etc.) und anderer Wohnungs- und Gartenausstattung werden zunächst zum Bestandteil von Wohnapplikationen und später Teil eines umfassenderen Systems zur privaten Administration, eines **Konsumenten-ERP**.[2]

Ein **Wohnassistent** (z. B. Gira Home Assistent oder Smart Living von Bonacasa) nimmt dem Menschen viele lästige Aufgaben ab, erhöht den Komfort und kann gerade im Fall von älteren Bewohnern zu deren Unabhängigkeit

---

[2] ERP steht für Enterprise Resource Planning. ERP-Systeme wie beispielsweise von SAP sind heute die Basis für sämtliche administrativen und planerischen Tätigkeiten von Unternehmen.

beitragen, wenn sie beispielsweise einen Notruf über ein Raummikrofon absetzen können oder eine Kameraüberwachung des Eingangsbereiches mit einer vertrauenswürdigen Authentifizierung ungebetene Eindringlinge abschreckt. Reduziert wird dieser Gewinn an Lebensqualität durch die gesteigerte Komplexität, die mit der Installation, dem Betrieb, der Wartung und der Administration all dieser Geräte und Dienste verbunden ist.

Den Anbietern der Systeme eröffnet sich ein weiterer Umsatzbringer, häufig in Form von Abonnements, wie etwa einem Sicherheitsdienst. Größere Befürchtungen gibt es zur Datensammlung (inkl. gesprochenes Wort), die den Anbietern von Konsumgütern und -diensten das häusliche Verhalten der Personen offenbaren. Die staatlichen Organe erhalten eine Möglichkeit zur Überwachung der Bürger, zwar möglicherweise zur Verbrechensbekämpfung, potenziell allerdings auch zur Gesinnungsschnüffelei und Beeinflussung.

> *Der digitale Wohnassistent erschließt den Megaportalen Daten zu einem Lebensbereich, der bisher als besonders privat gegolten hat.*

2.5   Gesundheit

Digitale Dienste, die der körperlichen und seelischen Gesundheit dienen, könnten bis 2030 den größten Sprung machen. Bereits heute messen **Smartwatches** permanent **Vitalparameter** wie den Puls, den Blutdruck, die sportliche Betätigung, den Kalorienverbrauch und den Schlaf. In Bälde ermöglichen Smartwatches mobile EKG-Aufzeichnungen, für die heute noch teure Spezialgeräte benötigt werden. Im Jahre 2030 erfassen aufgeklebte oder implantierte Sensoren beispielsweise Blutwerte wie den Blutzucker oder einen Hormonstatus und messen die Oberflächenspannung der Haut. Kameras verfolgen die Mimik, die Öffnung der Pupillen und die körperliche Ruhe [16]. Weitere Geräte erfassen die Umgebung des Menschen (Luftqualität, Lärm, Strahlung) oder ermitteln die Menge und Art der aufgenommenen Nahrung (Essensscanner wie DietSensor) und Harnwerte (z. B. BioTracer von Duravit) [17]. Melanie Swan hat bereits im Jahre 2012 das Potenzial des Internet of Things, insbesondere der Sensorik, für die Gesundheit aufgezeigt [18]. Die Maschinen bekommen immer zuverlässigere Indikatoren für das Wohlbefinden und mögliche Ursachen dafür wie beispielsweise die Ernährung.

23 and Me vertreibt einen Gentest für zu Hause zum Preis von 99 USD und baut damit eine weltweite DNA-Datenbank auf, die mittlerweile mehr als 1000 Herkunftsregionen (Ethnizitäten) abdeckt. Apps wie VAMC-SLUMS (St. Louis University Mental Status Examination) oder die Website MyBrain-

Test.org bieten eine einfache, allerdings sehr rudimentäre Einschätzung des mentalen Zustands und sammeln so psychologische Daten. Das Center for Medicare & Medicaid Services der USA hat 2019 eine Initiative gestartet, die die Speicherung von Gesundheitsdaten auf dem Smartphone oder der Smartwatch, den Austausch von medizinischen Daten im gesamten Gesundheitssektor und den Zugriff der Patienten auf ihre eigenen Daten ermöglichen soll [19].

Die medizinische Forschung erhält eine nie dagewesene Datenbasis zur Untersuchung von Zusammenhängen. Wenn wir genügend Wissen über die Wirkung von Nahrung, Lebensgewohnheiten und vielen anderen Faktoren auf unsere Gesundheit und unser Wohlbefinden haben, werden uns Gesundheitsassistenten im täglichen Leben begleiten. Eine wichtige Frage dabei ist, wer die Gesundheitsassistenten entwickelt. Kandidaten dafür sind die Megaportale, also beispielsweise Samsung, Apple und Google auf Basis der auf ihren Geräten vorhandenen Daten, die Pharmaindustrie, Klinikketten oder Versicherungen. Die Monetarisierung dieser digitalen Dienste wird deren Zielsetzung bestimmen. So warnen Stern und Pierce: „Amazon has started selling software that mines patient medical records for doctor information, ostensibly to help cut costs" [20].

> *Wenn derart umfassende Daten über ein Individuum vorliegen, kann ein digitaler Assistent den Gesundheitszustand überwachen, Diagnosen vorbereiten, die Therapie unterstützen und vor allem den Menschen zu einem gesundheitsfördernden Verhalten motivieren (Nudging), wenn er gefährliche Entwicklungen frühzeitig erkennt und den Zusammenhang mit seinem Verhalten versteht.*

Laut Witte und Zarnekow konzentriert sich die Forschung zunächst auf den Anwendungsbereich Monitoring und Diagnose [21].

Ein Therapieassistent für Adipositas, wie ihn aktuell das Center for Digital Health Interventions [22] pilotiert, wird im Jahre 2030 erfolgreicher als heute sein, da

- die Analyse der gigantischen Datenbasis den Zusammenhang der Adipositas mit einer genetisch bedingten Suchtgefahr und den Lebensumständen besser erklären wird,
- weil die Gesamtschau auf die DNA-Daten, Mobilitätsdaten, Arbeits- und Schlafzeiten usw. die Risikofaktoren genauer als heute identifizieren kann,
- alle Funktionen in den ohnehin vorhandenen Geräten (Smartphone und Armband) und Apps integriert sind, also wenig zusätzliche Komplexität erzeugen und
- die Datenerfassung und -auswertung automatisch, also ohne Aufwand des Menschen, laufen.

Möglicherweise sind auch die Anreize zur Befolgung einer Therapie stärker, wenn etwa ein Versicherungsbonus damit verbunden ist oder ein freiwilliger Vergleich von Gesundheitswerten innerhalb einer engen Gemeinschaft (z. B. Familie oder Sportclub) transparent gemacht wird.

Im Falle des Gesundheitsassistenten fällt es leichter als bei den vorangegangenen Lebensbereichen, an eine Utopie zu glauben, in der kapitalstarke, leistungsfähige Pharma- und Gerätehersteller digitale Helfer zum Wohle der Menschen entwickeln, da der Nutzen für den Menschen von Organisationen wie der FDA (Federal Drug Administration der USA) und der EMA (Europäische Arzneimittel-Agentur) überprüft wird. Es sei aber dystopisch angemerkt, dass die Entwickler eines Gesundheitsassistenten primär am Verkauf von Produkten und Services, weniger an gesundheitsförderndem Verhalten der Menschen interessiert sind. Wenn die Gesundheitsassistenten von Megaportalen oder anderen Anbietern mehr über uns wissen als wir selbst und ggf. unser Verhalten besser als wir selbst beeinflussen können, müssen wir darauf hoffen, dass die Entwickler und Beherrscher dieser Technologie uns zu unserem Wohl beeinflussen. Wenn ein Medikament verfügbar wird, das unsere Leistungsfähigkeit spürbar erhöht, aber nach dreißig Jahren zu Gehirnschäden führt, dürfte es für die Anbieter nicht allzu schwer sein, dieses Medikament trotz seiner späten Nebenwirkungen zu verkaufen. Die Besitzer der medizinischen Daten und des Wirkungswissens haben einen derartigen Wissensvorsprung, dass ihnen die Zulassung des Medikamentes durch FDA und EMA gelingen könnte.

2.6   Mobilität

Ortswechsel nehmen einen erheblichen und meist unerfreulichen Teil der Lebenszeit der Menschen in Anspruch, sind eine Gefahr für die Gesundheit (z. B. durch Unfälle), verursachen hohe Kosten und verbrauchen natürliche Ressourcen. Verbindungssuche im öffentlichen Verkehr (z. B. DB Navigator), Navigation (z. B. here oder Google Maps), Car Sharing (z. B. Car2Go) und Taxiruf (z. B. MyTaxi oder Uber) sowie Flugbuchung auf Online-Portalen haben den Personenverkehr in den letzten Jahren effizienter gemacht. Multimodale Mobilitätsdienste [23] und teilweise selbstfahrende Autos werden bis zum Jahre 2030 die Mobilität erheblich verändern [24].

> *Die ressourcenschonendste Mobilität ist die virtuelle Mobilität, doch wird sie auch im Jahr 2030 nur einen Teil der Reisen vermeiden.*

Bereits vor 20 Jahren wurde ernsthaft diskutiert, ob die Nachfrage nach Flugzeugen und Flughäfen weiter so schnell wie bis in die 1990er-Jahre wachsen werde oder ob Teleconferencing einen großen Teil der Flüge überflüssig machen könne. Die Präferenz für das physische Treffen hat viele Prognosen und Hoffnungen zerstört. Wenn im Jahre 2030 virtuelle und erweiterte Realität, die Bild- und Tonqualität und die Bewegungsfreiheit der Kameras das virtuelle Beisammensein an das physische Treffen annähern (Immersiveness [25]), könnte das tatsächlich viele physische Reisen ersetzen. Der Genuss eines Fußballspiels am Fernseher im geheizten Zuhause, die freie Sicht auf den Ball und die Wiederholung von Spielszenen aus unterschiedlichen Perspektiven sind, abgesehen von der ersparten Fahrt, starke Argumente fürs Wohnzimmer. Die direkte Kommunikation mit anderen Fans, das Wir-Gefühl der Fan-Gemeinschaft, möglicherweise auch Bier und Bratwurst, bleiben jedoch bis 2030 wahrscheinlich für die Virtualisierung noch unerfüllbare Herausforderungen. Für eine Aufsichtsratssitzung gilt das viel weniger, wenn eine hoch immersive virtuelle Realität bilaterale Gespräche bei einem Kaffee am Rande der Sitzung ermöglicht. Und noch weniger für ein rein technisches Thema unter Spezialisten.

Der **Mobilitätsassistent** „here" bedient bereits heute aus einer Hand die Fortbewegung mit öffentlichen Verkehrsmitteln, per Auto, zu Fuß, mit dem Fahrrad, mit Taxis und mit CarSharing. Autonome Fahrzeuge werden nach und nach eine Option für ausgewählte Strecken werden. Waymo, ein Tochterunternehmen von Alphabet, hat im Dezember 2018 den Test des kommerziellen fahrerlosen Taxidienstes „Waymo One" in Phoenix, Arizona, gestartet, vorläufig noch unter Aufsicht von menschlichen Fahrern [26]. Bereits 2016 hat die Schweizer Post in der Stadt Sitten einen fahrerlosen Bus in Betrieb genommen und seither über 40.000 Fahrgäste (Stand August 2018) damit befördert [27].

Wie in den anderen Lebensbereichen stehen auch beim Thema Mobilität die Daten im Mittelpunkt. Erstens geht es um die Verbindung aller Daten einer Person, die für die Reiseplanung gebraucht werden. Der Terminkalender, die Adressen der Gesprächspartner, potenzielle Mitfahrer, die Präferenzen und finanziellen Restriktionen etc. können schon bei der Planung von Reisen helfen. Der Mobilitätsassistent kann die Abfahrtszeiten, die Zieladresse, die Bezahlung und die Reisekostenabrechnung selbstständig initiieren. Er kann sogar den Platz in den Verkehrsmitteln buchen und Anweisungen zum Umsteigen und zum Finden des Sitzplatzes geben, ja letztlich auch in großen Gebäuden wie Flughäfen navigieren (In-door-Navigation).

Zweitens geht es um die aktuelle Verkehrslage. Im Jahre 2030 wird der Mobilitätsassistent nicht nur aus der Geschwindigkeit der Fahrzeuge Staumeldungen ableiten, sondern über Car-to-Car-Kommunikation auf besondere Gefahren wie Glatteis und Fußgänger hinweisen oder das Fahren mit verminderten

Abständen in Kolonnen steuern. Und drittens geht es um die exakte Vermessung der Fahrwege, die Position von Verkehrzeichen, um die Positionierung von Baustellen oder das Wetter.

Navigationsdienste werden im Jahre 2030 den Fahr- oder Gehweg in das von der Kamera und vom Menschen gesehene Umgebungsbild einblenden. In Verbindung mit Texten, Bildern und Videos werden Navigationsdienste zu Stadt- oder Museumsführern.

Wearables und Fahrzeuge werden zu ergiebigen, automatischen Datenlieferanten ohne Aufwand für den Konsumenten. Die Daten sind für die Verkehrsplanung, für die Verkehrssicherheit, für die Verbrechensbekämpfung, für die umgebungsbezogene Werbung (z. B. Gasthaus), für Versicherungen usw. von großem Wert. Eine mobile Kamera, beispielsweise auf einem Auto, kann interessante Zusatzinformationen zu stationären Webcams liefern, wenn ein Fahrzeug etwa auf der Autobahn oder über einen Alpenpass fährt.

Bewegungsdaten ergänzen Personendaten aus anderen Quellen. Wenn ein Megaportal die Bewegungsdaten von zwei Personen analysiert, die über die Kontaktdaten miteinander verbunden sind, kann das Megaportal Häufigkeit, Ort und Dauer der Treffen feststellen.[3] Ein Nachrichtendienst mit den entsprechenden Befugnissen kann schon heute die Teilnehmer eines Treffens anhand ihrer Telefondaten ermitteln.

Digitale Mobilitätsassistenten können den physischen Ortswechsel bis zum Jahre 2030 (auch ohne utopische Verkehrsmittel) sehr viel einfacher und angenehmer machen. Allerdings trägt die permanente Ortserfassung wesentlich zum gläsernen Menschen bei, und die wachsende Bequemlichkeit in der Mobilität könnte den Verkehr entgegen vielen Hoffnungen sogar noch vermehren. Negativbeispiele sind die Staus, die Überlastung der öffentlichen Verkehrsmittel und die notwendig werdenden Zugangsbeschränkungen zu Innenstädten wie in London oder zu Reiseattraktionen wie Venedig.

2.7   Zusammenfassung: Lebensassistenz für Konsumenten

Das skizzierte Bild von digitalen Diensten im Jahre 2030 ist noch nicht das Szenario eines umfassenden Lebensassistenten. Es soll lediglich zum einen die Intensität der Veränderung der Welt des Konsumenten veranschaulichen, zum anderen ein paar grundsätzliche Entwicklungsrichtungen andeuten.

---

[3] Wer dies für zu abenteuerlich hält, möge sich mit einem Freund zusammensetzen und in den Daten der beiden Google-Accounts die Bewegungen der letzten Monate nachverfolgen.

Im Jahre 2030 werden wir noch keinen universellen Lebensassistenten für alle Belange des Menschen haben, vielmehr ein individuell zusammengestelltes Sammelsurium von technischen Assistenten, das Bedürfnisse von der Sicherheit im Haus bis zur Therapie und zur Rund-um-die-Uhr-Unterhaltung abdeckt. Die paar herausgegriffenen Lebensbereiche und die dafür verfügbaren digitalen Dienste machen sichtbar, wie weit die maschinelle Intelligenz unser Leben schon verändert hat und dass die Verbindung der heute bereits verfügbaren Teile den Wandel noch beschleunigen wird.

Die Beispiele zeigen, dass die digitalen Dienste möglichst viele Quellen zu gigantischen Datensammlungen zusammenführen, um daraus immer mehr Muster und Regeln abzuleiten. Die Dienste werden dadurch intelligenter und aktiver und nehmen dem Menschen immer mehr Aufgaben ab.

Wenn der digitale Assistent die **Daten** und das **Regelwissen** verbindet, kann er immer besser auf die Bedürfnisse eines Menschen oder eines Unternehmens oder einer politischen Organisation eingehen und das Verhalten steuern. Ein digitaler Assistent könnte beispielsweise erkennen, welche Faktoren zu Wirbelsäulenschäden führen. Er könnte aus der DNA, den Blutwerten, der Zeit am Schreibtisch, den sportlichen Aktivitäten, der Ernährung, den Fahrzeiten und anderen Daten vieler Menschen erkennen, welche Einflüsse auf die Wirbelsäule zu erwarten sind, und damit dem Menschen von Zeit zu Zeit Verhaltenshinweise geben, etwa den Schreibtisch kurz zu verlassen und eine einfache Entspannungsübung zu absolvieren. Über die eingebaute Kamera des PC könnte er Fehlhaltungen beim Sitzen erkennen und die Entspannungsübungen kontrollieren.

FAMANG und BAT werden immer mehr zu Gatekeepern: Die Konsumenten werden 2030 fast ausschließlich über sie auf die digitalen Dienste zugreifen. Für die Anbieter von Produkten und Diensten führt fast kein Weg mehr an ihnen vorbei. Sie verbinden letztlich das Angebot eines Produzenten mit dem Bedürfnis eines Konsumenten. Sie erhalten damit eine in der Wirtschaft und Gesellschaft nie dagewesene Macht, die sie primär zum Wohle des Kapitals und eher sekundär zu dem des Menschen einsetzen. Sie verlocken den Menschen über die kurzfristigen Bedürfnisse ohne Blick auf das langfristige Wohlergehen (z. B. Sucht). Und sie fügen den Menschen auch Leid zu, wenn es ihren Interessen dient. Beispiele dafür sind die Verschuldung oder die Begünstigung von Depressionen, indem sie unrealistische Ziele vorgaukeln. Die Staatsmacht nutzt das elektronisch verfügbare Wissen zur Verbrechensbekämpfung, aber auch zur Beschränkung der individuellen Autonomie.

Wie anhand einzelner Lebensbereiche schon sichtbar geworden ist, beeinflussen die digitalen Dienste unsere Lebensqualität entscheidend. Wir sind darauf allerdings alles andere als gut vorbereitet. Die Technologie ist als solche wertfrei, ist aber verfügbar und wird die Welt zukünftig noch viel mehr als bisher verändern. Ob das zum Wohle der Menschheit oder nur zur Weiterentwicklung im Sinne des Kapitals geschieht, können wir erst dann beurteilen und beeinflussen, wenn wir verstehen, was die Lebensqualität von Menschen ausmacht und wie die technologischen Möglichkeiten auf das menschliche Wohl oder Wehe einwirken. Genau dafür brauchen wir eine Disziplin Life Engineering.

Auch wenn es schwierig ist, sollten wir die maschinelle Intelligenz weder zu optimistisch noch zu pessimistisch beurteilen. Das Bedürfnis nach Sicherheit, das Vertrauen in das begrenzte bestehende Wissen und die Angst vor dem unbekannten Neuen haben vor jeder großen technologischen Innovation (Buchdruck, Eisenbahn, Elektrizität usw.) geradezu Untergangsszenarien provoziert. Teilweise hat die Transformation tatsächlich zu viel Leid geführt, wenn man etwa an den Verlust von Arbeitsplätzen durch die Elektrizität oder die miserablen Arbeitsbedingungen in der frühen Zeit der Industrialisierung denkt. Doch würden wir heute auf die technologischen Errungenschaften der letzten zweihundert Jahre verzichten wollen?

Allerdings wirken beim Einsatz der maschinellen Intelligenz noch ganz andere Mechanismen. Denn sie führen zu einer nie dagewesenen Wissens- und damit Machtakkumulation, durch die Individuen und Staaten Kompetenzen (z. B. Identifikation und Authentifizierung von Menschen) an global tätige Unternehmen abgeben. Möge diese Schrift dazu beitragen, dass viele Menschen Opportunitäten und Risiken erkennen und sie die maschinelle Intelligenz zum Wohle der Menschen einsetzen.

Wenn die Aussage stimmt, dass Macht und Kapital die Entwicklung der Technologie vorantreiben, die Menschen aber nach Glück streben, müssen die Menschen alles daransetzen, die Entwicklung hin zu ihrem Glück zu steuern, statt sie Macht und Kapital zu überlassen.

Literatur

1. Cohen, S., Hamilton, J. T., & Turner, F. (2011). Computational journalism. *Communications of the ACM, 54*(10), 66–71.
2. Menn, A., Hohensee, M., & Kuhn, T. (15. April 2016). Internet der Sinne. *WirtschaftsWoche*, Düsseldorf, S. 1–22.
3. Cheok, A., & Levy, D. (Hrsg.) (2019). 4th international congress on love and sex with robots. Brussels.
4. Ackeret, M. (13. Februar 2019). Runet Abschottung Russland. *NZZ*, Zürich.
5. Kostka, G. (2018). *China's social credit systems and public opinion: Explaining high levels of approval*. Berlin. https://papers.ssrn.com/sol3/papers.cfm?abstract_id=3215138. Zugegriffen am 26.12.2019.

6. Ohlberg, B., Ahmed, M., & Lang, S. (2018). *Zentrale Planung, lokale Experimente. Die komplexe Umsetzung von Chinas gesellschaftlichem Bonitätssystem*. Berlin. https://www.merics.org/sites/default/files/2018-04/180404_China_Monitor_43_Umsetzung_des_Gesellschaftlichen_Bonitätssystems.pdf. Zugegriffen am 26.12.2019.
7. Kuo, L. (08. März 2019). Chinese school under fire for buying tracking bracelets for students. *The Guardian*.
8. Jefferson, E. (27. April 2018). No, China isn't black mirror – Social credit scores are more complex and sinister than that. *newstatesman*.
9. O.V. (2016). E-Commerce und E-Banking. https://www.bfs.admin.ch/bfs/de/home/statistiken/kultur-medien-informationsgesellschaft-sport/informationsgesellschaft/indikatoren/e-commerce-e-banking.html. Zugegriffen am 24.11.2016.
10. Bensinger, G. (17. Januar 2016). Amazon wants to ship your package before you buy it. *The Wallstreet Journal*, New York.
11. O.V. Eric_Schmidt. brainyquote.com/quotes/eric_schmidt_557831. Zugegriffen am 12.04.2019.
12. Madden, S. (Januar 2016). With Google, Facebook and Nextdoor, what's next for lead generation? *techcrunch*, S. 1–8.
13. McNamee, R. (2019). *Zucked: Waking up to the Facebook catastrophe*. New York: Harper Collins Publishers.
14. Alt, R., & Reinhold, O. (2016). *Social Customer Relationship Management. Grundlagen, Anwendungen und Technologien*. Berlin/Heidelberg: Springer.
15. Brenner, W., & Kolbe, L. (1996). *The information superhighway and private households – Case studies of business impacts*. Heidelberg: Physica.
16. Powers, B. (13. Dezember 2018). Once more with feeling: Teaching empathy to machines. *The Wall Street Journal*, New York.
17. Reinhardt, A. (2019). Duravit hat das erste Smart-WC namens BioTracer vorgestellt. *teltarif.de*. https://www.teltarif.de/duravit-biotracer-smart-toilette/news/67893.html. Zugegriffen am 04.03.2019.
18. Swan, M. (2012). Sensor Mania! The internet of things, wearable computing, objective metrics, and the quantified self 2.0. *Journal of Sensor and Actuator Networks, 1*(3), 217–253.
19. Proposals, N., & Services, M. (2019). CMS advances interoperability & patient access to health data through new proposals. https://edit.cms.gov/newsroom/fact-sheets/cms-advances-interoperability-patient-access-health-data-through-new-proposals. Zugegriffen am 14.02.2019.
20. Stern, J., & Pierce, D. (2019). Tech that will change your life in 2019. *The Wall Street Journal*, S. 1–5.
21. Zarnekow, R., & Witte, A. -K. (2019). Transforming personal healthcare through technology – A systematic literature review of wearable sensors for medical application. In *Proceedings of the 52nd Hawaii International Conference on System Sciences (HICSS)*, S. 1–10. Hawaii.
22. O.V. PROJECTS. https://www.c4dhi.org/projects/. Zugegriffen am 22.04.2019.

23. Kagermann, H. Nationale Plattform Zukunft der Mobilität. https://www.platt-form-zukunft-mobilitaet.de/. Zugegriffen am 17.04.2019.
24. Stadler, R., Herrmann, A., & Brenner, W. (2018). *Autonomous driving: How the driverless revolution will change the world*. Bingley: Emerald Publishing.
25. Rupp, M. A., Kozachuk, J., Michaelis, J. R., Odette, K. L., Smither, J. A., & McConnell, D. S. (2016). The effects of immersiveness and future VR expectations on subjective experiences during an educational 360° video. In *Proceedings of the human factors and ergonomics society 2016 annual meeting*. Washington, DC.
26. DeBord, M. (2018). Waymo has launched its commercial self-driving service in Phoenix – And it's called ‚Waymo One'. *Business Insider Deutschland*.
27. „Autonome Busse im Wallis fahren jetzt auch über Kreuzungen," *Watson Schweiz*, 2018. https://www.watson.ch/schweiz/digital/993546762-autonome-busse-im-wallis-fahren-jetzt-auch-ueber-kreuzungen. Zugegriffen am 14.02.2019.

3

Maschinelle Intelligenz im Jahre 2030

Maschinelle Intelligenz assistiert den Menschen bereits mit den heute verfügbaren Technologien in allen Lebensbereichen. Um das Ausmaß der möglichen
Assistenz im Jahre 2030 besser erkennen zu können, lohnt sich bei aller Skep-
sis gegenüber Technologieprognosen ein Blick auf ein paar wichtige technologische Entwicklungen. Die Möglichkeiten des Smartphones und seine
Auswirkungen auf die Konsumenten waren bereits lange vor der Marktein-
führung des ersten iPhones erkennbar. Der Apple Newton kam 1993 und der
Nokia Communicator 1996 auf den Markt, also 14 bzw. 11 Jahre vor dem
iPhone. Schon davor entstand der Begriff „Personal Digital Assistant" (PDA)
[1]. Den Durchbruch brachte die außergewöhnliche unternehmerische Leistung von Steve Jobs, der die Technologie, vor allem die Miniaturisierung von
elektronischen Komponenten, das Ecosystem, vor allem den AppStore, das
Design, das Marketing und die Prozesse innerhalb von Apple zu einem erfolgreichen Geschäftsmodell verband. Potenzial für bahnbrechende Neuerungen
erwarte ich bis 2030 am ehesten im Internet of Things durch die 5G-Kom-
munikation, in der Artificial Intelligence und in der virtuellen oder erweiterten Realität. Abgesehen von tatsächlich unvorhergesehenen disruptiven
Innovationen können die Entwickler von digitalen Diensten mit den nachfolgend aufgeführten Trends rechnen.[1]

---

[1] Diese Vorhersage geht u. a. von folgenden Annahmen aus:

- Die Menschen haben zugunsten eines bequemen Lebens weitgehend auf Privatheit verzichtet, und
  die Gesetze verhindern gleichzeitig ausreichend den Missbrauch persönlicher Daten.
- Die Politik hat sich mit dem Oligopol der Megaportale auf einen Verhaltenscodex geeinigt, der die
  technologische und wirtschaftliche Entwicklung weiter erlaubt und die Bürger ausreichend vor ein-
  seitiger Marktmacht schützt.

© Springer Fachmedien Wiesbaden GmbH, ein Teil von Springer Nature 2020
H. Österle, *Life Engineering*, https://doi.org/10.1007/978-3-658-28335-3_3

3.1   Digitales Abbild der Welt

Die digitalen Dienste nutzen und erzeugen Daten zu allen Aspekten des Lebens. Sie bauen ein digitales Abbild der Welt, bestehend aus Menschen, Sachen, Organisationen und Wissen über die Zusammenhänge. Die heute schon gewaltigen Datenbestände vor allem bei den sogenannten Datenkraken FAMANG und BAT liefern im Jahr 2030 ein noch viel umfassenderes digitales Abbild der Welt, einerseits der Menschen und andererseits der Welt, in der die Menschen leben.

3.1.1   Personendaten

Die Megaportale sammeln derzeit Daten in erster Linie aus der **Internetnutzung der Konsumenten.** Auch wenn sie aus rechtlichen Gründen teilweise auf die Nutzung verzichten, haben sie technisch gesehen Zugang zu allen Suchen, zu den Einkäufen, zu Fotos und Videos, zur Kommunikation in den sozialen Netzwerken, zu den eMails, ja sogar zu den Cloudspeichern. Neben diese „klassischen" Daten treten mehr und mehr maschinell erfasste Daten wie Standorte, Kontakte und Stimmungen aus Fotos, Videos und Ton oder Emotionen und Bedürfnisse aus Posts von Facebook- und Twitter-Nutzern [2, 3].

Die Sensoren der Smartphones, der Navigation, der Haussteuerung, der Autos und der Wearables (Smartwatch, Schuhe, Kleidung usw.) werden in den nächsten zehn Jahren volumenmäßig die größten Lieferanten von Personendaten. Allgegenwärtige Kameras und Mikrofone erfassen Bilder, Geräusche, Gerüche oder taktile Reize und erkennen darin Muster wie Personen, Pupillenöffnung, Stimmfarbe, Sprechgeschwindigkeit, Zittern oder Bewegung. Neben diesen auch vom Menschen wahrgenommenen Mustern erheben sie Daten, für die der Mensch keine Sinne hat: Hormonspiegel, Blutzucker, elektrische Strahlung, Herzrhythmus, Blutdruck usw.

Derzeit sind staatliche Organisationen und die Megaportale dabei, medizinische Daten wie die DNA und Blutwerte auf die Smartphones und in die Cloud zu bringen. Melanie Swan hat bereits in den Jahren 2012 und 2013 unter dem Begriff „Quantified Self" einen immer noch hilfreichen Überblick über Werkzeuge und Daten gegeben [4, 5]. Einige Organisationen (u. a. Open Data, MIDATA, U.S. National Library of Medicine) haben sich zum Ziel gesetzt, möglichst viele Personendaten für die Forschung in anonymisierter Form öffentlich nutzbar zu machen (siehe Abschn. 7.1).

3.1.2 Sachdaten

Sensoren schaffen nicht nur ein detailliertes und aktuelles Bild des Menschen, sondern auch eines seiner Umgebung, also der Sachen. In der Wohnung messen sie die Luftqualität, die Luftfeuchtigkeit, Hitze- und Rauchentwicklung, die Helligkeit, den Lärm, den Energieverbrauch usw. Das Auto ist eine rollende Messstation. Es beobachtet Fußgänger und Autos und erhebt den Schlupf der Räder (bei Glatteis), die Sicht bei Nebel, die Niederschläge, die Geschwindigkeit, die Verkehrszeichen und -signale, die exakten Straßenbegrenzungen, Baustellen und freien Parkplätze usw. Es leitet diese Daten an zentrale Verkehrssteuerungs- und Kartographiesysteme weiter oder tauscht sie in der Car-to-car-Kommunikation mit anderen Fahrzeugen aus. Eine Person produziert im Jahr 2020 laut Brian Krzanich, dem CEO des Chipherstellers Intel, 1,5 Gigabyte Daten pro Tag, ein selbstfahrendes Auto dagegen 4000 Gigabyte pro Tag [6]. Das reine Volumen ist zwar primär für den Chiphersteller relevant, zeigt jedoch die Bedeutung der Sensordaten. Zur digital erfassten Umgebung des Konsumenten gehören selbstverständlich weiterhin die klassischen Daten zu Unternehmen, Produkten, Gebäuden, Logistik usw.

Die Megaportale besitzen nicht nur riesige Datensammlungen, sondern erkennen mit vielfältigen lernenden Algorithmen **Muster in den Datensammlungen unzähliger Nutzer** und leiten daraus Wissen über Zusammenhänge ab. Ein Beispiel für einen derartigen Ansatz ist der Knowledge Graph (eine einfache Form eines neuronalen Netzwerkes), den Google schon seit Jahren aufbaut. Die Suchmaschine präsentiert nicht nur Links, sondern mehr und mehr Wissen aus verschiedenen Quellen zu den gesuchten Begriffen. Die Suche nach der Urlaubsdestination Malta liefert ungefragt beispielsweise die Hauptstadt, die Zeitzone oder die Flugdauer vom aktuellen Standort aus.

Zusammengefasst können die digitalen Dienste 2030 auf ein gegenüber heute mehrdimensionales, vielfach verfeinertes und aktuelleres Bild des Konsumenten und seiner Umgebung zurückgreifen, um konkrete Empfehlungen zu allen Lebensbereichen vom Reisen über den Einkauf bis zum Wohnen abzugeben.

3.2   Aktive Services

Mit dieser Datenbasis und den daraus abgeleiteten Verhaltensregeln können digitale Assistenten auch selbst aktiv werden, etwa Jalousien automatisch schließen, eine Insulinpumpe einstellen oder die Fahrt auf einfachen

Straßenabschnitten übernehmen. Die Acatech fasst unter den Begriff „Autonome Systeme" nicht nur Roboter, sondern jede Art von selbstständig agierenden Geräten wie Fahrzeuge, Haushaltsgeräte (z. B. Saugroboter), Alarmanlagen und Heizungssteuerung [7].

Während heute meist die Menschen die digitalen Dienste bedienen müssen, werden die digitalen Assistenten im Jahre 2030 zunehmend die Menschen bedienen. Sie werden anhand der persönlichen Präferenzen oder der Erfahrungen von Personen mit vergleichbaren Interessen konkrete Vorschläge für Urlaubsreisen unterbreiten, die der Mensch nur noch akzeptieren muss, oder sie buchen beispielsweise einen Arzttermin. Sie werden das Verhalten der Bewohner eines Hauses kennen, ihre Präferenzen für die Raumtemperatur, für ungestörte Nachtruhe (z. B. Jalousien und Anrufe) oder für die Aktivierung der Alarmanlage. Auf Basis der Daten über die Bewohner und die Geräte können sie selbstständig aktiv werden. Digitale Dienste entwickeln sich von passiven Services (z. B. Informationssuche oder Suche und Kauf eines Flugtickets) zu **aktiven Services** [8],[2] die aufgrund des Wissens über das Individuum und die Zusammenhänge von Konsum und Präferenzen konkrete Empfehlungen abgeben (z. B. für ein neues Video oder eine Pauschalreise) oder bestimmte Aufgaben schließlich sogar **autonom ausführen**, indem sie etwa vor Winterbeginn einen Reifenwechsel in der Garage buchen und hinterher bezahlen. Viele Konsumentenprozesse werden 2030 „**Silent Processes**" sein, die ohne Aktivität des Konsumenten auskommen.

3.3   Integration

Heute bedeutet aus Sicht des Konsumenten jede App, jede Website und jedes Gerät eine eigene kleine Welt (siehe Abb. 3.1). Der Benutzer muss unterschiedliche Begrifflichkeiten (z. B. Passwort, Kennwort, Code) verstehen, erlebt das Navigationsmenu in kreativer Vielfalt, muss seine persönlichen Daten (z. B. Adresse) mehrfach eingeben, mit Inkonsistenzen der Daten (z. B. Kontakt- und Produktdaten) zwischen verschiedenen Diensten leben und schließlich die gesamte Administration von der Installation und den Updates bis zu den allgemeinen Geschäftsbedingungen für jeden Dienst separat erledigen.

---

[2] Knote et al. [8] beziehen die Aktivität auf den Konsumenten. Sie verwenden die Begriffe „aktiv" und „passiv" folgerichtig genau umgekehrt, bezeichnen daher beispielsweise einen digitalen Service, der das Licht bei Dunkelheit ohne Aktion des Menschen einschaltet, als passiv.

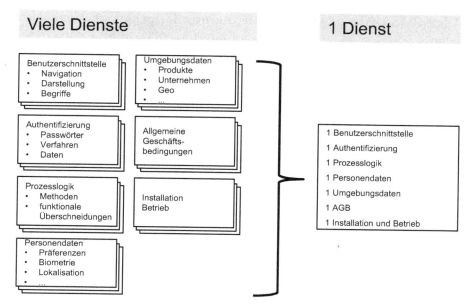

Abb. 3.1 Integrationseffekt

Ein aktiver Lebensassistent, der auf Basis eines umfassenden Persönlichkeitsprofils alle oben erwähnten Dienste zu einem einzigen, in sich konsistenten digitalen Butler zusammenfasst, wird im Jahre 2030 noch nicht vorhanden sein. Die Megaportale werden jedoch bis dahin die Kernfunktionen und -daten über einzelne Lebensbereiche wie beispielsweise Mobilität oder Wohnen hinweg zusammengeführt haben. Bis zur vollständigen Integration der heute üblichen digitalen Dienste könnte es leicht 2040 werden. Auch dann werden Spezialgeräte wie etwa die Alarmanlage oder die Diabetestherapie separat laufen, aber eng mit Schnittstellen verknüpft sein.

> Konsumenten wollen Komfort. Wenn ein integrierter Dienst dem Konsumenten alle von ihm gewünschten Funktionen unabhängig vom Gerät aus einem Guss anbietet, wird er diesen Dienst vielfältigen Einzeldiensten vorziehen.

Wenn ein Therapieassistent sämtliche persönlichen Daten nutzt, um den Patienten zu unterstützen, wird der Patient letztlich sämtliche Daten dafür freigeben. Das wird er vermutlich nicht nur im Krankheitsfall, sondern schon für sein Fitness-Programm tun. Je mehr Komfort digitale Dienste dem Menschen bieten, indem sie ihm lästige Aufgaben abnehmen, desto mehr werden die Konsumenten auf ihre Privatheit verzichten.

Die **Blockchain-Technologie** unterstützt die Integration zwischen Unternehmen und Konsumenten, indem sie Transaktionen verschlüsselt und rechtssicher aufzeichnet, doch dürften die Erwartungen an die Integration mittels Blockchain-Technologie deutlich überhöht sein. Diese Distributed Ledger Technology hebt die Techniken zur Wahrung der Privatheit von Personendaten zwischen den Diensten nicht wie bisweilen versprochen auf ein neues Niveau.

Megaportale sind seit Jahren dabei, immer mehr ehemals selbstständige Apps zu einem integrierten Dienst zusammenzuführen. Die Navigation, die sozialen Netze, das Instant Messaging, Musik- und Videostreaming sowie die Fotoverwaltung sind bereits selbstverständlich. Terminmanagement, Payment, Authentifizierung, Therapie und viele weitere Funktionen sind gerade dabei, fester Bestandteil der Megaportale zu werden. Das weckt die Befürchtung, dass darunter die Innovation leidet, weil die Megaportale den Markt der neuen Dienste rasch abdecken, so dass sich die Investitionen in isolierte Dienste nicht lohnen [9].

3.4   Performanz

Eine geradezu triviale Feststellung ist, dass wir heute bereits über eine enorme **maschinelle Informationsverarbeitungskapazität** verfügen und dass sich diese in den nächsten zehn Jahren vervielfachen wird. Das gilt für die Prozessoren ebenso wie für die Speicher und die Netzwerke. Während heute die Erkennung von Spracheingaben noch auf leistungsfähigen Servern läuft, werden das in wenigen Jahren auch mobile Geräte erledigen. Ähnliches gilt auch für das autonome Fahren, für die Erkennung von Gesichtern in Kameras, für das Rendering auf Spielkonsolen oder für die Messung von Belastung, Bewegung und Standort in Fußbällen und Fußballschuhen. Auch wenn den Entwicklern und Nutzern diese Vorstellung bisweilen schwerfällt, dürfen sie für ein Szenario der technischen Möglichkeiten im Jahre 2030 von einer mehrfachen Leistung heutiger Hardware ausgehen.

Die Leistungsfähigkeit der IT-Infrastruktur hat in der Datenanalyse, in der Inferenz der AI und in der Blockchain-Technologie einen Entwicklungsschub ausgelöst. Die Erwartungen an das Quantencomputing sind hoch, für die digitalen Dienste des Konsumenten im Jahre 2030 jedoch noch nebulös und vermutlich noch nicht relevant.

3.5   Mensch-Maschine-Kooperation

Dagegen sind bahnbrechende Innovationen in der Mensch-Maschine-Kooperation zu erwarten. Bereits die Smartspeakers wie Alexa von Amazon, Cortana
von Microsoft, Assistant von Google und Siri von Apple haben die Zusammenarbeit von Menschen und digitalen Diensten so beeinflusst, dass für das
Jahr 2019 der Verkauf von 164 Mio. Geräten erwartet wird. Damit werden
sich die Konsumenten an die Sprachkommunikation mit Maschinen
gewöhnen [10].

Die Gesichtserkennung und die Nutzung weiterer biometrischer Daten zur
Authentifizierung beim Payment, beim Zutritt, in der Immigration usw.
haben sich bereits ein Stück weit durchgesetzt und werden im Jahre 2030
selbstverständlich sein.

Virtuelle und erweiterte Realität stellen den Menschen in eine künstliche
(virtuelle) Welt und in eine um virtuelle Objekte erweiterte reale Welt [11].
VR und AR waren ursprünglich die Basis von Computerspielen, durchdringen nun aber mehr und mehr auch andere Bereiche, vor allem in der Technik.
Im Jahre 2030 werden sie einen bedeutenden Teil der Mensch-Maschine-
Kommunikation übernehmen, beispielsweise in einem digitalen Dienst zur
Stadt- oder Museumsführung.

Menschen reagieren auf die Maschinen sozial, d. h. sie interagieren wie mit
Menschen. Die Entwicklung der Mensch-Maschine-Schnittstelle wird den
Maschinen ein menschenähnliches Verhalten verleihen [12], ohne dass deswegen im Jahre 2030 humanoide Roboter zu erwarten sind, da bei Maschinen die Zusammenfassung von mechanischen und intellektuellen Fähigkeiten
in einem menschenähnlichen Organismus gegenüber spezialisierten Geräten
nur auf wenigen Gebieten Vorteile bringen dürfte.

3.6   Artificial Intelligence

Der Begriff „Artificial Intelligence" (AI) löst vor allem bei Laien zumindest
unbewusst die Vorstellung von menschenähnlichen Fähigkeiten der Maschinen aus. Das Marketing von IT-Unternehmen nutzt diese Assoziation, um
Lösungen des eigenen Unternehmens als besonders mächtig und zukunftsträchtig anzupreisen. Ich verwende hier den Begriff der *maschinellen Intelligenz* im Sinne jeder maschinellen Informationsverarbeitung mit zunehmenden
kognitionsähnlichen Fähigkeiten. So wie es keine verbindliche Definition der

menschlichen Intelligenz gibt, gibt es keine allgemein akzeptierte Definition der Artificial Intelligence. Legg und Hutter haben eine Sammlung von Definitionen publiziert, auf die an dieser Stelle verwiesen sei [13].

> *Eine weit entwickelte AI nimmt ihre Umgebung wahr, bewertet die Situation anhand ihrer Ziele, entwickelt ihr Bild von der Welt weiter, trifft Entscheidungen und setzt sie um.*

Im Detail heißt das:

Perzeption Die AI erfasst über Sensoren die Umgebung (Temperatur, Helligkeit, Gase, Lokation, Bewegung, …) oder wertet bereits vorhandenes Wissen (gespeicherte Texte und Sprache, Bilder und Videos und andere elektronische Datenbestände) aus. Sie erkennt beispielsweise Personen auf Fotos und Regelmäßigkeiten im Stromverbrauch eines Haushalts.

Mustererkennung Das Weltbild (Wissen) eines AI-Systems besteht aus Mustern, die Zusammenhänge der Realität beschreiben. Ein Beispiel ist das Muster „Fußball", das aus einer Vielzahl kleinerer Muster wie „rund", „luftgefüllt", „bestimmte Größe" usw. gebildet wird. Ein wesentlich schwieriger erfassbares Muster ist „defensives Spiel", das selbst Menschen unterschiedlich interpretieren. AI-Systeme erkennen Muster in Datenströmen, entweder unter Anleitung durch den Menschen (Supervised Learning) oder selbstständig (Unsupervised Learning). Im Supervised Learning erhält die Maschine z. B. Bilder von Verkehrszeichen zusammen mit deren Bedeutung und kann danach die Bedeutung weiterer Bilder selbst erkennen. In der Wettervorhersage erkennt die Maschine aus vielfältigen Sensorinformationen wie Temperatur, Luftfeuchtigkeit und Luftdruck, aus Topologiedaten, aus Sonnenschein, Niederschlag und Windstärke ohne Hilfe durch den Menschen (Unsupervised Learning) Muster, die Wettersituationen abhängig von Messwerten vorhersagbar machen. Die Maschine kann künftig ihr Modell selbstständig immer weiter verbessern, wenn ihr vom Menschen Ziele – wie z. B. Bedürfnisse des Menschen – vorgegeben werden. In der Wettervorhersage ist das die Minimierung der Abweichung von prognostiziertem und tatsächlichem Wetter.

Abstraktion Deep Learning mit künstlichen neuronalen Netzwerken, eine besonders erfolgreiche AI-Technik, besitzt eine gewisse Fähigkeit zur Abstraktion, indem es die erkannten Muster wiederum auf Ähnlichkeiten untersucht und daraus eine verdichtete Repräsentation der Muster ableitet. In der

Wettervorhersage kann das das Muster „Gewitter" sein, das seinerseits aus Mustern der elektrischen Ladung, der Luftfeuchtigkeit, der Wolkenformationen usw. abgeleitet ist.

Inferenz Die Fähigkeit zur Abstraktion ist eine der Schwachstellen beim heutigen Stand der AI, da der Wert einer konkreten Abstraktion schwer zu fassen ist. Noch schwieriger ist die Ableitung von Folgerungen aus Mustern (Inferenz), also am Beispiel der Wettervorhersage eine Regel, dass die Geschwindigkeit des Druckabfalls und die Veränderung der elektrischen Ladung in der Atmosphäre eine Wahrscheinlichkeit für ein Gewitter anzeigen. Sogenannte Expertensysteme, auf welche die AI in den 1980er-Jahren fokussiert war, sind u. a. an den Problemen der Inferenz gescheitert. Die Fähigkeit zur Vorhersage (Prediction) anhand vorgegebener Datenkonstellationen bestimmt den Wert einer AI-Lösung, sei es die Wettervorhersage oder sei es das Bremsen beim autonomen Fahren.

Die AI braucht ein Zielsystem, anhand dessen sie die Wahrnehmungen bewertet. Die AI eines Online-Shops bewertet beispielsweise den Erfolg ihrer Empfehlungen an die Konsumenten anhand des erzielten Umsatzes und entwickelt daraus Muster, die bestimmte Formen der Produktanpreisung mit dem Verkaufserfolg verknüpfen. AI kann auch ungewöhnliche Buchungen auf der Kreditkarte erkennen (Ziel: Betrugsvermeidung) und Spam im eMail-Verkehr separieren (Ziel: Reduktion störender eMails).

Bewertung Aus der Wahrnehmung der aktuellen Situation und dem vorhandenen Wissen sowie ihren Zielen leitet die AI Aktionen ab. Das kann eine konkrete Umsatzprognose für den Einzelhändler, ein Einkaufsvorschlag für den Disponenten oder die Nachbevorratung des Lagers sein. Beim autonomen Fahren ist es beispielsweise der Einschlagwinkel der Lenkung, im Fall der Kreditkarte die telefonische Rückfrage beim Karteninhaber. Die Bewertung einer Lösung ist eine der Schwachstellen der AI. Manchmal sind die Kriterien für die Lösungsqualität schwer zu bestimmen, manchmal ist nicht klar, ob der eingeschlagene Suchweg zu einem lokalen Optimum führt, das vom Finden der besten Gesamtlösung ablenkt.

In den letzten 50 Jahren wurde die Schwelle, ab der einer Maschine eine Artificial Intelligence zuerkannt wird, immer höher gesetzt. War es einmal das Schachspielen, war es später das komplexere Go-Spiel und schließlich eine Quizveranstaltung (Jeopardy), wobei der Computer den Menschen schlagen sollte, um den Nachweis für seine Intelligenz zu erbringen. Heutige

AI-Lösungen haben alle drei Schwellen überwunden, allerdings nur zum kleinen Teil dank verbesserter Abstraktion und Inferenz, zum weitaus größten Teil dank der **Leistungsfähigkeit heutiger Hardware**, die es erlaubt, immer mehr Varianten durchzuspielen (Brute-Force-Methode). Ein entscheidender, allerdings wahrscheinlich noch einige Jahrzehnte entfernter Schritt wird sein, wenn die AI alles Wissen dieser Welt auswertet, um aus Sicht der Evolution, also etwa mit dem Ziel der Steigerung der Intelligenz, die menschlichen Ziele zu überdenken.

Manche Autoren formulieren für die Maschinen ein zusätzliches Intelligenzkritierium, die **emotionale Intelligenz** [14]. Es handelt sich dabei allerdings wieder um die Anwendung bekannter AI-Techniken auf die Auswertung von Indikatoren für Stimmungen der Menschen, also beispielsweise die Wirkung von Werbebotschaften auf die Gefühle des Konsumenten.

Die große Vision der AI-Forschung ist die GAI (Generalized AI, auch Artificial General Intelligence, AGI), die schließlich die menschliche Intelligenz übertrifft und sich dann selbst zur **Superintelligenz** weiterentwickelt (siehe Abschn. 7.7). Im Jahre 2013 befragten Müller und Boström 549 AI-Experten, wann sie eine AI erwarten, die die meisten Berufe der Menschen so gut wie diese ausüben kann (HLMI, High-Level Machine Intelligence), und wie lange diese HLMI danach noch benötigt, um zur Superintelligenz zu werden, die ab dieser Schwelle wenigstens für eine gewisse Zeit explosionsartig wächst. Das Ergebnis: „… we think it is fair to say that the results reveal a view among experts that AI systems will probably (over 50 %) reach overall human ability by 2040–50, and very likely (with 90 % probability) by 2075. From reaching human ability, it will move on to superintelligence in 2 years (10 %) to 30 years (75 %) thereafter" [15, S. 14]. Wichtige Beiträge zur Entwicklung der Superintelligenz werden u. a. aus der Informatik, Statistik und Neurologie, insbesondere der Whole Brain Emulation, erwartet. Die EU betreibt dazu das Human Brain Project [16], in den USA läuft die BRAIN Initiative (Brain Research through Advancing Innovative Neurotechnologies) [17].

AI nimmt in den Medien einen viel zu großen Raum ein, wenn damit der Ersatz des Menschen durch Maschinen (AI im engeren Sinne) gemeint ist. Wahrscheinlich verstehen die meisten Autoren und Diskutanten damit aber eine AI im weiteren Sinne, letztlich die gesamte oben beschriebene Informationstechnologie. In diesem Falle wäre es vermutlich wesentlich angemessener, von **Intelligenzverstärkung** statt von AI zu sprechen.

In diesem Buch steht maschinelle Intelligenz *für jede Informationsverarbeitung durch Maschinen.*

3.7   Zusammenfassung: Applikationswelt des Konsumenten

Alle digitalen Dienste sind Intelligenzverstärker. Sie erweitern die intellektuellen Fähigkeiten des Menschen, sei es durch die Befreiung von Routinetätigkeiten wie die Führung eines Bankkontos seien es die traditionellen Dienste wie das Management eines Terminkalenders, die Navigation oder sei es die Organisation der Foto- und Videoablage inklusive Deskription der Bilder. Maschinelle Intelligenz verstärkt die menschliche Intelligenz. Bis zum Jahre 2030 und weit darüber hinaus wird der Mensch diese Intelligenzverstärker massiv nutzen, aber abgesehen von engen Teilbereichen vor allem in der Technik nicht durch sie ersetzt werden.

Das hier skizzierte Bild der Informationstechnik im Jahre 2030 konzentriert sich auf die persönlichen digitalen Dienste. Die Robotik, der 3D-Druck, die Biotechnologie, die Medizintechnik und sonstige Technologien sind weitere Komponenten der technologischen Evolution bis zum Jahre 2030. Riemensperger und Falk skizzieren für die industrielle Welt ein ähnliches Szenario, wie es hier für die Konsumentenwelt umrissen wird [18, Pos.796].

> Das enorme Potenzial der technologischen Entwicklung bis zum Jahre 2030 liegt im Zusammentreffen der oben skizzierten Entwicklungen.

Gigantische Personen- und Sachdatenbanken, die automatisch aus den digitalen Diensten und vor allem aus den Sensoren detailliert und aktuell befüllt werden, die Fähigkeiten zum maschinellen Lernen, die dafür nötige IT-Performanz, die intuitive Zusammenarbeit von Mensch und Maschine sowie die zunehmende Übernahme von Entscheidungen und Ausführungen durch die Maschinen werden unser Leben bis zum Jahre 2030 noch mehr als heute vorstellbar verändern. Historisch nie dagewesene Ressourcen, einerseits Humankapital von Millionen von Entwicklern, andererseits Finanzkapital der erfolgreichen Dienstanbieter, werden für diese Transformation sorgen.

Literatur

1. Österle, H., & Riehm, R. (1994). PDA. *Wirtschaftsinformatik, 36*(3), 286–289.
2. Zamani, M., Buffone, A., & Schwartz, H. A. (2018). Predicting human trustfulness from Facebook language. In *Proceedings of the fifth workshop on computational linguistics and clinical psychology: From keyboard to clinic*, S. 174–181.

3. Luhmann, M. (2017). Using big data to study subjective well-being. *Current Opinion in Behavioral Sciences, 18*(December), 28–33.
4. Swan, M. (2012). Sensor Mania! The internet of things, wearable computing, objective metrics, and the quantified self 2.0. *Journal of Sensor and Actuator Networks, 1*(3), 217–253.
5. Swan, M. (2013). The quantified self: Fundamental disruption in big data science and biological discovery. *Big Data, 1*(2), 85–99.
6. Krzanich, B. (2016). Data is the new oil in the future of automated driving|Intel Newsroom. *Intel Newsroom*, S. 1–6.
7. Kagermann, H., et al. (2017). *Fachforum Autonome Systeme. Chancen und Risiken für Wirtschft, Wissenschaft und Gesellschaft.* München: Acatech.
8. Knote, R., Janson, A., Söllner, M., & Leimeister, J. M. (2019). Classifying smart personal assistants: An empirical cluster analysis. *HICSS Proceedings 2019, 6*(January), 2024–2033.
9. O.V. (2018). Alibaba and Tencent have become China's most formidable investors. *Economics.*
10. Lee, P. (2018). Smart speakers: Growth at a discount TMT Predictions 2019. *Deloitte Report.* https://www2.deloitte.com/insights/us/en/industry/technology/technology-media-and-telecom-predictions/smart-speaker-voice-computing.html. Zugegriffen am 21.02.2019.
11. Pene, B. (2019). With MR, VR, and AR, humans and machines will unite in the workforce. *Redshift.* https://www.autodesk.com/redshift/with-mr-vr-and-ar-humans-and-machines-will-unite-in-the-workforce/. Zugegriffen am 20.02.2019.
12. Nass, C., Steuer, J., & Tauber, E. R. (1994). Computers are social actors. *Human Factors in Computing Systems, 94*, 72–78.
13. Legg, S., & Hutter, M. (2007). *A collection of definitions of intelligence.* Technical Report, S. 1–12.
14. Powers, B. (13. Dezember 2018). Once more with feeling: Teaching empathy to machines. *The Wall Street Journal*, New York.
15. Bostrom, N., & Müller, V. (2014). Future progress in artificial intelligence: A survey of expert opinion. In *Fundamental issues of artificial intelligence.* Berlin: Springer, no. forthcoming.
16. O.V. Human brain project. www.humanbrainproject.eu. Zugegriffen am 22.04.2019.
17. O.V. The BRAIN initiative. www.braininitiative.nih.gov. Zugegriffen am 22.04.2019.
18. Riemensperger, F., & Falk, S. (2019). *Titelverteidiger.* München: Redline.

4

Lebensqualität

Im Jahre 2006 startete ich mit einem kleinen Team das Projekt „Independent Living". Wir setzten uns das Ziel, alte Menschen durch Informationstechnik so lange wie möglich bei hoher Lebensqualität in ihren eigenen vier Wänden leben zu lassen. Am Anfang trieb uns – wie viele in der damaligen Zeit – die Vorstellung, mit vielen kleinen elektronischen Helferlein vom Pill Dispenser bis zum automatischen Notruf beispielsweise bei Kreislaufproblemen das Leben der Senioren sicherer zu machen. Mehr als ein Arzt, mit dem wir unsere Lösungsansätze diskutierten, stellte deutlich in Frage, ob wir die Lebensqualität tatsächlich verbessern, wenn wir ein natürliches Sterben von sehr kranken, leidenden Personen hinauszögern. Die Betroffenen selbst, also die Senioren, zeigten ebenfalls wenig Interesse. Einerseits weil sie sich nicht so viel Technik aussetzen wollten, andererseits weil sie den Eindruck hatten, dass sie dafür noch viel zu jung seien. Zwei CEOs großer Krankenversicherungsunternehmen sahen unsere Ansätze als geradezu geschäftsschädigend und hatten schon gar kein Interesse, an derartigen Lösungen mitzuarbeiten.

Viele Gespräche mit Senioren, Pflegekräften, Altenbetreuern und Angehörigen führten zu zwei überraschenden Fragen: „Was braucht ein Pensionist, was bewegt ihn, in der Früh aufzustehen?" und „Wie kann ein hilfebedürftiger Senior die vielen vorhandenen Dienstleistungen selbstbestimmt nutzen?" Als Konsequenz daraus entwickelten und pilotierten wir eine App zur Buchung und Abwicklung von persönlich erbrachten Dienstleistungen wie etwa Friseur oder Fensterputzen und Physiotherapie. Parallel dazu versuchten wir zu verstehen, was Lebensqualität ausmacht. Rasch wurde klar, dass diese Themen nicht nur Senioren betreffen, und es zeigte sich, dass sich – bedingt durch die ökonomischen und technischen Entwicklungen – etwa zur gleichen

Zeit geradezu eine Welle der Glücksforschung aufbaute. Wir mussten nach Jahren der Beschäftigung mit dem Thema „Lebensqualität durch Informationstechnik" erkennen, dass alle Beteiligten keine brauchbaren Antworten hatten.

4.1   Ansätze zu einem Lebensqualitätsmodell

Eine Google-Suche zu den Begriffen „Well-being" oder „Quality of Life" liefert jeweils 3 Milliarden Ergebnisse, die Suche nach dem Begriff „Theory of Well-being" immer noch 500 Millionen (zum Vergleich: „Labour" ergibt 300 Millionen Treffer). Disziplinen wie Philosophie, Psychologie, Soziologie, Politologie, Ökonomie, Neurobiologie, Gehirnforschung, Religion, Marketing und Ethik entwickeln seit jeher Vorstellungen von der Lebensqualität unter vielen Namen wie Glück und Unglück, Freud und Leid oder subjektives Wohlbefinden. Leo Bormans [1] hat im Herausgeberband „Glück. The World Book of Happiness" die Sichtweisen von über hundert Glücksforschern aus aller Welt zusammengetragen. Thomä, Henning und Mitscherlich-Schönherr haben in „Glück. Ein interdisziplinäres Handbuch" Autoren aus der Sicht von 13 Disziplinen zu Wort kommen lassen [2]. Der „World Happiness Report" [3], den mehrere Autoren jährlich im Auftrag der UNO herausgeben, und die „World Database of Happiness" [4] sind weitere Beispiele für Sammlungen zum Thema Glück. Einige Staaten haben in den letzten Jahren angefangen, das Glück ihrer Bürger zu messen, so beispielsweise Großbritannien mit den Erhebungen des subjektiven Wohlbefindens (Subjective Well-being) des Office for National Statistics (vgl. Abb. A.2 im Anhang) [5, 6]. All diesen Bestrebungen ist gemeinsam, dass sie nach einem besseren Verständnis von Glück (Lebensqualität) und insbesondere nach objektiven Messverfahren für das Glück suchen.

Die in den letzten Jahren rasant gestiegenen Erwartungen an die Artificial Intelligence (AI), insbesondere unter dem Begriff des Deep Learning, haben ein breit abgestütztes Bemühen um den Einsatz der AI zum Nutzen der Menschen und zur Vermeidung von negativen Konsequenzen ausgelöst. Beispiele dafür sind die Standards der IEEE zu „Ethically Aligned Design" [7], die „AI for Good" Plattform der UNO [8], die 2030 Vision der AI4Good Foundation [9] und die Asilomar Principles des Future of Life Institutes [10], die mittlerweile sogar vom Staat Kalifornien über einen Parlamentsbeschluss unterstützt werden [11] (siehe Tab. 1.1).

Wer den Einsatz der maschinellen Intelligenz oder anderer Technologien zum Wohle der Menschen fordert, muss wenigstens eine vage Vorstellung davon haben, was die Lebensqualität der Menschen ausmacht und wie die technischen Möglichkeiten auf diese Lebensqualität wirken. Alle oben erwähnten Ansätze und Bemühungen sind weit davon entfernt, die Faktoren der Lebensqualität operationalisierbar zu bestimmen oder die Wirkungen der Technologie darauf zu verstehen. Wissenschaftlich fundierte, überprüfbare Erkenntnisse sind lediglich zu Teilaspekten wie etwa zur Wirkung eines Spaziergangs in der Natur, zu sexueller Befriedigung oder zu Schlafentzug auf das Wohlbefinden vorhanden. Darüber hinaus sind es vor allem weltanschauliche Vorstellungen wie das Verlangen nach Autonomie des Menschen, nach Chancengleichheit und nach Zufriedenheit durch Religion, die die Diskussion prägen.

Es ist sicher verwegen, aus all den isolierten Einzelerkenntnissen der oben erwähnten Quellen ein umfassendes **Lebensqualitätsmodell** (LQM, Modell des Glücks) zu entwerfen, wird hier aber trotzdem versucht. Ausgangspunkt ist die Evolution im biologischen, technischen und gesellschaftlichen Sinn. Sie steuert über die Homöostase im Sinne eines Regelungsmechanismus die biologische Entwicklung, im übertragenen Sinn aber auch die technische und gesellschaftliche Entwicklung. Sie basiert auf der Reproduktion mit Mutation und Rekombination von Genen sowie der sexuellen Selektion anhand des Kriteriums der Vorteilhaftigkeit für die Entwicklung. Ich gehe von der Annahme aus, dass diese Form der Homöostase in einem weiten Sinne Glück und Unglück als Treiber menschlichen Handelns verwendet.

Ausgehend von den psychologischen Erkenntnissen zu den Bedürfnissen und Gefühlen der Menschen habe ich ein Netzwerk der Bedürfnisse entworfen und in vielen Iterationsschritten anhand der in den erwähnten Quellen gefundenen Einzelerkenntnisse überprüft und weiterentwickelt. Auch wenn ich wo immer möglich auf statistisch fundierte oder deduktive Erkenntnisse aus vielen Quellen verweise, musste ich an vielen Stellen auf Selbstreflexion zurückgreifen. Ich kann auch nicht jeden einzelnen Schritt zum vorliegenden Modell ausführlich dokumentieren, sondern bitte den wohlwollenden Leser seine Kraft weniger auf die mangelhafte Verifizierung der Aussagen als auf deren Korrektur und Weiterentwicklung zu legen. Die eher wissenschaftstheoretisch orientierten Leser mögen auf die formale Sichtweise zugunsten eines dringend benötigten Fortschritts verzichten. Es ist m. E. sinnvoller, auf einer einigermaßen nachvollziehbaren Annahme aufzubauen als auf eine exakte Verifikation zu warten.

Die Entstehung der riesigen Sammlungen von Personen- und Sachdaten (s. in Abschn. 3.1) zusammen mit den neuen Analysetechniken der AI versetzt uns mehr und mehr in die Lage, einzelne Aspekte des skizzierten LQM zu überprüfen, zu korrigieren und zu verfeinern. Zunächst werden das vermutlich nur Zusammenhänge in Teilbereichen, etwa der Wirkung von Statussymbolen in sozialen Netzwerken auf den Rang in der Gemeinschaft, sein. Es ist die erste und größte Herausforderung an die geforderte Disziplin des Life Engineering, ein detaillierteres und belastbareres LQM, mindestens aber Bestandteile dafür, zu formulieren.

Life Engineering ist eine Ingenieurdisziplin und hat daher als oberstes Ziel, vorhandene Probleme mit dem verfügbaren Wissen zu lösen. Ingenieurdisziplinen müssen das gesicherte Wissen der Grundlagenwissenschaften, seien es mathematische Herleitungen oder seien es statistische oder sogar argumentativ-deduktive Befunde soweit verfügbar verwenden, müssen aber den Mut haben, Modelle zu formulieren, die auch Annahmen und Vermutungen verwenden. Für unsere Kultur ist es unabdingbar, in der Medizin, im Maschinenbau, in der Informatik oder in der Pharmazie u. a. Disziplinen nicht auf die Validierung sämtlicher Modellkomponenten zu warten, sondern Lösungen zum Wohle der Menschen sofort zu suchen.

Der Entwicklung aus unserer traditionellen Gesellschaft in eine Gesellschaft mit maschineller Intelligenz findet nicht erst dann statt, wenn die Maschinen die Intelligenzstufe der Menschen erreicht haben, sie ist seit Mitte des letzten Jahrhunderts mit zunehmender Geschwindigkeit im Gange. Wir haben die Wahl, auf ein LQM zu warten, das allen wissenschaftstheoretischen Ansprüchen genügt, laufen dann aber Gefahr, das Modell nicht mehr zu brauchen, wenn es jemals vorliegt, denn wir sind bereits mitten im Wandel zu einem Leben mit maschineller Intelligenz, möglicherweise zu einer nächsten Zivilisationsstufe. Unternehmen wie Google verfolgen seit langem eine Entwicklungsrichtung, die als Social Engineering bezeichnet wird. Life Engineering soll die soziotechnische Entwicklung erkennen, die Lebensqualität besser verstehen und schließlich Handlungsanleitungen für das Individuum, die Unternehmen und die Politik formulieren.

4.2 Homöostase

Homöostase wird hier im Sinne der Selbstregulation von offenen dynamischen Systemen verstanden, allerdings mit starkem Bezug zu einer Homöostase als biologischem Steuerungsmechanismus. Damasio [12, S. 24] sieht die Emotion als Bestandteil der **Homöostase**, mit der die Evolution nicht nur die Replikation (Selbst- und Arterhaltung), sondern, noch wichtiger, die Weiterentwicklung der menschlichen Kultur treibt. Die Homöostase steuert das Verhalten von einzelligen Bakterien nach denselben Prinzipien wie das der

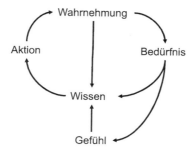

Abb. 4.1 Steuerung des Verhaltens

Menschen. Ein Lebewesen hat ein Bedürfnis, hat Wissen zu dessen Befriedigung, löst eine Aktion aus, nimmt das Ergebnis wahr, prüft den Beitrag zu den Bedürfnissen, erhält eine Belohnung oder Bestrafung (Gefühl), lernt daraus und leitet die nächste Aktion ab (siehe Abb. 4.1).

Aktionen sind physische Vorgänge, beispielsweise das Drehen des Kopfes, und psychische Vorgänge, Gedanken. Die Aktion „Essen einer St. Galler Bratwurst" erzeugt eine Wahrnehmung der Geschmacks- und Sehnerven, befriedigt das Bedürfnis Nahrung und löst durch den Nährwert und die Geschmacksstoffe ein Lustgefühl aus. Die Aktion des Essens, die Wahrnehmung (Perzept) der Speise, das Bedürfnis Nahrung und das Gefühl der Lust schaffen bewusst und unbewusst Wissen über die St. Galler Bratwurst. Die Magennerven erzeugen die Wahrnehmung Sättigung und reduzieren das Bedürfnis Nahrung. Wenn der Mensch die Aktion „Essen einer St. Galler Bratwurst" innerhalb kurzer Zeit zum dritten Mal wiederholt, stößt die Wahrnehmung auf ein stark gesättigtes Bedürfnis Nahrung, so dass das Gefühl einer Übersättigung entsteht und das Wissen zur vernünftigen Quantität weiterentwickelt wird. Das Wissen um den Zusammenhang zwischen der Aktion Essen und dem Gefühl Lust entscheidet über die Aktion, nicht die Bedürfnisbefriedigung selbst. Diese Hoffnung auf weitere Lust ist schuld daran, dass wir weiteressen, auch wenn das Bedürfnis Nahrung befriedigt ist.

Eine **Wahrnehmung** entsteht aus Sinnesreizen und Gedanken. **Sinnesreize** sind Signale der Sinne für Bild, Ton, Temperatur, Geruch, Geschmack und Druck, gehen jedoch weit darüber hinaus. So erzeugen beispielsweise auch die Magennerven, der Blutzuckerspiegel, der Flüssigkeitshaushalt oder die Hormone Wahrnehmungen (siehe z. B. [13, Pos. 19–20; 14, S. 68]). Diese Sinnesreize werden meist als **Körperwahrnehmungen** bezeichnet.

Gedanken können auch ohne physische, externe Signale Gefühle auslösen. Wenn sich jemand z. B. an eine Demütigung durch einen Vorgesetzten erinnert, kann das ein genauso intensives negatives Gefühl auslösen wie der Vorfall selbst. Oder ein noch viel schlimmeres, wenn der Betroffene sich der Stärke der Herabsetzung und seiner Konsequenzen erst durch Nachdenken bewusst wird. Er empfindet psychisches Leid, ohne dass ein physischer Sinnesreiz einen Schmerz verursacht. Er kann aus dieser Erfahrung lernen, d. h. Konsequenzen ableiten, sei dies eine Verhaltensänderung, Rache oder Kündigung.

Eine Wahrnehmung wirkt in der Regel auf mehrere **Bedürfnisse**. Das Bedürfnis Nahrung, das Bedürfnis nach einem zeitsparenden Essen oder das Bedürfnis nach einem preiswerten Essen können die Aktion „Bratwurst essen" auslösen. Grundlegende Bedürfnisse (Hunger, Sicherheit etc.) sind in unseren Genen angelegt, Bedürfnisse können aber auch aus Wahrnehmungen, Gefühlen und Aktionen erlernt sein. Wenn jemand z. B. in St. Gallen eine Bratwurst mit Senf isst, wird er als Banause bezeichnet und unterlässt das künftig (zumindest in Anwesenheit von St. Gallern).

Die Wirkung einer Wahrnehmung auf die Bedürfnisse erzeugt ein **Gefühl** (Affekt), ein positiver Beitrag Glück (Freude), ein negativer Beitrag Unglück (Leid). Die Befriedigung des Bedürfnisses Nahrung erzeugt Lust, nach dem Überschreiten der Sättigungsgrenze Unlust, möglicherweise Übelkeit. Die Evolution steuert die Selbst- und Arterhaltung sowie die Weiterentwicklung über positive und negative Gefühle, für die wir unzählige Begriffe wie Hunger, Sättigung, Hitze, Kälte, Liebe, Eifersucht, Mitleid, Aggression, Harmonie, Streit, Angst und Müdigkeit haben. Die Homöostase bewertet jede Wahrnehmung auf ihren Beitrag zur Replikation und Weiterentwicklung der Menschen. Wissen ist immer mit Emotion verbunden. Das gilt für die kleinste und unbewusste Wahrnehmung wie für ein Kälteempfinden in der kleinen Zehe ebenso wie für große Ereignisse wie die Geburt eines Kindes. Selbst das scheinbar neutrale Wissen „1 + 1 = 2" löst mindestens beim Kleinkind, ein Erfolgserlebnis aus. „Lernen, Belohnung und Motivation sind … funktionell und neurobiologisch untrennbar miteinander verbunden" [15, S. 115].

Unser Hirn ist ein gigantisches Netzwerk von Neuronen, die über Synapsen miteinander kommunizieren. Jedes Signal der Sinnesorgane und jeder Gedanke lösen im Hirn ein Feuerwerk aus [13]. Ein Neuron, das eine gewisse Ladung überschreitet, schickt elektrische Signale über die Synapsen an andere Neuronen, die ihrerseits wiederum feuern und damit andere Neuronen anregen. Komplexe von Neuronen und Synapsen bilden **Muster** wie beispielsweise „Hund", die mit einer Wahrnehmung verbunden sind. Andere Komplexe verbinden das Muster „Hund" mit weiteren Mustern wie „Bellen" zum Muster „Bedrohung". Das weitgehend ererbte Muster „aggressiver Hund" löst über die Körpergröße des Hundes, seine Körperhaltung und Zähnefletschen sowie sein Bellen und Knurren das Gefühl Angst aus. Erkennt der Mensch zwischen dem Hund und sich selbst einen unüberwindlichen Zaun, verdichtet er die

Signale zum Muster „Sicherheit vor dem Hund". Wenn er die gleichen Signale im Zusammenhang mit seinem eigenen Hund zum Schutz seines Anwesens wahrnimmt, entsteht daraus sogar das Muster „Sicherheit". Die Wahrnehmungen können dabei real oder gedacht sein; er kann tatsächlich einem aggressiven Hund gegenüberstehen oder es sich nur vorstellen, wenn er beispielsweise unerlaubt ein fremdes Gelände betritt. Die Wahrnehmungen sind situativ, da die gleichen Signale in unterschiedlichem Kontext unterschiedliche Muster miteinander verbinden.

Der Mensch entwickelt sein Wissen als Netzwerk von Mustern unterschiedlicher Aggregationsstufen. Ein Mensch erkennt das Muster Hund, das Muster Aggressivität, das Muster Distanz, das Muster Eigentümer des Hundes usw. Er verdichtet diese Teilmuster zu einem Aggregat, dem Muster „Bedrohung durch Hund". Das Muster Hund tritt aber nicht nur im Bedrohungsmuster, sondern auch im Muster „Spielgefährte", im Muster „Hund ernähren", im Muster „Wachhund" auf. Das Muster Hund ist also Bestandteil anderer Muster. Das Wissen besteht aus einer sehr großen Zahl von ererbten und erlernten Mustern, die aggregierend oder klassifizierend miteinander verbunden sind. „Bedrohung durch Hund" ist eine **Aggregation** aus mehreren Mustern, „Wachhund" eine **Klassifikation** von Hund. Kurzweil beschreibt die Prinzipien der menschlichen **Mustererkennung** als „Pattern Recognition Theory of Mind" [16, S. 34].

Das menschliche Hirn mit seinen etwa 86 Milliarden Neuronen und zwischen 100 und 400 Billionen Synapsen sowie der massiv parallelen Verarbeitung bewältigt den Informationsfluss aus allen Sinnesorganen und die permanente Weiterentwicklung der Muster [13, 17]. Der Mensch kann mit dieser Informationsflut umgehen, da er die Signale auf Relevantes filtert, einiges in dezentralen Regelkreisen ohne Einbezug des Gehirns, vieles im Unterbewusstsein und weniges im Bewusstsein verarbeitet. Das Hirn passt das Wissen nur um das Neue und Wichtige an. Eine blosse Bestätigung eines bestehenden Modells erzeugt damit wenig Aufwand.

Eine Wahrnehmung wird also nicht wie eine einzelne Datenbankentität additiv gespeichert,[1] sondern modifiziert direkt das bis dahin gültige **Wissen zum Zeitpunkt t** des Individuums.

> *Das Wissen (inkl. Können) eines Menschen ist die Menge aller Muster, die dieser Mensch mit seinen Genen ererbt oder aus seinen Wahrnehmungen gelernt hat, unabhängig davon, ob bewusst oder unbewusst.*

---

[1] Nur besonders wichtige Wahrnehmungen wie z. B. ein Gesicht werden zusätzlich gespeichert.

Das Wissen steuert die Aktionen, wiederum bewusst oder unbewusst. Das Wissen ist keine 1:1-Abbildung der realen Welt in der gedachten Welt; es ist ein Netzwerk von Mustern, die das Hirn auf Signale der realen Welt oder auf Gedanken anwendet. Das Wissen ist immer eine subjektive Sicht der Welt.

Die positive Psychologie, die sich mehr und mehr auf Erkenntnisse der Neurobiologie stützen kann, betrachtet das Glück als Ergebnis von Körper und Geist, die wechselseitig aufeinander wirken und durch chemische sowie elektrische Mechanismen eng miteinander verbunden sind. Das ist eine wichtige Grundlage der Mind-Body-Medizin nach Esch [18, S. 240 ff.]. Damasio betont, dass Glück aus dem Gehirn und dem übrigen Körper[2] entsteht und dass die Psychologie die physiologische Sicht lange vernachlässigt, mindestens aber den bewussten, kognitiven Bereich stark überbetont hat [12, S. 25].

Um die evolutionäre Steuerung durch Gefühle (Glück und Unglück) noch deutlicher zu machen, sei der Zusammenhang hier noch etwas formaler beschrieben:

Homöostase :
$$\big(\mathbf{Wissen\ o}\big(\mathbf{Aktion,\ Wahrnehmung,\ Bed\ddot{u}rfnis,\ Gef\ddot{u}hl}\big)\big)\big(\mathbf{t}\big) \rightarrow \mathbf{Wissen}\big(\mathbf{t+1}\big)$$

Jedes 4-Tupel Aktion, Wahrnehmung, Bedürfnis und Gefühl entwickelt das bestehende Wissen weiter, indem es ein oder mehrere Muster ableitet oder anpasst (siehe dazu Kurzweil [16], S. 34 ff.).[3]

Wenn ein Fußballspieler bei der Aktion Schießen in Rücklage gerät, fliegt der Ball über das Tor. Der Spieler leitet aus den Signalen der Augen und den Empfindungen der Beine die Schussposition und die Flugbahn ab, verbindet die Wahrnehmung mit dem Bedürfnis Torerfolg und verbessert sein Muster Schießen. Gleichzeitig kann er auch den Hinweis seines Trainers aufnehmen, beim Schuss das Standbein nicht zu nahe zum Ball zu bringen, und so das Muster Schießen bewusst weiterentwickeln (lernen). Der Fußballspieler verfügt über die Sinnesreize eines aktuellen Torschusses und das alte, generelle Muster Schießen. Die neue Instanz von Torschuss aktualisiert das generelle Wissen über Torschuss. Der Fußballspieler besitzt ein Muster (Wissen) Torschuss mit der Aktion Schießen, dem Bedürfnis Torerfolg (Anerkennung) und dem Gefühl Erfolg oder Misserfolg. Er erhält aus Sinnesreizen die Muster

---

[2] Damasio bezieht die Homöostase auf Hirn und Körper, auf ein Kontinuum von Körper und Nervensystem [12]. Ich beschränke mich im Folgenden auf Regelmechanismen, die das Hirn involvieren. Die Mechanismen gelten aber auch für das periphere Nervensystem und physiologische Prozesse.

[3] Homöostase steht hier nicht nur für einen physiologischen Vorgang, sondern für den generellen Steuerungsmechanismus des offenen, dynamischen Systems Mensch.

Ball, Tor, Abwehrspieler, Flugbahn, Schußbein, Standbein, Bewegung usw. als neue Informationen zur ausgeführten Aktion Torschuss. Zusätzlich hat er den Tipp des Trainers zur Schussposition im Kopf. Schießen ist wie die meisten Aktionen des Menschen im Vergleich zu den meisten Aktionen von Maschinen ein äußerst komplexes Muster, kann aber auch von Maschinen gelernt werden, wie gehende Roboter zeigen.

Wahrnehmungsmuster werden zu erlernten Bedürfnissen. Wenn ein Kind bei einem Kartenspiel gewinnt, löst das Freude aus, weil es damit Anerkennung verbindet. Es will dieses Spiel künftig wieder spielen. Wenn ein Pensionist mit einem Porsche vorfährt, erntet er bewundernde Blicke, sein Selbstwertgefühl wächst. Wenn er diese Wirkung von Luxusgütern mehrfach erlebt oder beobachtet hat oder wenn ihm die Werbung die Hoffnung auf Schönheit und Kraft vermittelt, wird der Besitz von Luxusmarken zum Bedürfnis, auch wenn er sich des Bezugs zu den bewundernden Blicken oder der Assoziation mit Jugend nicht bewusst ist und er derart „niedrige" Motive sogar in Abrede stellt. Solche Bedürfnisse entwickeln sich intuitiv aus der Beobachtung, der Sozialisation und weniger durch systematisches Nachdenken.

Die evolutionäre Steuerung benutzt die Belohnung und Bestrafung für das Lernen. Der Treiber des Handelns ist nicht das Erleben der Bedürfnisbefriedigung, sondern die **Hoffnung** auf die Befriedigung oder auf die Vermeidung einer Bestrafung. Ein Schüler erscheint pünktlich zum Unterricht, weil er eine Bestrafung vermeiden will.

Unsere Gefühle leiten sich aus der Erwartung (Wanting) einer zukünftigen Wahrnehmung, aus der Bewertung der tatsächlichen Wahrnehmung (Liking) und aus der Verarbeitung des Erlebten (Learning) ab. Kringelbach und Berridge [19, S. 192] beschreiben dies als **Pleasure Cycle** (Abb. 4.2), bestehend aus Appetitive Phase, Consummatory Phase und Satiety Phase, und belegen diesen Zyklus mittels Bildaufzeichnungen der Gehirnaktivität am Beispiel des Geschlechtsaktes. Während Kringelbach und Berridge den Pleasure Cycle auf die kurzfristige Hedonia (Lust) beziehen, kommt Durayappah in seinem 3P-Modell des subjektiven Wohlbefindens auf einen ähnlichen Kreislauf für die Eudaimonia (Zufriedenheit mit dem Leben) [20].

Bei aller Vorsicht bei der Übertragung derartiger Studien auf die gesamte evolutionäre Steuerung unseres Tuns scheint dies doch die Beobachtung zu bestätigen, dass die **Hoffnung auf eine Bedürfnisbefriedigung** unser Handeln viel stärker bestimmt als das Eintreten der Befriedigung. Die Evolution braucht die Befriedigung des Bedürfnisses nur so weit, als der Mensch daraus die Motivation ableitet, die Befriedigung selbst lenkt vom Streben ab. Die Evolution richtet das Handeln am Versprechen der Bedürfnisbefriedigung

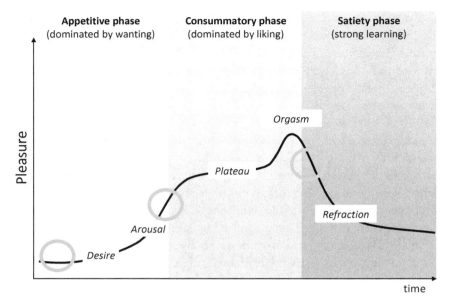

Abb. 4.2 Pleasure Cycle nach Kringelbach und Berridge [19, S. 192]

aus. Kringelbach und Berridge betonen, dass die Satiety Phase vor allem dem Lernen dient.

Wenn ein Elektrikerlehrling das Ziel hat, in drei Jahren Meister zu werden, hat er auf dem Weg dorthin viele Schritte zu durchlaufen. Er freut sich, die erste Steckdose selbst anzuschließen, er ärgert sich, wenn er eine missglückte Arbeit nachbessern muss. Er freut sich auf den Abschluss der Meisterprüfung, hat danach aber ein Gefühl von Leere, bis er ein neues Ziel, beispielsweise eine besser bezahlte Stelle, vor Augen hat. In dieser Phase überlegt er sich, was er beim nächsten Mal besser machen will, er entwickelt sein Verhalten weiter. Das Gleiche gilt im Kleinen, wenn jemand die erste WhatsApp-Nachricht verschickt. Eine Großmutter will ein Foto an ihre Enkelin senden, muss dazu ein paar Konzepte (Adressat, Nachricht, Anhang, Sendebestätigung, …) lernen, freut sich über jeden Fortschritt und ist stolz, wenn die erste Kommunikation geglückt ist, oder ärgert sich, wenn sie die Nachricht an einen falschen Adressaten geschickt hat.

Vor allem **Transhumanisten** gehen davon aus, dass Maschinen den Verstand (Mind), also die menschliche Intelligenz, über die natürlichen Grenzen hinaus erweitern oder ihn irgendwann sogar unabhängig vom gebrechlichen und restriktiven menschlichen Körper machen werden. Das würde einen aus heutiger Sicht unvorstellbaren Sprung in der Evolution (Singularity) [21, Pos. 246] bedeuten. Ohne Körper sind die körperbezogenen Bedürfnisse im

Zusammenhang mit der Gesundheit und Fortpflanzung irrelevant. Ein körperloser Mensch hat keinen Hunger, kein Bedürfnis nach Sex und Fortpflanzung. Dann stellt sich die Frage, ob die Evolution die anderen Bedürfnisse des
Menschen (z. B. Macht, Selbstwert) weiterhin als Steuerungsgrößen benötigt.
Ist Glück nur für den Körper relevant? Welche Ziele hat ein körperloser
Mensch, den man wohl auch als Geist oder als reine Intelligenz bezeichnen
könnte? Wodurch unterscheidet sich dieser Geist von einer Artificial Intelligence? Die Beantwortung dieser Fragen kann einen Hinweis darauf geben, ob
das Ziel der Schöpfung das Glück der Menschen oder ein uns unbekannter
Zustand der Evolution ist.[4]

Zurück aus der fernen Zukunft in die Realität der nächsten Jahre: Diese
Fragen stellen sich schon heute, wenn die Replikationsbedürfnisse abgedeckt
sind und die **Entwicklungsbedürfnisse** in den Vordergrund treten, also nicht
erst, wenn das Hirn körperunabhängig wird, sondern schon dann, wenn der
Mensch zunehmend mehr Ressourcen besitzt,[5] als er für die Replikation
benötigt. Wenn wir den Steuerungsmechanismus der Evolution nicht bewusst
gestalten, werden uns die Weiterentwicklung und vor allem die Selektion
steuern. Das wird nicht primär zum Wohle der Menschen, sondern zum
Wohle der Evolution mit einem uns unbekannten Ziel geschehen.

> *Die Menschheit ist gerade dabei, Wissen in hoher Geschwindigkeit zu akkumu-
> lieren, ihre Kultur (Medizin, Mobilität, Energie, Gesellschaft, Kunst etc.) mit
> Technologie (Daten, Algorithmen, Sensoren, Aktuatoren usw.) auf eine neue
> Stufe zu heben und letztlich im Sinne des Transhumanismus ihre eigene Hardware
> (Körper) zu ergänzen und weiterzuentwickeln.*

Diese Weiterentwicklung ist jedoch nicht auf das Individuum beschränkt, sondern betrifft die Gesamtheit des expliziten und impliziten Wissens, die gesamte
Kultur der Menschheit [12, S. 165]. Sorgt die Homöostase, also der Steuerungsmechanismus der Evolution, in dieser neuen menschlichen Entwicklungsphase noch für unser Glück oder maximiert sie die Weiterentwicklung
ohne Rücksicht auf das Wohlbefinden der Menschen?

---

[4] Überlege emotionslos: Was ist der Unterschied zwischen einer menschlichen Intelligenz ohne Körper
und einer maschinellen Intelligenz? Gilt das auch, wenn die Intelligenz durch einen Download des
Geistes auf eine Maschine entstanden ist? Welche Bedürfnisse hat eine körperlose Intelligenz? Hindern
uns unsere Bedürfnisse der Selbst- und Arterhaltung, diese Fragen rational zu beantworten?
[5] Beethoven schrieb schon um 1800 in einem Brief an Erzherzog Rudolph „Allein, allein Freiheit,
Weitergehen ist in der Kunstwelt, wie in der ganzen großen Schöpfung Zweck."

4.3   Bedürfnisse

Das Ziel der Menschen ist ihr Glück und nicht die Evolution. Wenn die Technologie die Lebensqualität erhöhen soll, ist zu klären, was Lebensqualität ausmacht.

Die Evolution steuert uns mit der Homöostase durch die Hoffnung auf die Befriedigung von Bedürfnissen. Die Psychologie beschäftigt sich insbesondere seit Maslow [22] mit den menschlichen Bedürfnissen. Aus den 16 Basic Desires von Reiss [23], dem OECD-Modell des „Subjective Well-Being" [24], der ERG-Theorie von Alderfer [25] und weiteren Quellen zum Thema Glück habe ich ein Lebensqualitätsmodell (LQM) als Netzwerk von Bedürfnissen (Abb. 4.3) abgeleitet. Abb. A.2 im Anhang zeigt, dass sich weitere in der Literatur gefundene Faktoren der Lebensqualität auf die 13 Bedürfnisse dieses LQM zurückführen lassen. Aus Platzgründen erläutere ich dies nur an wenigen wichtigen Beispielen.

Auch wenn dieses primitive Modell der Bedürfnisse nur ein erster Ansatz zu einem besseren Verständnis der Faktoren der Lebensqualität ist, gelingt es erstaunlich gut, damit die Wirkungen fast beliebiger Wahrnehmungsmuster zu erklären. Das Ziel einer Disziplin Life Engineering muss es aber sein, dieses Modell zu verifizieren oder zu falsifizieren und vor allem um zusätzliche, insbesondere detailliertere Wahrnehmungsmuster zu erweitern. Wenn wir verstehen, wie ein Facebook-Like, eine Social-Scoring-Belohnung, ein Videospiel,

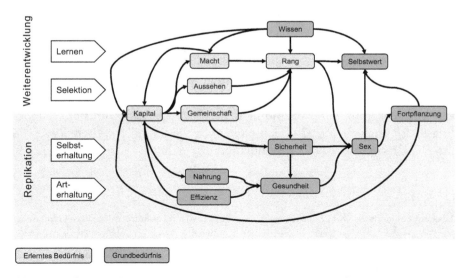

Abb. 4.3   Lebensqualitätsmodell (LQM) als Netzwerk der Bedürfnisse

ein Verstoß gegen die Gleichberechtigung von Mann und Frau oder ein neues Kleidungsstück auf unser kurzfristiges und längerfristiges Glück wirken, wird es besser gelingen, die maschinelle Intelligenz tatsächlich systematisch zum Wohle der Menschen zu steuern.

Die Bedürfnisse des LQM sind keine genormten Begriffe und werden daher nachfolgend erklärt:

- **Nahrung** bezeichnet hier die Aufnahme von Stoffen in den Körper durch Essen, Trinken, Rauchen oder Injizieren.
- Lebewesen gehen sparsam mit ihrer Energie um. Sie vermeiden unnötige Anstrengung (negatives Gefühl) und versuchen geistige und körperliche Arbeit so effizient wie möglich zu erledigen, so dass dieses Bedürfnis hier **Effizienz** genannt wird. Maschinelle Intelligenz nimmt dem Menschen Arbeit ab und erhöht damit seine Effizienz (Bequemlichkeit).
- **Sicherheit** steht hier u. a. für Wohnung als Schutz vor Eindringlingen, für Kleidung als Schutz vor Kälte und Hitze, für Bewaffnung zur Abwehr von Bedrohungen und für Geborgenheit durch Gemeinschaften.
- **Gesundheit** bedeutet Schmerzfreiheit, Kraft und Leistungsfähigkeit. Schönheitsmerkmale sind Indikatoren für Gesundheit, beispielsweise Muskeln, reine Haut oder starke Haare.
- **Sex** ist auch ohne das Bedürfnis der Fortpflanzung ein hormonell gesteuertes starkes Bedürfnis.
- Das Bedürfnis der **Fortpflanzung** ist das Verlangen nach der Weitergabe der eigenen Gene und der Förderung der Nachkommen, dem wohl wichtigsten Treiber der Evolution.
- **Kapital** ist ein erlerntes Bedürfnismuster und steht hier für Geld und andere Ressourcen, die der Mensch zur Befriedigung der übrigen Bedürfnisse braucht. Kapital steht stellvertretend für Einkommen, Eigentum und Anspruch auf Ressourcen. Kapital ist entgegen dem ersten Eindruck in Abb. 4.3 nicht das wichtigste Bedürfnis, aber Mittel zur Befriedigung der anderen Bedürfnisse.
- Der Mensch als soziales Wesen braucht Kontakt zu anderen Menschen. Eine **Gemeinschaft** ist eine Gruppe von Menschen, an denen wir uns orientieren und die gewisse Werte teilen. Als Teil einer Gemeinschaft profitieren wir von Sicherheit, Macht und Anerkennung. Eine Gemeinschaft kann beispielsweise die Familie, der Freundeskreis, eine WhatsApp-Gruppe, ein Unternehmen oder eine Nation sein. Die Gemeinschaft ermöglicht uns zum einen, uns selbst im Vergleich zu anderen einzustufen, und zum anderen, unseren Status durch Verweis auf den Bekannten- und Freundeskreis aufzuwerten (z. B. durch Namedropping).

- Ein Mensch ererbt über seinen Körper ein **Aussehen** und kann dieses durch Kosmetik und Bodybuilding verbessern. Er verschuldet sich für Luxusgüter wie Markenkleidung und schädigt möglicherweise seine Gesundheit durch übertriebenen Sport und Diäten, wenn dies seine **Attraktivität** erhöht. Er sucht die Assoziation mit Künstlern, Philosophen, Schriftstellern, Komponisten, Musikern, Architekten, Fußballspielern, Politikern und anderen öffentlich bekannten Personen. Philipp Meier formuliert dies äußerst präzise: „Was bei Markenartikeln der Kult um die Exklusivität ist, die auf ihren Konsumenten übergehen soll, stellt bei der Kunst der Geniekult dar, der auf den Besitzer eines Werks abstrahlt" [26].

- **Macht** ist vermutlich ein stärkerer Antrieb als Geld, zumindest wenn jemand die Grundbedürfnisse abgedeckt hat. Wenn mir jemand meine Handlungen vorschreiben kann, steht er in der Rangfolge über mir, und das bedeutet, dass er bessere Voraussetzungen zur Weitergabe seiner Gene, also für Sex und Fortpflanzung hat.

- Das Streben nach **Wissen** scheint in unseren Genen angelegt zu sein. Neugierde, Drang zum Verstehen und Fähigkeiten wie Klavierspielen sind sicher Mittel, den eigenen Rang innerhalb einer Gemeinschaft zu verbessern. Auch das Spielen vor allem der Kinder ist ein Mittel zum Erwerb von Fähigkeiten. Möglicherweise resultiert unser Wissensdrang aus dem Streben nach Effizienz, möglicherweise ist Wissen (Kennen, Können, Fertigkeiten, Fähigkeit zur Weiterentwicklung) ein Grundbedürfnis des Menschen, möglicherweise befördert es den Rang in der Gemeinschaft. Eine Architektin sucht nach Wissen über technische Innovationen bei Materialien und hofft, damit in der nächsten Ausschreibung zu gewinnen.

- Aussehen, Macht und Wissen bestimmen den **Rang** eines Menschen in der Gemeinschaft und damit die Möglichkeit, seine Gene mit einem Partner weiterzugeben, der ein ähnlich hohes Attraktivitätsniveau besitzt. Die Evolution steuert über die sexuelle Selektion grundsätzlich die Weitergabe der wertvollsten Gene, auch wenn in einer Überflussgesellschaft die Statussymbole bestenfalls nur noch sehr indirekte Indikatoren für die Qualität der Gene sind.

- Aus der Erfüllung all dieser Bedürfnisse ergibt sich der **Selbstwert** des Menschen, das Bedürfnis mit dem wohl größten Einfluss auf das Glück des Menschen. Ein Kind, das in der Schule getadelt wird (negative Anerkennung, Rangverlust), verliert an Selbstwertgefühl. Nicht die tatsächliche Attraktivität des Menschen, sondern die von ihm wahrgenommene Attraktivität im Vergleich zu den eigenen Erwartungen bestimmt den Selbstwert. Lebenssinn, Vorbilder (Influencer) und Selbstverwirklichung tragen zu den Erwartungen und damit zum Glück oder Unglück bei.

Reiss beschreibt ein weiteres Bedürfnis, die **Vergeltung** (Vengeance). Welchen Sinn könnte Vergeltung aus Sicht der Evolution haben? Schließlich ist sie häufig mit physischer und psychischer Gefahr für die eigene Person verbunden. Vergeltung oder Rache lassen sich mit den Bedürfnissen des LQM erklären. Ein Revanchefoul im Fußball bestraft den Gegenspieler für ein unfaires Verhalten und macht klar, dass sich der Spieler nicht dem Gegenspieler unterwirft. Nur so ist erklärbar, dass der Spieler dafür sogar das Risiko einer roten Karte in Kauf nimmt. Wer selbst Fußball spielt, weiß, dass ein verstecktes Foul oder sogar eine verbale Provokation nicht nur eine überlegte, sondern eine physiologisch gesteuerte Reaktion auslösen kann.

Das Bedürfnis nach **Verbesserung des eigenen Ranges** ist auf zwei Arten zu befriedigen: Der Mensch kann sich selbst verbessern oder aber seine Konkurrenten verschlechtern, durch Herabwürdigung, durch Schädigung, durch Vertreibung oder letztlich sogar Tötung. Offensichtlich intensivieren die Hormone Oxytozin und Vasopressin diese Neigung, da sie nicht nur die Bindung innerhalb der eigenen Gruppe verstärken, sondern die Ablehnung von Fremden fördern [27]. Wenn man die Erniedrigung von Konkurrenten als Bedürfnis der Verbesserung des eigenen Ranges versteht, lassen sich Hassbotschaften, Rassismus, Mobbing, politische Schlammschlachten usw. in sozialen Medien und andernorts erklären. Antworten von ähnlich Denkenden bestätigen die eigene Meinung und schaffen eine Echo- und Wohlfühlkammer. Das Phänomen der Erniedrigung von Konkurrenten mit dem Ziel der eigenen Rangverbesserung ist auch beim Einsatz der Ellbogen im Positionskampf in Unternehmen, in der Politik, im Sportverein, ja sogar in der ach so rationalen Wissenschaft zu beobachten. Der Rang ist konstituierender Bestandteil jeder Gemeinschaft, auch wenn wir dagegen ankämpfen.

Ein dem bisher Gesagten scheinbar widersprechendes Bedürfnis ist der **Altruismus** oder das soziale Engagement. Der Mensch empfindet Glück, wenn er anderen Menschen hilft, ohne eine Gegenleistung zu erwarten [28]. Warum verschenkt ein Mensch mühsam erworbenes Geld, verzichtet auf einen Vorteil oder setzt sein eigenes Leben aufs Spiel, um einen Mitmenschen zu retten [29]? Geben ist seliger denn Nehmen. „Behavior that increases social bonds (altruism and pro-social behavior) reliably increases well-being in children and adults and appears to be consistent across cultures" [30, S. 98 ff.]. Park et al. [31] konnten den Zusammenhang zwischen Altruismus und Glück mittels Magnetresonanztomografie in Experimenten bildlich nachweisen. Damasio bezeichnet Altruismus als Strategie der Kooperation (soziales Miteinander), die dem Individuum mehr Nutzen bringt, als sie kostet. Er beobachtete dies bei Lebewesen unterschiedlichster Entwicklungsstufen. Im Rahmen des LQM befriedigt Altruismus das Bedürfnis der Arterhaltung, stärkt die Gemeinschaft und zahlt auf den Rang und den Selbstwert ein [28]. Altruismus ist daher, wie auch Vergeltung, nicht als eigenständiges Bedürfnis im LQM ausgewiesen.

In Abb. 4.3 sind einige Bedürfnisse mit Pfeilen verbunden. Sie symbolisieren die wichtigsten Wirkungen von Bedürfnissen auf andere Bedürfnisse, um einen Eindruck der **Zusammenhänge zwischen den Bedürfnissen** zu vermitteln. Wenn vom Bedürfnis Selbstwert keine Ausgänge wegführen, heißt das nicht, dass Selbstwert nicht auf andere Bedürfnisse wirkt, sondern dass diese nicht im Vordergrund stehen. Abb. 4.4 ist ein Versuch, den Wechselwirkungen zwischen den Faktoren der Lebensqualität exemplarisch Gewichte zuzuordnen (leer = sehr gering, 9 = sehr hoch). In Abb. 4.3 sind nur die wichtigsten Wirkungen dargestellt, in Abb. 4.4 ein paar mehr, aber weder vollständig noch empirisch oder argumentativ begründet, sondern vielmehr intuitiv eingeschätzt. Eine empirische Analyse der zunehmend umfassenderen Personendatenbanken sollte dazu beitragen können, die Bedürfnisse und ihre Zerlegung in evidenzbasierte Wahrnehmungsmuster und ihre Zusammenhänge herzuleiten.

Wenn es gelingen sollte, die Wirkung von Wahrnehmungen auf die Bedürfnisse und die damit verbundenen Gefühle operational und in ausreichend großer Zahl zu messen, könnte es möglich werden, die Wirkungsstärken auf die Bedürfnisse statistisch zu ermitteln. Ein derart fundiertes und belastbares Glücksmodell, an dem wir den Einsatz sämtlicher Technologien ausrichten könnten, kann aus heutiger Sicht bestenfalls als Vision gelten. Die maschinelle

Zeile wirkt auf Spalte	Nahrung	Effizienz	Sicherheit	Gesundheit	Sex	Fortpflanzung	Selbstwert	Rang	Wissen	Kapital	Macht	Aussehen	Gemeinschaft
Nahrung		7		9			3	3	2			5	
Effizienz	7		7	7			7		8	8	6		5
Sicherheit				7	5	8	4	5		8	9		6
Gesundheit		5			9	8	8	8	5	3	9	7	6
Sex				5		9	8	7			7		8
Fortpflanzung	6	5	8				8	8		8	8		8
Selbstwert			5	7	8			8			9		7
Rang		7			9	7	9		7	9	9	3	9
Wissen	6	6	5	6			8	8		8	8		7
Kapital	9	5	6	7	7	7	7	7			8	7	7
Macht	6	6	7			7	8	9	9	5		8	9
Aussehen			6			9	7	9	7		7	8	9
Gemeinschaft	5	5	8			7	8	8	8	7	8	8	

Abb. 4.4 Gegenseitige Wirkungen von Faktoren der Lebensqualität

Messung der menschlichen Gefühle als Glücksindikatoren, die Herleitung aller benötigten Muster für Wahrnehmungen und Erfahrungen sowie die Verknüpfung dieser Muster mit den Glücksindikatoren überschreiten allein schon kombinatorisch unsere Möglichkeiten, abgesehen von den nicht ausreichend vorhandenen Fähigkeiten zur maschinellen Erfassung von Wahrnehmungen und zur Ableitung von Mustern.

Eine grundlegende Entscheidung ist die Differenzierung von **Replikationsbedürfnissen** (Selbst- und Arterhaltung, Enduring bei Damasio) und **Entwicklungsbedürfnissen** (Selektion und Lernen, Prevailing bei Damasio [12, S. 24]). Wenn eine Überflussgesellschaft die Versorgung mit Gütern und Services zur Befriedigung der Replikationsbedürfnisse weitgehend erreicht hat, treten die Entwicklungsbedürfnisse, allen voran der Rang in der Gemeinschaft und damit die Selektion, in den Vordergrund. Wenn Ressourcen frei werden, die bis vor kurzem für die Beschaffung von Nahrung, Sicherheit und Gesundheit gebunden waren, nutzen die Menschen diese Kapazität, um ihren Rang in ihrer Gemeinschaft zu verbessern. Durch Macht, Luxus und Wissen erhöhen sie ihre Attraktivität für Partner mit ebenso hoher Attraktivität, so dass sich die mutmasslich besten Gene fortpflanzen.

Über das Glück entscheidet nicht die tatsächliche Attraktivität, sondern die eigene Einschätzung davon, der Selbstwert. Frauen und Männer arbeiten in der Überflussgesellschaft vielfach nicht, um die Grundversorgung zu sichern, sondern um ihren Rang zu stärken und sich selbst zu verwirklichen. Ist eine Mutter in einer Agrargesellschaft mit den Kindern, dem Haushalt und der Landwirtschaft beschäftigt, geht sie in der industriellen Überflussgesellschaft möglichst früh nach der Familiengründung einem Beruf nach, einerseits um differenzierende Luxusgüter für ihre Kinder und sich selbst finanzieren zu können, andererseits um ihr Selbstwertgefühl zu steigern, selbst wenn das Einkommen des Familienvaters bereits einen hohen Lebensstandard ermöglicht. Und der Familienvater läuft seiner Karriere hinterher, auch wenn dadurch die Familie Schaden nimmt.

Die Bedürfnisse des Menschen sind zum Teil durch die Gene **ererbt** (**Grundbedürfnisse**, in Abb. 4.3 grün), zum Teil erlernt (in Abb. 4.3 grau). Das Bedürfnis Nahrung ist in der Physiologie des Menschen ohne Einschaltung des bewussten Denkens verankert. Das Bedürfnis Gemeinschaft ist teilweise genetisch bedingt und u. a. durch das sog. Kuschel- oder Orgasmushormon Oxytocin gesteuert, das z. B. beim Stillen oder beim Orgasmus ausgeschüttet wird. Teilweise ist es wohl ein erlerntes Bedürfnis, weil die Familie Sicherheit vermittelt, eine Vereinsmitgliedschaft Geselligkeit mit sich bringt oder die Beziehung zum Kunden den Verkauf erleichtert.

Erlernte Bedürfnisse (grau in Abb. 4.3) sind Muster, die der Mensch aus Wahrnehmungen bildet. Kapital, Macht, Aussehen, Gemeinschaft und Rang sind besonders wichtige erlernte Muster und deshalb explizit im Netzwerk der Bedürfnisse ausgewiesen. Jedes dieser Muster besteht seinerseits aus einem Netzwerk von detaillierteren Mustern. So tragen das Körpergewicht, die Frisur, die Kleidung, das Auto, die Wohnung usw. zu dem bei, was hier Aussehen heißt. Jedes dieser Teilmuster verwendet wiederum weitere Teilmuster.[6] Ein Sportler trägt enge Kleidung, um seine Muskelpakete zu zeigen; ein Neureicher kauft gerade keinen Porsche, um eben nicht als Neureicher zu gelten. Wir grüßen den lästigen Nachbarn freundlich, um Ärger mit ihm aus dem Weg zu gehen. Erlernte Bedürfnisse beinhalten immer eine indirekte Wirkung auf die Grundbedürfnisse. Wenn jemand eine Gehaltserhöhung bekommt, wirkt dies positiv auf den Selbstwert, die Sicherheit und die Gewinnung von Sexualpartnern. Wenn stattdessen nur ein Kollege die Gehaltserhöhung bekommt, wirkt dies negativ auf die gleichen Grundbedürfnisse.

Derart komplexe Muster entstehen und wirken überwiegend im Unterbewusstsein und werden als Bauchgefühl oder Intuition bezeichnet. Ein bösartiger Kommentar zum Körpergewicht eines Bekannten, Tratsch im Freundeskreis, eine politische Diskussion im Fernsehen, die Facebookseite einer Celebrity oder Werbeanzeigen für Uhren in Verbindung mit schönen Frauen, Strahlemännern oder glücklichen Kindern prägen unsere Werte. Die sogenannten **gesellschaftlichen Werte** sind Muster, die Wahrnehmungen mit ihrem Beitrag zum Rang in der Gesellschaft verbinden.

Die Bedürfnisse sind eng **vernetzt** und entwickeln sich durch jede Wahrnehmung weiter. Eine Wahrnehmung kann direkt oder indirekt auf ein oder mehrere Bedürfnisse wirken. Schokolade befriedigt das Bedürfnis nach Energie (Nahrung) sehr direkt; der Körper belohnt dies mit entsprechenden Botenstoffen; der Mensch empfindet Genuss. Neben dieser direkten Belohnung erzeugt Schokoladenkonsum beim Menschen allerdings häufig gleichzeitig ein schlechtes Gewissen. Der Mensch kennt bewusst und unbewusst den Zusammenhang zwischen hoher Energiezufuhr und Aussehen und Rang in der Gemeinschaft, also Attraktivität (Sex, Fortpflanzung).

Arbeit bedeutet Energieverbrauch (negative Emotion), wird aber in Kauf genommen, wenn über Kapital Sicherheit (z. B. Kleidung und Wohnung) gewonnen wird oder wenn über die Arbeit der Rang und der Selbstwert zunehmen. Sicherheit und Rang in der Gemeinschaft sind Voraussetzung für

---

[6] Da Muster in mehreren Klassen oder Aggregaten verwendet werden, ist es korrekter, nicht wie Kurzweil von Hierarchien, sondern von Netzwerken von Mustern zu sprechen.

Sex und dienen somit der Arterhaltung sowie der Weitergabe der eigenen Gene. Die Bewertung dieser Bedürfnisse kann von Kultur zu Kultur durchaus sehr unterschiedlich ausgeprägt sein.

Glück ist auch **situationsabhängig**. Ein Glas Wasser nach einer langen Wanderung stillt den Durst und zahlt somit positiv auf das Bedürfnis Nahrung (Hunger und Durst) und darüber hinaus auf die Gesundheit ein. In diesem Fall gibt es eine sehr direkte Rückkopplung von der Wahrnehmung des Reizes Durst über die Aktion Trinken zur Befriedigung des Bedürfnisses Nahrung. Ohne Durst erzeugt ein Glas Wasser keine Freude. Ein Bier anstelle des Wassers stillt zwar ebenfalls den Durst, erhöht aber gleichzeitig den Genuss. Für einen Alkoholiker stillt ein Bier ein Bedürfnis, auch wenn er keinen Durst verspürt. Wenn wir mit dem Auto fahren wollen, sagt uns das Wissen zu „Alkohol und Fahren", für das die Straßenverkehrsordnung klare Regeln vorgibt, dass wir auf das Bier verzichten müssen.

Das vorgestellte Netzwerk repräsentiert einen für alle Menschen **invarianten Kern**, der allerdings je nach Vererbung und Sozialisation stark unterschiedliche Gewichte erhält. Noch stärker unterscheiden sich die Wahrnehmungsmuster, die mit den Bedürfnissen verbunden sind. Ein erfolgreicher Unternehmer verbindet seinen Rang und Selbstwert mit dem Unternehmenswert, ein Wissenschaftler mit dem Impact Factor, ein Tischler mit der Nachfrage nach seiner Arbeit, ein Pfleger mit seiner Beliebtheit bei den Patienten, ein Schüler mit seinem Notenschnitt und ein Großvater mit der Häufigkeit des Besuches seiner Enkel. Die DNA des Menschen unterscheidet sich von der anderer Säugetierarten nur in kleinen Teilen der Genstruktur und -funktion, die DNA der Menschen untereinander in ca. 1 Promille [32]. Die Wahrnehmungen des Individuums ergeben sich aus dem Genom der Menschen, aus dessen minimaler Variation zwischen den Menschen, der persönlichen Erfahrung und der stochastischen Entwicklung des Nervensystems [14].

> *Das Glück der Menschen ist individuell, weil die Bedürfnisse und deren Gewichtung durch Vererbung und Sozialisation unterschiedlich sind.*

Das vorgestellte Netzwerk der Bedürfnisse kann als Ausgangspunkt für alle Menschen dienen. Da jeder Mensch individuelle Wahrnehmungsmuster besitzt, hat z. B. das Geschenk einer Uhr beim Unternehmer, beim Wissenschaftler, beim Tischler, beim Pfleger, beim Schüler und beim Großvater unterschiedliche Auswirkungen auf seinen Rang und seinen Selbstwert.

4.4   Gefühle

Glück und Unglück äußern sich in einer Vielfalt von Gefühlen: Liebe, Hass, Neid, Genuss, Erschöpfung, Sättigung usw. Perzeption und Emotion sind immer verknüpft; jede Wahrnehmung wirkt auf die Bedürfnisse und erzeugt ein Gefühl in Form von chemischen und elektrischen Impulsen, die spezielle Hirnregionen und andere Bereiche des Körpers ansprechen. Ein Bedürfnis repräsentiert ein Ziel (z. B. Nahrung), ein Gefühl die Bewertung des Beitrags zum Ziel (z. B. Genuss von Schokolade).

Liebe ist eines der stärksten positiven Gefühle, zu dem Hormone wie Dopamin, Oxytozin und Vasopressin wesentlich beitragen [33]. Liebe bezieht sich auf eine Gemeinschaft von zwei Personen (Paar) oder mehreren Personen (z. B. Familie), aber durchaus auch auf die eigene Rasse. Sie vermittelt Geborgenheit, also Sicherheit bezüglich der Weitergabe der eigenen Gene und Sicherheit für die Erhaltung der eigenen Nachkommen. Sie entwickelt allerdings auch Ablehnung gegen Mitglieder fremder Gemeinschaften [27]. Brown hat die Rolle der Liebe für Sex, Fortpflanzung, Selbsterhaltung und Arterhaltung durch Untersuchungen der Hirnaktivität mit bildgebenden Verfahren erforscht und diesen Mechanismus bestätigt [33].

Liebeskummer und Eifersucht sind negative Ausprägungen der Liebe. Aus Sicht der Evolution sind sie u. a. aus dem Bedürfnis nach Sex, aus dem Bedürfnis zur Weitergabe der eigenen Gene und aus dem Kampf um den Erhalt des Ranges in der Gemeinschaft ableitbar. Eifersucht ist eines der stärksten negativen Gefühle, ein Motiv für Verbrechen und ein Antrieb zur Beschädigung der Konkurrenz. Liebe und Eifersucht sind Gefühle, die aus den Bedürfnissen Sicherheit, Sex, Fortpflanzung und Selbstwert entstehen.

Trauer ist ein Gefühl, das aus einem Verlust resultiert. Sie ist besonders intensiv, wenn es um den Verlust eines geliebten Menschen geht, entsteht jedoch auch beim Verlust des Arbeitsplatzes, eines Amtes in einem Verein oder beim Verlust des Ersparten. Trauer beschreibt also das Gefühl aus einer negativen Wirkung auf Bedürfnisse.

Stolz, Schuld, Peinlichkeit, Scham, Hass, Lust, Genuss, Ekel, Angst, Ärger, Überraschung, Mitgefühl usw. [34] sind (positive oder negative) **Gefühle** (Glück oder Unglück, Freud oder Leid), die die Wirkung einer Wahrnehmung auf die Bedürfnisse beschreiben. Die Evolution treibt uns über die Gefühle zur Selbst- und Arterhaltung sowie zur Weiterentwicklung.

Schönheitsempfinden kann man ebenfalls als ein Gefühl betrachten. Chatterjee [35] fasst die von ihm ausgewerteten Studien zum Schönheitsempfinden wie folgt zusammen: Schön ist, was das Überleben und die Weitergabe der eigenen Gene verspricht, im LQM also Gesundheit, Sex, Fortpflanzung, Sicherheit, Rang und Macht. Das kann eine Landschaft sein, die Fruchtbarkeit signalisiert, die Fitness einer Person oder ihre Jugend und Fruchtbarkeit. Das Gefühl für Schönheit scheint zu einem großen Teil angeboren und nur teilweise durch die Medien vermittelt zu sein.

4.5 Wahrnehmungen

Sinnesreize und Gedanken erzeugen kein neutrales Abbild der Realität, sondern Zuordnungen zu vorhandenen Mustern, subjektiven Wahrnehmungen, die erfreuliche oder unerfreuliche Gefühle auslösen. Die Aufgabe des Life Engineering ist es, dem Menschen dauerhaft Wahrnehmungen zu vermitteln, die ihn glücklich machen, ggf. unabhängig davon, ob es sich um Wahrnehmungen der Realität oder virtueller Welten handelt. Unternehmen zielen auf Wahrnehmungen, die Umsatz und Deckungsbeitrag erzeugen. In einer Überflussgesellschaft zielen diese nicht auf die Deckung der Grundbedürfnisse, sondern auf die Bedürfnisse der Selektion (Differenzierung) über vielfältige Symbole.

Ein Stuhl an einem Esstisch kann beim Betrachter verschiedene Wahrnehmungen auslösen. Er ist eine Gelegenheit, den Rücken zu entlasten und so das Bedürfnis nach Schmerzfreiheit im Rücken zu befriedigen. Ein alter, schäbiger Stuhl kann einen niedrigen Status signalisieren und so auf das Bedürfnis Selbstwert negativ wirken. Die Werbung für eine Feriendestination bedient Bedürfnismuster wie Sonne, Frieden, Genuss, Gemeinschaft, schöne Menschen und Sex. Die Realität vor Ort kann eine ganz andere sein, wie der Urlaubsreisende von früheren Reisen meist weiß.

Eine wichtige Wahrnehmung gerade in einer Welt mit neuen Geschäftspartnern auf digitalen Kanälen ohne persönlichen Kontakt ist **Vertrauenswürdigkeit**. Sie zahlt ein auf Sicherheit, Gemeinschaft und Macht sowie Kapital. Muster, die Vertrauenswürdigkeit signalisieren, sind Recommendations, eigene Erfahrungen, Zertifikate und Gemeinschaften.

Ein **Instagram-Posting** ist ein Beispiel für eine komplexe Wahrnehmung aus digitalen Medien. Das Beispiel in Abb. 4.5 kann vielfältige Wahrnehmungsmuster ansprechen. Zuerst ist zu unterscheiden, ob der Absender oder der Adressat das Posting betrachtet. Der Skifahrer, der das Bild gepostet hat und es nochmals betrachtet, freut sich über die perfekte Spur. Er erlebt vielleicht zum zweiten Mal das Gefühl der Fahrt im herrlichen Hang bei strahlendem Wetter in der freien Natur. Welche Bedürfnisse befriedigen

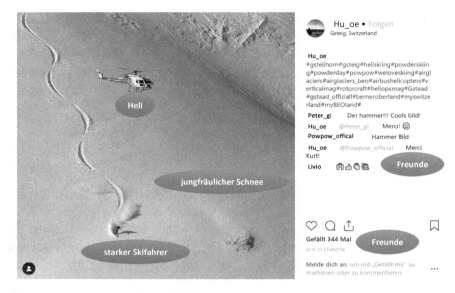

Abb. 4.5 Instagram-Posting Heli-Skiing

die Fahrt und danach das Bild tatsächlich? Das Einfahren in einen unbe-
rührten Pulverschneehang erzeugt ein – wenn auch flüchtiges – Gefühl von
Macht. Der Hang ist für kurze Zeit „mein" Hang. Die perfekte Fahrt vermittelt das Gefühl von Kraft (Gesundheit) und Können (Wissen) sowie
Selbstwert. Das Bild weckt die Hoffnung auf Anerkennung bei den Adressaten. Der Skifahrer im Bild vermittelt Kraft und Souveränität, der Heliko-
pter zeigt finanziellen Wohlstand. Die überschwänglichen Kommentare der
Freunde oder auch fremder Betrachter und die 344 Likes verstärken den
Rang in der Gemeinschaft. Gleichzeitig legt der Skifahrer die Latte für seine
künftigen Postings hoch, was Stress bedeuten kann, wenn er einem Bild
nachleben muss, das er von sich selbst in seiner Gemeinschaft aufgebaut
hat. Vielleicht denkt er auch an das Geld für den Helikopterflug, das ihm
an anderer Stelle fehlt.

Der Adressat, der dieses Posting betrachtet, hat deutlich andere Wahrnehmungen. Wenn es von einem guten Freund stammt, freut er sich zunächst mit
ihm und ist stolz darauf, solche Freunde zu haben, spürt die positive Ausstrah-
lung auf seinen eigenen Rang und Selbstwert. Als nächstes kommt bei ihm
ein wenig Neid auf. Warum kann er sich nicht mit einer ähnlichen Heldentat
vor seinen Freunden präsentieren? Der Ranggewinn seines Freundes relati-
viert seinen eigenen Rang. Sein bescheideneres skifahrerisches Können nagt
an seinem Selbstwert. Er freut sich darauf, bald seine Motorradtour über

einen Alpenpass seinen Freunden präsentieren zu können und damit seinen Rang aufzuwerten.[7]

Freiheit, Gleichheit, Brüderlichkeit gelten seit der Französischen Revolution als grundlegende Werte des Menschen. Besser können sie jedoch als Wahrnehmungen interpretiert werden, die gewisse Bedürfnisse bedienen. Wenn eine Frau bei gleicher Leistung eine schlechtere Bezahlung als ein Mann erhält, quält sie das einerseits, weil sie über weniger Kapital zur Befriedigung anderer Bedürfnisse verfügt, andererseits – und das noch viel mehr –, weil sie im Vergleich zu anderen Mitgliedern ihrer Gemeinschaft schlechter behandelt wird, so dass sie nicht den Rang erhält, den sie (zu Recht) erwartet. Wenn jemand sein Kind nicht in eine teure Privatschule schicken kann, quält ihn dies, weil er nicht gleich viel Kapital und damit die gleiche Macht wie seine Vergleichsfamilie hat, sein Rang leidet und weil er seinem Nachkommen nicht die vermeintlich besseren Voraussetzungen für dessen Selektion bieten kann. Wenn benachteiligte Bevölkerungsgruppen über die digitalen Medien den zunehmenden Abstand zu den Gewinnern der Technisierung und Globalisierung oder zu alten Adelsgeschlechtern vorgeführt bekommen, fragen sie sich, warum sie 40 Stunden pro Woche in sogenannten minderwertigen Jobs für die Privilegierten („zu Unrecht im Rang höher Stehenden") arbeiten müssen. Effizienz (Bequemlichkeit), Kapital, Rang und Selbstwert leiden darunter. Befehlen und Dienen sind besonders deutliche Signale des Ranges, also der Ungleichheit, der damit verbundenen Einschränkung der Freiheit und dem Fehlen von Brüderlichkeit.

Freiheit, Gleichheit und Brüderlichkeit sind erlernte Muster, die aus dem Bedürfnis entstehen, in der Selektion ohne Ansehen von Abstammung, Geschlecht, Kapital oder sexueller Ausrichtung etc. nicht schlechter als die anderen in der Vergleichsgruppe behandelt zu werden. Das Life Engineering orientiert sich besser an den Grundbedürfnissen der Menschen, da Freiheit, Gleichheit und Brüderlichkeit eher eine populistische Illusion sind. In Überflussgesellschaften soll die maschinelle Intelligenz für das Wissen und den Selbstwert der Menschen sorgen, auch wenn Freiheit, Gleichheit und Brüderlichkeit nicht erreichbar sind.[8]

---

[7] Die Interpretation dieses wie vieler anderer Beispiele erscheint trivial und unfundiert. Verwirf sie nur dann, wenn du eine bessere Erklärung hast!

[8] Diese Aussage dürfte bei dir auf heftigen Widerspruch stoßen, wenn du mit derartigen Werten sozialisiert worden bist. Artikuliere und begründe deinen Widerspruch auf lifeengineering.ch, um zu einer tragfähigeren Zielsetzung für das Life Engineering zu kommen. Emotional tue auch ich mich schwer mit meiner Aussage.

4.6   Hedonia und Eudaimonia

Aristoteles, Platon und Epikur gelten als die Urväter der (westlichen) Philosophie des Glücks, die Glück als das oberste Ziel der Menschen sieht. Sie und viele ihrer Schüler, wie beispielsweise Ruut Veenhoven [36] oder Davidson und Schuyler [30], unterscheiden zwischen Hedonia und Eudaimonia.[9]

> *Hedonia* und *Anhedonia* entstehen aus der direkten Bedürfnisbefriedigung, wirken für kurze Zeit und lassen sich oft hormonalen und anderen physiologischen Zuständen zuordnen.

Aus Sicht des LQM betreffen sie vor allem die Grundbedürfnisse der Replikation, also Nahrung und Gesundheit, Sicherheit, Sex, Fortpflanzung und Effizienz. Gefühle wie Sättigung, Schmerz, Angst, Orgasmus und Anstrengung sind verantwortlich für Vergnügen, Lust und Leid [19]. Wir können diese Grundbedürfnisse sogar über das für die Replikation Notwendige hinaus durch exquisite Speisen und Getränke oder guten Sex zu erhöhtem Genuss führen. Der Kauf eines Kleides, das Rechtbehalten mit einer Behauptung, die Strafe wegen Geschwindigkeitsüberschreitung, die herzliche Begrüßung durch einen Freund und der Verlust eines Wetteinsatzes wirken unmittelbar und für kurze Zeit auf die Bedürfnisse der Weiterentwicklung (Differenzierung, Selektion).

> *Eudaimonia* entsteht vor allem aus dem Selbstwert und seinen Einflussfaktoren.

Eudaimonia steht für ein erfülltes Leben [19], die dauerhafte Zufriedenheit mit sich und der Umwelt, den sogenannten inneren Frieden. Gesundheit, Sicherheit und Effizienz sind wichtig, Selbstwert durch Wissen, Rang und Fortpflanzung dominiert aber die Eudaimonia. Menschen können allerdings einen gewissen Grad von Eudaimonia empfinden, selbst wenn sie schwer krank und von Gewalt bedroht sind oder bis an die Grenze ihrer Leistungsfähigkeit

---

[9] Der OECD-Report zum Leben in der digitalen Welt [10, S. 92] unterscheidet Life Satisfaction, Affect und Eudaimonia. Es wird jedoch nicht klar, wodurch sich die Zufriedenheit mit dem Leben und die Eudaimonia unterscheiden. Die Quelle, auf die sich die Definition von Eudaimonia bezieht, enthält weder den Begriff Eudaimonia noch den Begriff Life Satisfaction. Ich verwende daher die in der übrigen Literatur übliche Differenzierung von Hedonia und Eudaimonia. Möglicherweise ist die Dreiteilung des OECD-Reports den Mechanismen der Gremienarbeit geschuldet, die häufig mehr auf Sammlung denn auf Verdichtung basieren. Der erwähnte Report ist ansonsten eine wertvolle Sammlung von Studien zum Zusammenhang von Lebensqualität und Digitalisierung.

arbeiten müssen. Eudaimonia entsteht durch Nachdenken z. B. in Form von Meditation, also durch eine bewusste Bewertung der Lebenssituation. Liebe und Eifersucht resultieren wohl teilweise aus hormonellen Zuständen, wirken aber wie Lob und Beleidigung, Sieg und Niederlage über das Bewusstsein stark auf die Bedürfnisse Selbstwert, Sicherheit und Fortpflanzung, die Säulen der Eudaimonia. Behält jemand mit seinen Behauptungen immer wieder recht oder wird er von vielen Freunden wiederholt herzlich begrüsst, stärkt das dauerhaft seinen Selbstwert und erzeugt Zufriedenheit mit seiner Situation.[10] Kringelbach und Berridge verwenden als Beispiele für Eudaimonia das Spielen mit Kindern und das Pflegen eines Kleinkindes [19]. Gerade anhand dieser Beispiele wäre es prüfenswert, ob Eudaimonia als Abfolge von hedonistischen Gefühlen entsteht.

Wahrnehmungen wie die Beherrschung einer Fremdsprache, eine sportliche Leistung, das wiederholte mitleidige Lächeln eines Kollegen, ein Titel im Beruf oder eine nicht bestandene Prüfung wirken auf den Selbstwert, weil sie die Bedürfnisse Wissen, Kapital, Gemeinschaft, Aussehen, Macht und Rang befriedigen oder einen Mangel erzeugen. Sie basieren auf abstrakteren und komplexeren Mustern und sind daher schwerer modellierbar, also in Regeln zu fassen.

Die bildgebenden Verfahren der Neurowissenschaften bestätigen die Jahrtausende alte Unterscheidung von Hedonia und Eudaimonia. Sie zeigen, dass **unterschiedliche Gehirnareale** aktiviert werden. Nach Kringelbach und Berridge [19] entspricht der Hedonia die schnelle Aktivierung einer kleinen Zahl von klar abgrenzbaren Hirnarealen (Hotspots und Coldspots), während Eudaimonia viele Gehirnregionen involviert und langsamer, aber länger wirkt. Sie stellen jedoch fest, dass Eudaimonia immer mit Hedonia verbunden ist. Sie beschreiben Eudaimonia als „life well-lived, embedded in meaningful values together with a sense of engagement" [19, S. 195], also mit einem schwer objektivierbaren Begriff, dem sie sich aber mit Gesamthirnmodellen (whole-brain modelling) zu nähern versuchen. Die Neurowissenschaft hat von Eudaimonia ein deutlich diffuseres Bild als von Hedonia. Damasio würde hier wohl zu Recht ergänzen, dass die Modellierung von Glück nicht nur das Gehirn, sondern auch physiologische Faktoren wie den Hormonstatus einschliessen muss.

> *Eudaimonia resultiert aus der Befriedigung aller Bedürfnisse, die im LQM vorwiegend auf den Selbstwert wirken, und ist daher in Untersuchungen der Hirnaktivität mit bildgebenden Verfahren schlecht zu lokalisieren.*

---

[10] Ein Versuch zur Differenzierung von Hedonia und Eudaimonia, so schwach und unscharf wie der Begriff Eudaimonia heute ist.

Die persönlichen Ziele (Lebenssinn, Werte) und die Zufriedenheit mit der Zielerreichung oder die Erwartung der Zielerreichung erzeugen einen subjektiven Grad des Wohlbefindens (Subjective Well-being). Durch eigene Leistung erworbenes Kapital, erreichtes Ansehen und Macht, eigene Nachkommenschaft, Freundeskreis sowie Wissen und Fähigkeiten bestimmen die Zufriedenheit mit sich und der Welt [20].

Eine Überflussgesellschaft kann sich zunehmend um die Eudaimonia kümmern. Ein Indiz für die wachsende Bedeutung des Selbstwertes in gesättigten Gesellschaften ist der allgegenwärtige Drang zur Selbstverwirklichung, sei es durch kulturelle Tätigkeiten, durch wissenschaftliche Publikationen (wie die hier vorliegende), durch Gleichberechtigung all jener, die daraus die Hoffnung auf Rangverbesserung ableiten, durch die Dominanz von Statussymbolen wie Modelabels, irrationalen Luxusgütern wie Sportautos, durch Ämter in Vereinen usw.

Es ist noch zu hinterfragen (siehe Abschn. 5.1.1), ob und wie der technologische Fortschritt zu Eudaimonia beitragen kann. Kann maschinelle Intelligenz den Selbstwert der Menschen stärken? Die Technologie kann nicht den Rang aller Mitglieder einer Gemeinschaft gleichzeitig verbessern, möglicherweise aber die Wahrnehmung des Ranges und damit den Selbstwert, beispielsweise den Rang in virtuellen Welten von Spielen.

Es gibt zahlreiche empirische Untersuchungen zu den Einflussfaktoren auf die Lebensqualität, etwa zu den Einflüssen des Fernsehkonsums, des Kaufs von Kleidung, einer Gehaltserhöhung und der Wahrnehmung der Natur auf das Wohlbefinden der Menschen. Die empirischen Aussagen bleiben wegen der schwierigen Messbarkeit meist recht vage und erklären die Ursachen der Gefühle, also die Wirkung auf die Bedürfnisse, nicht. Das hier vorgeschlagene LQM ist ein Versuch, die Wirkungen von Aktionen und Wahrnehmungen besser zu verstehen.

4.7   Dynamik des Glücks

Glück und Unglück sind keine statischen Zustände. Die Lebensqualität hängt nicht nur von den Bedürfnissen des LQM ab, sondern verändert sich über die Zeit. Life Engineering muss von einem Prozess mit positiven und negativen Gefühlen ausgehen und versuchen, die Lebensqualität auf Dauer hoch zu halten.

Bedürfnisbefriedigung kann **absolut** oder **relativ** sein. Hunger hängt u. a. vom Insulin- und Noradrenalinspiegel ab. Essen regt die Produktion des Insulinhormons und anderer Signalstoffe an, so dass ein Sättigungsgefühl entsteht, das als absoluter Wert verstanden werden kann. Essen, Trinken, Sex und Ruhen (Energieeffizienz) erfüllen Bedürfnisse absolut, wenn auch nicht hundertprozentig und zudem nur auf Zeit, da die Bedürfnisse nach ihrer Befriedigung wieder wachsen.

Im Gegensatz dazu sind der Rang und damit verbunden der Selbstwert relative Werte. Ein Rang bezeichnet die Position eines Individuums im Vergleich zu anderen Individuen einer Gemeinschaft. Eine Veränderung des Ranges bedeutet für einen Menschen einen Glücksgewinn und für einen anderen einen Glücksverlust. Ein unveränderter Rang erzeugt wenig Glücksgefühl, vielmehr der Auf- oder der Abstieg. Das Streben nach Glück impliziert damit das stetige Bemühen um die Verbesserung des Ranges, sei es durch Macht- und Statussymbole oder sei es über eine Gemeinschaft (z. B. einen Fanclub).

Das Gleiche gilt für Wissen. Nur der Zuwachs und der Vergleich mit Konkurrenten zählen. Selbstwert, Wissen, Rang, Macht, Aussehen und Gemeinschaft (Freundeskreis) sind demnach in zweierlei Hinsicht relativ: einerseits im Vergleich zu anderen Individuen der Gemeinschaft, andererseits im Vergleich mit sich selbst über die Zeit (Multiple Discrepancy Theory nach Michalos) [20]. Mit dieser Unzufriedenheit steuert die Evolution die Selektion der besten Gene und entwickelt das Wissen und die Fähigkeiten der Menschen weiter, was Tegmark als die kulturelle Phase der Evolution [37, S. 26] umschreibt.

Die Freude an der Rangverbesserung oder – genauer – die Steigerung des Selbstwertes ist flüchtig. Der Wert des erreichten Deltas schwindet ab dem Moment, in dem es erreicht ist, doch das Bedürfnis nach Delta bleibt. Wenn ein Mensch Schlupflider durch plastische Chirurgie beseitigen lässt, freut er sich, nachdem die Spuren der Operation verheilt sind, so lange am neuen Aussehen, bis er sich daran gewöhnt hat und anfängt, über die Nase nachzudenken, die ihm zu lang erscheint. Wenn ein Mann einen Porsche besitzt, unterscheidet ihn dies von vielen Konkurrenten. Wenn alle einen Porsche besitzen, fehlt dieser Nutzen, und der subjektive Wert des Porsche ist sehr gering. Das Glück oder Unglück aus den Entwicklungsbedürfnissen geht vor allem vom Delta aus, der Verbesserung oder Verschlechterung über die Zeit oder im Vergleich zu anderen Mitgliedern der Gemeinschaft. In der Psychologie und neuerdings in der Biologie ist dieses Phänomen als Hedonic Treadmill [38] (siehe Abschn. 5.1.1) bekannt: „… biological sensing systems are designed to respond to changes in the incoming stimuli, rather than to the magnitude of a stimulus" [39, S. 299].

Die **hedonische Akkommodation** [39] nimmt uns zum einen die Freude am Erreichten und hilft uns zum anderen, mit einer dauerhaft negativen Situation zurechtzukommen. Die Verbesserung des Handicaps beim Golf steigert das Wohlbefinden bis zur Gewöhnung an den neuen Stand. Diese Gewöhnung wirkt glücklicherweise auch bei der Verschlechterung. Der Wiener Psychiater Viktor Frankl, der vier Konzentrationslager überlebt hat, berichtet in seinem Buch „… trotzdem Ja zum Leben sagen", dass er und seine Mitgefangenen sogar im Konzentrationslager durch Singen und Theaterspielen eine gewisse Eudaimonia erreicht haben [40]. Lucas, Clark, Georgellis und Diener bestätigen diese Gewöhnung an eine Lebenssituation anhand von Lebensereignissen wie Heirat, Scheidung, Geburt eines Kindes oder Tod, betonen aber die stark subjektiven Unterschiede [41]. Auch Wildeman, Turney und Schnittker zeigen durch die Befragung von Häftlingen, dass selbst im Gefängnis eine Gewöhnung an die Lebensumstände stattfindet, dass sich aber das Wohlbefinden während und nach dem Gefängnisaufenthalt doch signifikant unterscheidet.

Ein erheblicher Teil unseres Glücks bzw. unseres Leides besteht aus der Vorfreude auf ein positives bzw. der Angst vor einem negativen Ereignis. Der Weg ist das Ziel. Unser Wohlbefinden orientiert sich mehr an der Erwartung einer Zielerreichung (Hoffnung) und dem Realisieren von Zwischenzielen als an der Bewertung des Erreichten (Like). Die Homöostase richtet das Handeln an der Zukunft (Zielorientierung, Motivation, Wanting) aus [20]. Das können kleinste Ziele wie das Abstellen eines Juckreizes durch Kratzen oder große Ziele wie der Berufseinstieg nach Abschluss einer Ausbildung sein. Kringelbach und Berridge [19] sowie Durayappah [20] demonstrieren das für die Hedonia wie für die Eudaimonia (siehe Pleasure Cycle in Abb. 4.2).

4.8   Veranlagung oder bewusstes Verhalten

Die **Set-point-Theorie** [42, 43] geht davon aus, dass unsere Gene einen großen Teil unserer Eigenschaften wie Körpergröße, Haarfarbe und eben auch Bedürfnisse bestimmen. Demnach besitzt jeder Mensch einen individuellen, durch die Gene bestimmten „Nullpunkt" des Glücks. Wahrnehmungen wie ein Orgasmus oder der Tadel eines Vorgesetzten bewegen das Glücksniveau nur vorübergehend nach oben oder nach unten, von wo aus nach einer gewissen Zeit wieder der individuelle Nullpunkt erreicht wird.

Die **individuelle genetische Ausstattung** bestimmt also den persönlichen Set-point des Glücks. Oswald und Proto [44] untersuchten, warum Dänemark und die Niederlande in verschiedenen Studien immer wieder die internationale Liga der Lebenszufriedenheit anführen, was mit den bekannten Einflussgrößen wie Einkommen oder Religion bis dato nicht erklärt werden konnte. Anhand von Genmaterial aus 131 Nationen kamen sie zum Schluss, dass das hohe subjektiv empfundene Wohlbefinden der Dänen in hohem Maße mit der Abwesenheit einer bestimmten Genvariante (t-HTTLPR-Polymorphismus) korreliert, während Nationen mit hoher Anwesenheit der Genvariante am unteren Ende der Zufriedenheitsskala liegen. Kobiella et al. bestätigen diesen Befund mittels bildgebender Verfahren anhand von 54 gesunden Personen, führen den Effekt aber nicht auf die 5-HTT-Verfügbarkeit zurück, sondern auf ein kleineres Amygdala-Volumen bei Personen mit dem 5-HTTLPR-Genotyp [45].

Lyubomirsky et al. [38] kommen durch Auswertung zahlreicher empirischer Studien zu dem Schluss, dass 50 % der Eudaimonia (Chronic Happiness Level) genetisch bedingt und damit nicht beeinflussbar sind, dass 10 % den persönlichen Umständen (Umgebung, Gesundheit, Geld etc.) zuzuschreiben und wenig veränderlich sind, dass aber 40 % durch bewusstes und gezieltes Verhalten gestaltbar sind. Das ist Grund genug, um zu versuchen, die gefühlte Lebensqualität durch Life Engineering zu steigern.

4.9 Messung des Glücks

Die empirische Herleitung von Aussagen zur Lebensqualität basiert heute im Wesentlichen auf der Befragung von Individuen, einer in vielerlei Hinsicht äußerst fragwürdigen Methode [46]. Menschen wollen sich selbst in Befragungen gut darstellen, sie verstehen die Ursachen für ihre Befindlichkeit kaum und verwenden unterschiedliche Skalenwerte zur Bestimmung der gleichen Gefühlslage. Selten ist die Kausalität eindeutig zu klären, meist ergibt sich nur eine Korrelation der Phänomene. Wenn Individuen nach ihren Motiven gefragt werden, schämen sie sich häufig, diese offen zu gestehen. Wer gibt schon gerne zu, dass er vom Wunschpartner nicht beachtet wird, dass ihn der Erfolg seines Schulfreundes quält, dass er Freude an pornografischen Websites oder ein Alkoholproblem hat?

Mehrere Disziplinen, allen voran die Neurowissenschaften [19, 30], haben jedoch in den letzten Jahren vielversprechende Fortschritte auf diesem Gebiet gemacht. Sie messen mit bildgebenden Verfahren die Aktivität im Gehirn als Reaktion auf Reize, bestimmen den Hormonstatus, analysieren die Stimmfarbe, erfassen und interpretieren Gesichtsausdrücke und messen Vitalwerte wie Blutdruck und den elektrischen Hautleitwiderstand. Vielfältige Sensoren, Bild- und Videoanalysen, das Online-Verhalten sowie gesprochene Aussagen lassen die Gefühle der Menschen maschinell erkennbar und damit nach und nach kategorisierbar machen. Die Vision des „**Quantified Self**" umfasst biologische und physikalische ebenso wie Verhaltens- und Umgebungsinformationen [47].

Statistische Analysen und Deep-Learning-Algorithmen extrahieren aus all diesen Daten mehr und mehr Muster, Persönlichkeitsmerkmale wie

Fähigkeitsprofile und Neigungen. Diese Muster machen das subjektive Wohlbefinden von Menschen zunehmend objektiv messbar [19]. Das MIT Media Lab hat 2018 eine eigene Gruppe für Affective Computing gegründet und sich „advancing wellbeing by using new ways to communicate, understand, and respond to emotion" [48] zum Ziel gesetzt. Unternehmen wie Affectiva bieten bereits heute Werkzeuge zur Messung von Emotionen an, hauptsächlich zur Messung der Wirkung von Werbung auf den Konsumenten [49]. Google hat 2015 ein Empathy Lab gegründet mit dem Ziel, Emotionen von Kommunikationspartnern zu verstehen [50]. Das World Well-Being Project des Penn Positive Psychology Center in Philadelphia arbeitet an Werkzeugen zur Messung des psychischen Wohlbefindens und der physischen Gesundheit auf Basis der Analyse der Sprache in sozialen Medien [51].

Im Sinne von Damasio sei wieder ergänzt, dass unser Verhalten nicht nur vom Gehirn oder gar vom Bewusstsein gesteuert wird, sondern dass physiologische Signale wie Hitzempfinden, Hormone wie Adrenalin und andere chemische Signale wie der Blutzuckerspiegel einen häufig unterschätzten Einfluss auf unser Wohlbefinden haben. Die vieldimensionalen Daten des Quantified Self [52] objektivieren die Glücksmessung und werden bereits im Jahre 2030 und erst recht in weiterer Zukunft die Abfrage subjektiver Einschätzungen ersetzen oder wenigstens ergänzen.

> Daten aus Sensoren und vielfältigen Messgeräten werden bis zum Jahr 2030 das heute dominierende Messverfahren der Befragung in vielen Bereichen objektivieren und verdrängen.

4.10 Zusammenfassung: Mechanismen der Lebensqualität

Die Homöostase ist der Steuerungsmechanismus der Evolution. Sie leitet die Menschen wie andere Lebewesen zur Replikation und Weiterentwicklung, indem sie Bedürfnisse vorgibt, die Wirkung der Wahrnehmungen auf die Bedürfnisse mit Gefühlen bewertet, daraus das Wissen über die Welt weiterentwickelt und so schließlich die nächsten Aktionen auslöst. Positive Gefühle bezeichnen wir als Glück, negative als Unglück.

Die Replikation durch Selbst- und Arterhaltung sowie die Weiterentwicklung durch Selektion und Wissen bestimmen unsere Bedürfnisse, zum Teil durch die Gene ererbt, zum Teil aus der Wahrnehmung in Form von Mustern erlernt. Die Muster bestehen aus Aktionen, aus von ihnen ausgelösten Wahrnehmungen durch Sinnesreize und Gedanken, aus Bedürfnissen und aus Gefühlen als Ausdruck der Bedürfnisbefriedigung. Die Gesamtheit all seiner bewussten und unbewussten Muster bildet das Wissen (in einem weiten Sinne) des Menschen, das demnach in jedem Detail mit einer Gefühlskomponente verbunden ist. Das skizzierte Lebensqualitätsmodell (LQM) versucht, unser Verhalten anhand von 13 Bedürfnissen zu erklären. Die erlernten Bedürfnisse wie Kapital und Macht verfeinern dabei die Grundbedürfnisse des Menschen. Die erlernten Bedürfnisse des LQM sind Muster, die ihrerseits aus vielen Ebenen von Bedürfnissen bestehen, das Bedürfnis Macht beispielsweise aus dem Bedürfnis nach körperlicher Stärke oder nach der Beherrschung einer Fremdsprache, das Bedürfnis nach Sprachkenntnis wiederum aus dem Wissen über die Bedeutung eines Wortes usw.

Die Bedürfnisse sind zum überwiegenden Teil in den Genen angelegt und bei allen Menschen gleich. Unterschiede in den Genen und in der Sozialisation sind für die individuelle Ausprägung der Bedürfnisse verantwortlich. Der Mensch kann durch bewusste Aktionen die Befriedigung seiner Bedürfnisse erheblich beeinflussen.

Die Evolution steuert uns über Glück und Unglück. Der Mensch strebt nach Aktionen, die zu positiven Gefühlen führen, und meidet Aktionen, die Leid bewirken. Die Evolution zielt auf den Fortschritt, nicht auf das Glück des Menschen. Lebensqualität, also Glück und Unglück, ist eine flüchtige Größe. Der Vergleich mit sich selbst und mit anderen sowie die Akkommodation machen aus der Lebensqualität eine dynamische Größe. Die Homöostase wirkt mehr durch die Hoffnung auf Bedürfnisbefriedigung als durch die Bedürfnisbefriedigung selbst.

Hedonia ist die direkte, kurzfristige Freude über die Befriedigung eines Bedürfnisses, Eudaimonia die Zufriedenheit mit der Situation und dem Selbstwert. Das gilt in umgekehrtem Sinne für Anhedonia und Disdaimonia. Die Überflussgesellschaft gibt uns die Möglichkeit zur Konzentration auf Eudaimonia, das subjektive Wohlbefinden. Auch wenn Glück und Unglück unscharfe, bis heute schlecht messbare Begriffe sind, muss das Ziel der Menschen sein, Aktionen so zu wählen, dass Wahrnehmungen entstehen, die durch positive Gefühle dauerhaft eine hohe Lebensqualität erzeugen.

Ob tatsächlich genau die im LQM postulierten Bedürfnisse die Lebensqualität bestimmen, ob die im LQM hervorgehobenen Beziehungen die wichtigsten sind und die in Abb. 4.4 beispielhaft angenommenen Wirkungsstärken tendenziell korrekt sind, verlangt nach intensiver Forschung. Das vorgeschlagene LQM stellt bestenfalls einen ersten Ansatz dar; zu seiner Bestätigung und Ausgestaltung sind noch viele empirische und deduktive Arbeiten, menschliches und maschinelles Lernen nötig. Dass es gelingt, alle oben erwähnten Beispiele im Sinne dieses Netzwerks zu erklären, ist noch kein Beweis für die Brauchbarkeit dieses Bedürfnismodells, allenfalls ein Indiz. Solange die Glücksmessung auf der Befragung von Individuen basiert, bleiben alle Aussagen ungenau und subjektiv, so dass kaum überprüfbare Zusammenhänge ableitbar sind. Genauere und objektivere Messungen der Lebensqualität werden es ermöglichen, die menschlichen Bedürfnisse und ihre Zusammenhänge besser zu bestimmen.

Dann sollten wir mit maschinellem Lernen Muster von Aktionen, Wahrnehmungen und Gefühlen erfassen und generalisieren. Selbst wenn bei der Messung der Gefühle bis 2030 große Fortschritte zu erwarten sind, fehlt uns immer noch ein operationalisierbares Verständnis des menschlichen Verhaltens und der Emotionen. Dieses muss die Aktionen und Wahrnehmungen standardisieren, die mit Bedürfnissen und Gefühlen verbunden werden können. Die Erfassung der Aktionen und Wahrnehmungen ist noch viel schwieriger als die Messung von biometrischen Merkmalen, setzt sie doch einen Wahrnehmungsapparat wie den des Menschen voraus. Man denke beispielsweise an die Wirkung der Aktion Bodybuilding auf die wahrgenommene Macht innerhalb der Gemeinschaft. Allein das Generalisieren von schier unendlich vielfältigen Wahrnehmungen und das Erkennen von Gefühlen sind riesige Herausforderungen an die Forschung zur maschinellen Intelligenz.

Wie bei den meisten Auswirkungen der Informationstechnik geht es jedoch auch hier nicht um alles oder nichts, sondern um kleine Schritte auf dem Weg zu einer gesteigerten Lebensqualität. Schon heute nutzen viele Unternehmen einfache Muster, so beispielsweise Spotify bei der Auswahl der Musiktitel, die den Geschmack seiner Konsumenten treffen. Man könnte sagen, dass sie diese Muster aus der großen Zahl von „Wahrnehmungen" gewinnen, die sie aus dem Hörverhalten der Konsumenten ableiten.

Wenn jemand – und es sind viele – die Forderung des Einsatzes der Technologie zum Wohle der Menschen aufstellt und in wohlklingende Papiere oder Websites packt, muss er die Frage beantworten, was denn die Lebensqualität des Menschen erhöht oder verringert. Was also tun, wenn wir kein wissenschaftlich gesichertes Verständnis der Lebensqualität und kein empirisch überprüftes Bedürfnismodell besitzen? Auf das stabile Modell in hundert Jahren warten oder mit dem vorhandenen Halbwissen einigermaßen plausible Annahmen treffen?

> *In Anbetracht dessen, wie die Technologie bereits in den nächsten zehn Jahren unser Leben verändern wird, wäre es geradezu grob fahrlässig, das bescheidene vorhandene Wissen nicht zu nutzen, um die Technik eher zum Wohl als zum Schaden der Menschen einzusetzen.*

In der Sprache der AI-Forscher heißt das, den Maschinen die Regeln zum Wohle der Menschen vorzugeben. Derzeit begnügen wir uns mit Sprüchen wie „Don't be evil", dem Leitsatz der Google-Gründer, oder „Make the world a better place" [53].

Literatur

1. Bormans, L. (Hrsg.). (2011). *Glück. The world book of happiness*. Köln: DuMont Buchverlag.
2. Thomä, D., Henning, C., & Mitscherlich-Schönherr, O. (Hrsg.). (2011). *Glück. Ein interdisziplinäres Handbuch*. Stuttgart/Weimar: Metzler.
3. Helliwell, J., Layard, R., & Sachs, J. (2017). World happiness report 2017. https://s3.amazonaws.com/happiness-report/2017/HR17.pdf. Zugegriffen am 14.05.2019.
4. Veenhoven, R. World database of happiness. https://www.worlddatabaseofhappiness.eur.nl/. Zugegriffen am 08.08.2018.
5. Oguz, S., Merad, S., & Snape, D. (2013). Measuring national well-being – What matters most to personal well-being? https://webarchive.nationalarchives.gov.uk/20160105231902/http://www.ons.gov.uk/ons/rel/wellbeing/measuring-national-well-being/what-matters-most-to-personal-well-being-in-the-uk-/art-what-matters-most-to-personal-well-being-in-the-uk-.html. Zugegriffen am 14.05.2019.
6. OECD. (2013). *OECD guidelines on measuring subjective well-being*. OECD Publishing.
7. IEEE. (2016). *Ethically aligned design. A vision for prioritizing wellbeing with artificial intelligence and autonomous systems*. New Jersey: IEEE.
8. O.V. (2018). AI for good global summit 2018. https://www.itu.int/en/ITU-T/AI/2018/Pages/default.aspx. Zugegriffen am 22.11.2018.
9. O.V. (2018). AI4Good and 2030Vision. https://ai4good.org/ai-for-good-foundation-and-2030vision/. Zugegriffen am 22.11.2018.
10. O.V. (2017). Asilomar AI principles. *Future of Life Institute*. S. 1–25. 5.– 8. Jan 2017, California.
11. Dean, J., Gruber, T., & Romero, A. (2018). State of California endorses asilomar AI principles. https://futureoflife.org/2018/08/31/state-of-california-endorses-asilomar-ai-principles/. Zugegriffen am 07.09.2018.
12. Damasio, A. R. (2018). *The strange order of things: Life, feeling, and the making of cultures*. New York: Pantheon Books.
13. Linden, D. J. (2018). Our human brain was not designed all at once by a genius inventor on a blank sheet of paper. In *Think tank: Forty neuroscientists explore the biological roots of human experience*. Yale: Yale University Press.

14. Linden, D. J. (2012). *Pleasure: How our brains make junk food, exercise, marijuana, generosity, and gambling feel so good.* London: Oneworld Publications.
15. Esch, T. (2013). *Die Neurobiologie des Glücks.* Stuttgart: Georg Thieme.
16. Kurzweil, R. (2013). *How to create a mind: The secret of human thought revealed.* New York: Viking Press.
17. Corves, A. (2012). Nervenzellen im Gespräch. https://www.dasgehirn.info/grundlagen/kommunikation-der-zellen/nervenzellen-im-gespraech. Zugegriffen am 21.03.2019.
18. Pene, B. (2019). With MR, VR, and AR, humans and machines will unite in the workforce. *Redshift.* https://www.autodesk.com/redshift/with-mr-vr-and-ar-humans-and-machines-will-unite-in-the-workforce/. Zugegriffen am 20.02.2019.
19. Kringelbach, M. L., & Berridge, K. C. (2017). The affective core of emotion: Linking pleasure, subjective well-being, and optimal metastability in the brain. *Emotion Review, 9*(3), 191–199.
20. Durayappah, A. (2011). The 3P model: A general theory of subjective well-being. *Journal of Happiness Studies, 12*(4), 681–716.
21. Boström, N. (2014). *Superintelligence. Paths, dangers, strategies.* Oxford: Oxford University Press.
22. Maslow, A. H. (1943). A theory of human motivation. *Psychological Review, 50*(1943), 370–396.
23. Reiss, S. (2004). Multifaceted nature of intrinsic motivation: The theory of 16 basic desires. *Review of General Psychology, 8*(3), 179–193.
24. OECD. OECD better life index. http://www.oecdbetterlifeindex.org/. Zugegriffen am 29.04.2019.
25. Alderfer, C. P. (1969). An empirical test of a new theory of human needs. *Organizational Behavior and Human Performance, 4*(2), 142–175.
26. Meier, P. (04. Dezember 2018). „Wenn Kunst zum Fetisch wird". *NZZ,* Zürich, S. 12.
27. Zhang, H., Gross, J., De Dreu, C. K. W., & Ma, Y. (2018). Oxytocin promotes synchronized out-group attack during intergroup conflict in humans. *eLife, 8,* 1–38.
28. Post, S. G. (2005). Altruism, happiness, and health: It's good to be good. *International Journal of Behavioral Medicine, 12*(2), 66–77.
29. Kraut, R. (2018). Altruism. *The Stanford Encyclopedia of Philosophy.* https://plato.stanford.edu/archives/spr2018/entries/altruism/. Zugegriffen am 29.11.2018.
30. Davidson, R. J., & Schuyler, B. S. (2015). Neuroscience of happiness. In J. F. Helliwell, R. Layard, & J. Sachs (Hrsg.), *World happiness report 2015* (S. 88–105). New York: Sustainable Development Solutions Network.
31. Park, S. Q., Kahnt, T., Dogan, A., Strang, S., Fehr, E., & Tobler, P. N. (2017). A neural link between generosity and happiness. *Nature Communications, 8*(May), 15964.
32. Nathans, J. (2018). Genetics provides a window on human individuality. In *Think tank: Forty neuroscientists explore the biological roots of human experience.* Yale: Yale University Press.

33. Brown, L. (2018). Intense romantic love uses subconscious survival circuits in the brain. In D. J. Linden (Hrsg.), *Think tank: Forty neuroscientists explore the biological roots of human experience*. Yale: Yale University Press.

34. Al-Shawaf, L., Conroy-Beam, D., Asao, K., & Buss, D. M. (2014). Human emotions: An evolutionary psychological perspective. *Emotion Review, 8*(2), 173–186.

35. Chatterjee, A. (2014). *The aesthetic brain. How we evolved to desire beauty and enjoy art*. Oxford: Oxford University Press.

36. Veenhoven, R. (2015). A life devoted to quality of life. In F. Maggino (Ed.), *A life devoted to quality of life, festschrift in honor of Alex C. Michalos* (Social indicators research series vol. 60, chapter 10, pp. 151–170). Dordrecht: Springer. ISBN: 978-3-319-20567-0, https://doi.org/10.1007/978-3-319-20568-710.

37. Tegmark, M. (2018). *Life 3.0. Being human in the age of artificial intelligence*. New York: Knopf.

38. Lyubomirsky, S., Sheldon, K. M., & Schkade, D. (2005). Pursuing happiness: The architecture of sustainable change. *Review of General Psychology, 9*(2), 111–131.

39. Kováč, L. (2012). The biology of happiness. Chasing pleasure and human destiny. *EMBO Reports, 13*(4), 297–302.

40. Frankl, V. (2000). *… trotzdem Ja zum Leben sagen. Ein Psychologe erlebt das Konzentrationslager., 20*. München: Deutscher Taschenbuch.

41. Lucas, R. E., Clark, A. E., Georgellis, Y., & Diener, E. (2003). Reexamining adaptation and the set point model of happiness: Reactions to changes in marital status. *Journal of Personality and Social Psychology, 84*(3), 527–539.

42. Lykken, D., & Tellegen, A. (1996). Happiness is a stochastic phenomenon. *Psychological Science, 7*(3), 186–189.

43. Headey, B. (2007). *The set-point theory of well-being needs replacing – On the brink of a scientific revolution?* (Discussions Papers) Berlin, 753.

44. Oswald, A. J., & Proto, E. (2013). National happiness and genetic distance. *The Economic Journal, 127*(604), 2727–2152.

45. Kobiella, A., et al. (2011). How the serotonin transporter 5-HTTLPR polymorphism influences amygdala function: The roles of in vivo serotonin transporter expression and amygdala structure. *Translational Psychiatry, 1*(July), 1–9.

46. Swan, M. (2013). The quantified self: Fundamental disruption in big data science and biological discovery. *Big Data, 2*(1), 85–99.

47. Swan, M. (2013). The quantified self: Fundamental disruption in big data science and biological discovery. *Big Data, 1*(2), 85–99.

48. O.V. (2018). Advance human wellbeing by developing new ways to communicate, understand, and respond to emotion. https://www.media.mit.edu/groups/affective-computing/overview/. Zugegriffen am 22.04.2019.

49. O.V. (2019). Affectiva human perception AI understands all things human. affectiva.com. Zugegriffen am 22.04.2019.

50. Johnson, K. (2018). Google Empathy Lab founder: AI will upend storytelling and human-machine interaction. *Venture Beat*. https://venturebeat.com/2018/03/11/google-empathy-lab-founder-ai-will-upend-storytelling-and-human-machine-interaction/. Zugegriffen am 20.02.2019.

51. O.V. (2018). The world well-being project. www.wwbp.org. Zugegriffen am 22.04.2019.
52. Swan, M. (2012). Sensor Mania! The internet of things, wearable computing, objective metrics, and the quantified self 2.0. *Journal of Sensor and Actuator Networks, 1*(3), 217–253.
53. Farrell, M. (2018). Do tech slogans really ‚make the world a better place'? *Medium.* https://medium.com/s/story/do-tech-slogans-really-make-the-world-a-better-place-730836c2c3ec. Zugegriffen am 26.03.2019.

5

Evolution mit Lebensqualität

5.1 Evolution gegen Glück

Schmerz und Genuss, Freude und Leid, Glück und Unglück haben uns zum heutigen kulturellen und technologischen Stand verholfen, der die Replikationsbedürfnisse des Menschen in hohem Maße abdeckt. Gerade mit Blick auf die absehbaren technologischen Möglichkeiten stellt sich die Frage, ob die bisherigen Handlungsmaximen mehr der Evolution oder mehr der Lebensqualität des Menschen dienen. Die in unseren Genen angelegten Bedürfnisse zielen auf die Replikation und auf die Weiterentwicklung durch Selektion sowie die Mehrung des Wissens. Die Mechanismen der Evolution zielen auf die Evolution, nicht auf die Lebensqualität der Menschen ab.[1] Glück und Unglück des Menschen sind lediglich Steuerungsgrößen der Evolution und können der Lebensqualität schaden, wie die nachfolgenden Beispiele zeigen.

5.1.1 Hamsterrad der Differenzierung

Die **Überflussgesellschaft** bietet grundsätzlich mehr Hedonia als eine **Mangelgesellschaft**, da sie Leid aufgrund von Hunger, Krankheit, Unsicherheit und Anstrengung reduziert. Sie ermöglicht Befriedigung durch den Erwerb von Statussymbolen, durch erlesene Speisen und Sex und befreit weitgehend von Schmerzen.

---

[1] Es sei nochmal darauf verwiesen, dass wir die Ziele der Evolution nicht kennen, lediglich ihre Mechanismen beobachten können und daraus mehr eine Richtung als ein Ziel erkennen (vgl. Abschn. 1.2).

© Springer Fachmedien Wiesbaden GmbH, ein Teil von Springer Nature 2020
H. Österle, *Life Engineering*, https://doi.org/10.1007/978-3-658-28335-3_5

Wenn die Menschen weniger Energie zur Befriedigung der Grundbedürfnisse benötigen, haben sie mehr Kapazität für die Entwicklungsbedürfnisse (Prevailing bei Damasio [1]). Die Evolution selektiert die besten Gene für die Fortpflanzung. Wir tun wir alles dafür, unsere Attraktivität in Form von Kapital, Macht, Aussehen, Gemeinschaft, Rang und Wissen zu steigern. Der Kampf um den Rang in der Gemeinschaft und damit um Selbstwert bestimmt unser Leben in dieser Phase der Evolution, nicht mehr die Abdeckung der Grundbedürfnisse.

Wenn unser Einkommen die Grundbedürfnisse deckt, wird der Vergleich mit den Kollegen wichtiger als die absolute Höhe des Einkommens [2, S. 220]. Der Ehrgeiz (in Bezug auf den Rang) treibt sogar Einkommensmillionäre und Vermögensmilliardäre zu außerordentlichen Anstrengungen (Energieeinsatz), zur Vernachlässigung ihrer Familie, zur Inkaufnahme von kriminellen Handlungen wie Korruption und Steuerhinterziehung, ja sogar zur Schädigung ihrer Gesundheit (z. B. durch Doping). Viele Menschen verschulden sich, weil sie sich ein schnelleres Auto als ihr Freund, ein größeres Haus als ihr Kollege oder einen teureren Urlaub als ihr Nachbar leisten wollen. Sie quälen sich im Bodybuilding oder in anderen Sportarten und schlucken u. U. sogar gesundheitlich bedenkliche Muskelaufbaustoffe, um einen imposanteren Körper oder eine eindrücklichere Leistung als ihr Konkurrent präsentieren zu können. Hedonia ist ein Treiber des Konsumerismus und anderer Formen der Differenzierung.

Ein Problem von Rang oder Attraktivität ist ihre Relativität. Der Aufstieg eines Individuums bedeutet den Abstieg eines anderen, so dass dieses üblicherweise mit erhöhtem Einsatz kontert. Rangänderungen sind ex definitione Nullsummenspiele mit gleich großen Gewinnen wie Verlusten. Das Handicap im Golf oder die Bewertung einer beruflichen Leistung vergleichen wir unbewusst und permanent mit den Werten anderer Mitglieder unserer Gemeinschaft. Wir betrachten es sogar als Niederlage, wenn wir unsere sportlichen Leistungen oder die Zahl der Likes in Facebook oder Instagram nicht auf ein „würdiges" Niveau bringen, das zu unseren Erwartungen an den eigenen Rang in der Gemeinschaft passt [3, S. 63]. Die Merkmale, die unseren Selbstwert bestimmen, variieren von Person zu Person. Was dem einen seine Modelleisenbahn, ist dem anderen die Anzahl der Presseberichte oder die Aufgabe im Pfarrgemeinderat.

Der eigene Anspruch und das Delta gegenüber der Vergangenheit bestimmen unser Glück oder Unglück. Der erreichte Status bei Kapital, Macht, Aussehen, Gemeinschaft und Anerkennung wird schon nach kurzer Zeit als „normal" angesehen (Hedonic Accommodation) und wirkt kaum mehr auf die Zufriedenheit. Wenn wir in der Rangfolge aufgestiegen sind, orientieren wir uns an neuen Vergleichspersonen.

*Die Evolution steckt uns offensichtlich in ein **Hamsterrad der Differenzierung**, also in den permanenten Kampf um Attraktivität und Anerkennung.*

Das Bedürfnis nach Selbstwert führt zu Ehrgeiz und zum Drang nach Selbstverwirklichung, und die Flüchtigkeit der Bedürfnisbefriedigung treibt das Rad. Das Hamsterrad der Differenzierung ist notwendig für die Evolution, also für die Weiterentwicklung unserer Kultur (Technologie, Wissenschaft und Kunst), ist aber oft ein Feind unserer Lebensqualität, da es nicht nur Freude, sondern auch Leid (z. B. ungesunden Stress [3, S. 56]) hervorbringt. Es erzeugt Freude und Leid durch Vergleichen innerhalb der Gemeinschaft, durch Verlust von Ansehen, durch Überschuldung und durch Schädigung des Selbstwertes, wenn man ständig den Werten einer Überflussgesellschaft ausgesetzt ist.

Die maschinelle Intelligenz trägt dreifach zur Drehung des Hamsterrades bei:

- Sie schafft zunächst die **Ressourcen** zur Differenzierung, indem wir immer weniger Arbeitszeit zur Abdeckung der Grundbedürfnisse benötigen.
- Die digitalen Medien liefern uns die **Massstäbe** für unsere Zufriedenheit (Werte), sei es durch perfekte Rollenmodelle im Film, sei es durch sogenannte Influencer, sei es durch Vergleiche in sozialen Medien oder sei es durch andere elektronische Kanäle.
- Digitale Plattformen sind transparente **Marktplätze** der Gemeinschaften, die den Vergleich geradezu provozieren.

Das Hamsterrad ist der Motor der Evolution. Um es mit geflügelten Worten zu sagen: Not macht erfinderisch, Zufriedenheit macht träge. Der mangelnde Einsatz der jungen Menschen in ihrem Beruf und die Betonung von Freizeit und Konsum, über die die älteren Jahrgänge gerne klagen, sind wohl teilweise ein Versuch, aus dem Hamsterrad auszusteigen und zu einer Work-Life-Balance mit höherer Lebensqualität zu gelangen.

Die OECD geht in ihrem „Better Life Index" auch auf die Work-Life-Balance der Menschen ein [4]. Implizit verbindet sie mit langen Arbeitszeiten eher Leid, mit viel Freizeit Freude und bestätigt damit die Fehlsteuerung durch das Hamsterrad. Es ist offensichtlich, dass Anstrengung dem Bedürfnis nach Effizienz bzw. Energiesparsamkeit widerspricht und zu große Anstrengung die Gesundheit schädigt, es ist aber ungeklärt, ob eine erfüllende Arbeit mit langer Arbeitszeit den Menschen unglücklicher macht als eine ziellose

Freizeit.[2] Arbeit gibt vielen Menschen Lebenssinn, Freizeit mit dem Schwerpunkt Unterhaltung eher weniger. Wie die Freizeitaktivitäten der Menschen in Überflussgesellschaften zeigen, suchen die Menschen in der Freizeit wieder sinngebende Tätigkeiten, beispielsweise im Sport, im Modellbau, in sozialen Tätigkeiten oder im Fanclub. Sie begeben sich in ein **Hamsterrad der Freizeit** und benötigen dafür häufig wiederum ein höheres Einkommen und somit einen höheren Einsatz im Gelderwerb.

Die maschinelle Intelligenz beschleunigt das Hamsterrad. Teleworking erlaubt zwar eine längere Präsenz bei der Familie, kann aber gleichzeitig das Privatleben durch die ständige Erreichbarkeit empfindlich stören. Erhebungen zur Arbeitszufriedenheit in Europa [3, S. 61] zeigen, dass die dauernde Online-Verfügbarkeit negativen Stress erzeugt.

5.1.2 Kapitalismus und Konsumerismus

Die zentrale Rolle des Kapitals im LQM wird in Abb. 4.3 deutlich. Das Individuum entscheidet, wofür es sein Geld ausgibt, während Unternehmen versuchen, möglichst viel davon („Share of Wallet") zu ihrem Umsatz zu machen und damit ihren Unternehmenswert zu steigern. Würden die Menschen ihr Geld immer für das ausgeben, was sie am glücklichsten macht, wäre die Welt für beide Seiten in Ordnung. Die Frage ist, ob die Menschen das können und die Unternehmen das wollen.

Phänomene wie der Drogenhandel veranschaulichen drastisch die Diskrepanz von Eudaimonia und Kapital. Doch auch eher harmlose Übervorteilungen der Konsumenten widersprechen dem Bild der heilen, selbstbestimmten Welt. Ein Mobiltelefontarif überrascht den Konsumenten mit ungeplanten Zusatzkosten, ein Versicherungstarif enttäuscht den Versicherten mit fehlenden Deckungen, ein scheinbar attraktives Sparprodukt einer Bank liefert oft eine schlechtere Performance als eine Staatsanleihe. Aber auch die Automobilhersteller, die Modemarken, die Möbelindustrie oder die Schönheitspflege halten nicht die Versprechen, die sie in Bezug auf mehr Lebensqualität durch Macht, Ansehen oder Aussehen machen. Schmackhafte, aber ungesunde Nahrung führt zusammen mit Bewegungsmangel (Vermeidung von Anstrengung) zu Adipositas. Das Marketing setzt auf „Consumer Insight", analysiert die Kaufmotive und leitet daraus seine Botschaften an die Konsumenten ab. Ziel ist nicht die höchste Lebensqualität, sondern der höchste Umsatz oder Deckungsbeitrag.

---

[2] Möglicherweise ist das „Ora et labora" der Benediktinischen Regel ein erfolgreicherer Weg zur Work-Life-Balance.

Die Werbung verbindet mit einem Produkt die Befriedigung von Bedürfnissen wie Freundschaft, Sex, Anerkennung, Macht, Sicherheit oder Bequemlichkeit. Wenn der Konsument das neue Kleidungsstück, die teure Uhr und das Hotel am Traumstrand dann vor sich hat oder einen Alcopop konsumiert hat, lösen sich die Illusionen sehr schnell in Luft auf und weichen einem Katergefühl. Er erlebt die Diskrepanz von Hoffnung und Wirklichkeit.

Wenn der Mensch im Internet ein Produkt sucht, erwartet er ein Ergebnis, das alle im Internet gespeicherten Informationen einbezieht und die wichtigsten zuerst anzeigt, er bekommt aber die Treffer, die den höchsten Werbeerlös bringen. Wenn ein Mensch den Robo-Adviser einer Bank für die Altersvorsorge nutzt, will er eine möglichst effiziente Nutzung seiner Ersparnisse, erhält aber Produkte mit hoher Rentabilität für die Bank. Wenn sich ein Mensch auf einem Gesundheitsportal zu seiner Krankheit informiert, will er Therapiehinweise für eine auf Dauer möglichst hohe Lebensqualität, bekommt aber Vorschläge, die dem Entwickler des Portals den höchsten Deckungsbeitrag liefern. Das kann ein Pharmaunternehmen, eine Versicherung oder eine Klinikkette sein. Diese Diskrepanz zwischen den Zielen der Anbieter und jenen der Konsumenten gibt es nicht erst seit dem Aufkommen von digitalen Konsumentendiensten, sie hat durch sie aber massiv zugenommen.

Die größte Herausforderung für den Konsumenten ist, das Richtige zu wollen. Wie entwickelt ein Mensch seine persönlichen Werte, die Wahrnehmungsmuster, mit denen er Glück und Unglück verbindet? Die Gemeinschaften, in denen er sich bewegt, seine eigenen Erlebnisse und die Medien prägen sein Weltbild. Viel mehr als je zuvor analysieren die Anbieter seine Interessen, sein Verhalten, insbesondere sein Kaufverhalten und seine Einstellungen. Sie verstärken nicht nur seine politischen Einstellungen, sondern auch sein Konsumverhalten, indem sie genau das servieren, was bei ihm am besten ankommt, sie stellen den Konsumenten in eine Echokammer.

Die digitalen Medien haben die Kunst der Verführung nicht erfunden, aber ihre Möglichkeiten multipliziert.

Zur Befriedigung ihrer Replikationsbedürfnisse kämen die Menschen hochentwickelter Länder mit einem geringen Teil der heute konsumierten Produkte und Dienstleistungen aus. Die Steuerung der Leistungserstellung über das Geld ist notwendig, weil wir bisher über keine besseren Steuerungsmechanismen verfügen, sie ist aber gleichzeitig überholt, da sie zur Produktion nicht benötigter Güter und Dienste, damit zu unnötigem Strampeln im Hamsterrad und schließlich zu Umweltschäden führt, welche wiederum die Lebensqualität beeinträchtigen.

Milton Friedman formulierte unmissverständlich: „The business of business is business". Der Konsument steht vor der Aufgabe, aus all den Angeboten diejenigen auszuwählen, die seine Lebensqualität nachhaltig steigern. Die Informationstechnologie lässt unzählige neue, außerordentlich nützliche Dienste und Produkte und effiziente Absatzkanäle entstehen, fördert aber auch den Konsumerismus mit seinen vielfältigen Wirkungen auf die Lebensqualität. Die Navigation im Auto, die digitale Tageszeitung, das eBanking und die immer exaktere Wettervorhersage tragen spürbar zur Lebensqualität bei. Das jährlich zu ersetzende Smartphone, die Sportschuhe eines Sportidols, die Urlaubsreise ans andere Ende der Welt, die Selbstdarstellung in sozialen Netzwerken und der exzessive Konsum von Streamingdiensten sind Beispiele erfolgreichen Marketings, versprechen Differenzierung und erzeugen auf Dauer oft mehr Leid als Freude.

Kapital ermöglicht uns die Befriedigung der Grundbedürfnisse Nahrung, Effizienz, Gesundheit und Sicherheit, ja sogar Sex und Fortpflanzung. Kapital ist in unserer Gesellschaft ein dominantes Mittel zur Differenzierung mit dem Ziel der Weitergabe der eigenen Gene. Es gibt uns die Möglichkeit, unsere Attraktivität zu steigern, ist eine Voraussetzung für die Teilnahme in Gemeinschaften und für den Zugang zu Wissen (Bildung). Außerdem ist Kapital ein Instrument der Macht, beispielsweise im Wettbewerb um eine attraktive Wohnung oder in Form von Stimmrechten als Aktionär.

Da Unternehmen über den Verkauf Kapital erwirtschaften, das sie in die Weiterentwicklung investieren, und nur damit ihr Überleben sichern können, müssen sie die Menschen zum Konsumieren animieren, selbst wenn es deren Lebensqualität beeinträchtigt. Die Mitarbeiter werden nach ihrem Beitrag zum Umsatz und Gewinn beurteilt und müssen die Interessen der Kapitalgeber befriedigen. Das klingt nach einer Verurteilung des kapitalistischen Wirtschaftssystems, ist es aber nicht. Der Kapitalismus hat zunehmend breiteren Bevölkerungskreisen einen geschichtlich nie dagewesenen Wohlstand gebracht. Die Menschen haben trotz verschiedener Versuche keine besseren Wirtschaftsmodelle hervorgebracht. Der Kapitalismus hilft ärmeren Gesellschaften, ebenfalls ihre Grundversorgung zu sichern. Es geht hier also nicht um die Bekämpfung des Kapitalismus, sondern um eine Ergänzung seiner Ziele um die Lebensqualität.

Das Kapital treibt die Weiterentwicklung primär im Sinne der Evolution und nur sekundär im Sinne der Lebensqualität. Die Evolution nutzt das

Kapital, um die Technologie, insbesondere die maschinelle Intelligenz, voranzubringen. Die Steuerungsgröße der Evolution ist nicht die Lebensqualität, sondern das Kapital und damit der Konsum.

Das Kapital hat ein Eigenleben entwickelt. Es ist nicht mehr nur ein Mittel zur Befriedigung von Bedürfnissen wie Nahrung oder Aussehen (Statussymbole), sondern wird zum Selbstzweck. Das zeigt gerade der Finanzsektor und vor allem das Investment Banking. Es geht nicht mehr darum, dass die in diesen Bereichen Tätigen oder die Kapitalgeber so viel Kapital erwirtschaften, dass sie ihre persönlichen Bedürfnisse befriedigen können, sondern dass sie Vorgaben für Messgrößen wie die Marktkapitalisierung eines Unternehmens, die Rentabilität (z. B. EBIT-Marge) oder den Handelserfolg erfüllen müssen. Es geht zum Teil auch nicht mehr darum, seinen Rang durch das Kapital zu verbessern, sondern seinen Job oder seine Macht nicht zu verlieren, falls die Kapitalziele nicht erfüllt werden. Um das zu erreichen, müssen die Menschen die technische und organisatorische Evolution vorantreiben. Das Kapital wird damit zum Treibstoff der Evolution.

5.1.3 Informationssucht

Nicht nur Forscher und Softwareentwickler, alle Menschen arbeiten ständig an der Weiterentwicklung ihres Modells der Welt, d. h. sie versuchen ihre Umgebung zu verstehen, um effizienter auf die Herausforderungen des Lebens reagieren zu können. Das ist in der einfachsten Form wohl die Beschäftigung mit Klatsch, in handwerklichen Tätigkeiten die Suche nach dem besten Werkzeug, z. B. zur Reinigung der Fenster, die Delegation administrativer Tätigkeiten an Maschinen und schließlich auch die Erkennung von Zusammenhängen in der Grundlagenforschung.

Auch für die Wissbegierde gilt: Wir konsumieren den ganzen Tag Informationen, in der Zeitung, im Fernsehen, auf Instagram oder Facebook, in Gesprächen und im Geschäft. Sind wir krankhaft neugierig, sind wir also süchtig nach Informationen jeder Art, unabhängig vom Nutzen des zusätzlichen Wissens (z. B. Klatsch)? Möglicherweise verlieren wir damit die Fähigkeit, das Wichtige zu selektieren und das Aufgenommene zu verarbeiten.

Die Informationstechnik liefert uns ein Informations- und Kommunikationsangebot, auf das wir nicht vorbereitet sind. Wir haben Zugriff auf eine nie dagewesene Wissensbasis, lassen uns aber mehr vom Angebot treiben, als zu überlegen, was wir warum wissen wollen. Wir konsumieren lieber leicht verdauliche, stark vereinfachte und bildlich vorgetragene Informationshäppchen, als dass wir uns zu einem komplexen Thema wie beispielsweise der Wahl der richtigen Volksvertreter oder der Berufswahl intensiv Gedanken machen. Die professionelle Kommunikation nutzt alle Mittel zur Gewinnung von Aufmerksamkeit, beachtet in der Länge der Botschaften die reduzierte Aufmerksamkeitsspanne und ersetzt Texte durch Bilder und Videos. Die permanente Berieselung mit Nachrichten nimmt uns oft die Zeit, die wir zur Bildung einer eigenen Meinung, zu einem Verständnis der Zusammenhänge bräuchten. Fotos von Personengruppen, in denen jeder über sein Smartphone statt mit den physisch anwesenden Personen kommuniziert, zeigen nicht nur mehr Jugendliche, sondern zunehmend auch Senioren.

> *Die Möglichkeiten der digitalen Information haben geradezu ein Suchtverhalten evoziert.*

Das akustische Signal einer eingehenden Nachricht erzeugt beim Konsumenten eine im Gehirn messbare „Belohnung" [5] und verstärkt die Ausschüttung von Dopamin, das die Gier nach Nachrichten verursacht. Soziale Netzwerke wie Twitter wirken so stark, weil sie laufend Nachrichten liefern, die Kürze der Nachricht vieles offen lässt und Absender wie Inhalt überraschend sind [6]. Wir folgen Informationsströmen, ohne uns von einem Bedarf nach einer bestimmten Information leiten zu lassen, und blockieren unsere Kognition damit für das Nachdenken und Ableiten von Schlüssen. Das gilt besonders für das Formulieren unserer für die Lebensqualität bestimmenden Ziele und für die eigene Standortbestimmung. Adam Alter beschreibt die Berieselung in seinem Buch „Irresistible" [7] als Suchtverhalten und berichtet über zahlreiche Ansätze zu deren Bekämpfung.

Digitale Medien missbrauchen unser Belohnungssystem zur Gewinnung von Aufmerksamkeit. Sie tragen einen Kampf um die Aufmerksamkeit der Adressaten aus und messen die Intensität und Dauer der Aufmerksamkeit wie eine Währung.

5.1.4 Überforderung durch Komplexität

Das Leben in einer Welt mit maschinellen Intelligenzverstärkern überfordert die Menschen mit einer nicht überschaubaren Vielfalt von Organisationen, Gesetzen, Geräten und Funktionen. Abstrakte Konzepte (z. B. Fotostreams), nicht verstandene Services (z. B. Qualitätsfilter in Twitter), unklare Konsequenzen der Datenfreigabe (z. B. Telefonnummer in Google), unverständliche Geschäftsbedingungen (z. B. Datenweitergabe), vielfältige Benutzeroberflächen (z. B. Navigationssysteme), Authentifizierungen und Autorisierungen usw. führen zu zahllosen negativen Erfahrungen. Es wäre zu untersuchen, ob es tatsächlich die Globalisierung ist, die Menschen zu den Populisten treibt, oder ob die Überforderung durch eine immer komplexere und abstraktere Welt die Menschen verunsichert und nach Vereinfachern rufen lässt. Auf jeden Fall wollen fast alle Menschen beliebigen Alters und Bildungsniveaus nicht auf die Dienste der allgegenwärtigen Informationstechnik verzichten, stöhnen aber gleichzeitig über ihre Komplexität und beklagen die Zeit, die sie für die digitalen Dienste aufbringen müssen [8]. Eine Welt, die durch die Technik immer komplexer wird, erzeugt in uns ein Gefühl der Überforderung und Unsicherheit.

Dieser Sicht widersprechen gerade junge Leute mit dem Hinweis, dass die Geräte und Dienste laufend einfacher und intuitiver bedienbar werden. Das stimmt zwar, doch nutzen die Anbieter digitaler Dienste diese Vereinfachung der Technik umgehend dazu, zusätzliche Optionen und Varianten ihrer Produkte anzubieten und sich damit von den Mitbewerbern zu differenzieren. Das gilt nicht nur für WhatsApp und andere Kommunikationsdienste, sondern auch für eBanking, Mobilfunkverträge, Versicherungsprodukte, Steuererklärungen oder Sozialhilfeanträge. Die Komplexität wird allerdings oft erst wahrgenommen, wenn die nicht bedachten Folgen eingetreten sind.

> *Der technische und organisatorische Fortschritt lässt laufend komplexere Produkte, Dienste, Verträge, Organisationen, Gesetze usw. zu oder macht sie wirtschaftlich notwendig.*

5.1.5 Irrationale Emotion

Die Wissenschaft der Ökonomie lehrt seit langem, dass Menschen nicht rational entscheiden. Sie meint damit nicht nur irrational im ökonomischen Sinne. Die Verhaltensökonomie zeigt, dass Menschen auch nach ihren nichtpekuniären Bedürfnissen (siehe LQM) entscheiden. Doch selbst das scheint fragwürdig, da wir uns von Versprechungen der Anbieter verführen lassen. Das können unrealistische Assoziationen mit schönen Menschen in der Werbung für eine Gebäudeversicherung sein. Das können aber auch Nahrungsmuster sein, wie der Zusammenhang zwischen dem Genuss von Schokolade und schneller Energieaufnahme. Oft entscheidet unser Unterbewusstsein, oft wird die langfristige Eudaimonia der kurzfristigen Hedonia geopfert, oft erkennen wir die Verführung und haben dennoch nicht die Kraft zu widerstehen. So kaufen wir zu einem hohen Preis ein Auto mit 500 PS, die wir so gut wie nie nutzen können. Wir brechen die Ehe, obwohl wir die negativen Folgen für alle Beteiligten kennen. Wir essen die Kalorienbombe zum Nachtisch, obwohl wir uns über unsere Fettpolster ärgern.

Selbst in scheinbar rationale, professionelle Investitionsentscheidungen in Unternehmen fließt neben einer Wirtschaftlichkeitsrechnung das persönliche Bedürfnis des Entscheiders nach Kapital, Macht, Ansehen und Sicherheit mit ein. Ja sogar die Anstrengung, die für eine gründliche Prüfung von Alternativen nötig wäre, verleitet uns oft, den bequemeren Weg (Effizienz) der raschen Entscheidung anstelle des anstrengenden Weges der rationalen Evaluation zu gehen („Augen zu und durch" oder „Genug theoretisiert, wir müssen entscheiden").

Die Forschung auf dem Gebiet des Konsumentenverhaltens zeigt, dass Menschen zunächst aufgrund unbewusster Wahrnehmungen entscheiden und danach die Entscheidung rational zu begründen versuchen [9]. Das gilt für den Konsum eines Schokoriegels wie für den Kauf eines Kleidungsstücks, für den Erwerb eines Motorrad oder einer Wohnung und ganz bestimmt für die Partnerwahl. Unsere Gene und Erfahrungen (Regeln), die Wahrnehmungen mit Bedürfnissen wie Effizienz, Macht, Anerkennung und Wissen verbinden, prägen unser Verhalten im Unterbewusstsein.

Ein todkranker Krebspatient, der ein massiv eingeschränktes Leben unter Schmerzen fristet und sich seiner Situation vollumfänglich bewusst ist, kämpft meist bis zum letzten Atemzug um sein Leben, obwohl dieses durch Schmerz und Leid geprägt ist. Es treibt ihn der Selbsterhaltungstrieb und nicht eine rationale Abschätzung der zu erwartenden Lebensqualität. Die Menschheit beschäftigt sich seit Jahrtausenden mit dem Glück, hat aber wenige im täglichen Leben anwendbare Regeln entwickelt und befolgt meist auch die wenigen bewährten Regeln nicht. Wenn wir mit Hilfe der Technik in der Lage wären, die Faktoren der Lebensqualität verlässlich zu prognostizieren, könnte uns ein persönlicher Lebensassistent sagen: Ab jetzt ist der kumulierte Erwartungswert des Glücks deutlich negativ, so dass ich dir das Ableben empfehle. Würdest du diesen Rat befolgen, oder treibt dich der Selbsterhaltungstrieb entgegen jeder Rationalität ins Leiden? Das gilt wohl auch für andere in unseren Genen angelegte Triebe wie beispielsweise Sexualität.

Die Bedürfnisse behindern die **Rationalität** des Menschen. Es ist schwer, etwas zu akzeptieren, was den Grundbedürfnissen, insbesondere dem Selbsterhaltungstrieb, zuwiderläuft. Genauso intensiv kämpfen wir für die Selektion und Weitergabe unserer eigenen Gene. Die Grundbedürfnisse haben ein größeres Gewicht als die Bedürfnisse, die wir aus rationaler Überlegung ableiten.

Selbst den Widerspruch von Evolution und Lebensqualität können wir nicht emotionslos, also rational diskutieren. Wären wir beispielsweise bereit, die Entscheidung für einen Lebenspartner vollständig einer maschinellen Intelligenz zu überlassen, auch wenn wir wüssten, dass die Maschine einen passenden Partner für eine erfolgreiche Beziehung besser als wir selbst auswählen könnte? Sind wir überhaupt bereit, unsere Freiheit einschränken zu lassen, selbst wenn wir wissen, dass es besser für uns ist? Verzichten wir auf das anerkannte Menschenrecht der Freiheit, wenn es die Gesellschaft insgesamt glücklicher macht? Unsere ererbten Bedürfnisse und unsere erlernten Muster hindern uns daran, die Diskussion über das Glück rational zu führen. Wir haben Angst vor der Realität und vor dem Verlust von Werten, an die wir uns gewöhnt haben.[3] Die Evolution steuert uns über die vererbten Bedürfnisse stärker als unsere Vernunft mit dem Wissen über die Lebensqualität (erlernte Bedürfnisse).

5.1.6 Irrationales Alter

Die Selektion der besten Gene in der Fortpflanzung führt in der Natur offensichtlich zum Erfolg im Sinne einer wirksamen Anpassung an die Umweltbedingungen. Die Bedürfnisse, die für Zwanzig- oder Dreißigjährige richtig sind, müssen deshalb nicht per se für die Lebensqualität von Sechzig- und Achtzigjährigen stimmig sein. Warum rennt ein wohlhabender Pensionist ebenso der Mehrung seines Reichtums hinterher wie ein junger Mensch, der noch einen Lebenspartner sucht und eine Familie gründen will? Warum sind die Käufer von Sportwagen und schweren Motorrädern meist über 50 oder 60 Jahre alt? Warum will sich ein emeritierter Professor über wissenschaftliche Publikationen weiter profilieren? Warum spricht ein Siebzigjähriger immer noch auf die Reize einer Zwanzigjährigen an? Ist es richtig, dass ein Pensionär noch als Konkurrent von Berufstätigen auftritt?

Die Bedürfnisse der Selektion, mit denen uns die Evolution steuert, betreffen vor allem Menschen im Alter der Reproduktion. Die Aufgabe der älteren Menschen ist allenfalls noch die Sicherung der Nachkommenschaft, also ihrer familiären oder stammesmäßigen Gemeinschaft [1, S. 71]. Doch die Bedürfnisse ändern sich nicht mit dem Überschreiten des Reproduktionsalters, sie sind teilweise in den Genen verankert, teilweise jahrzehntelang erprobt und verfestigt. Wenn ein Senior den gewohnten Bedürfnissen hinterherrennt,

---

[3] Das haben die Diskussionen, die ich zu den Überlegungen dieser Schrift führen durfte, immer wieder gezeigt, bei meinen Diskussionspartnern, aber auch bei mir selbst.

führt das zu Enttäuschungen, schadet dem Selbstwert und behindert den Fortschritt. Nachlassende Kraft und das Festhalten an überholten Vorstellungen veranlassen viele Unternehmen, Altersgrenzen für Funktionen wie den Vorstand zu setzen. Die Bedürfnisse, die der Selektion der besten Gene dienen, sind im Alter sinnlos, treiben aber direkt und indirekt trotzdem unser Tun und schaden der Lebensqualität.

5.1.7 Verzicht auf Privatheit

Bequemlichkeit (Effizienz) bringt uns dazu, fast beliebige Datenschutzerklärungen in den allgemeinen Geschäftsbedingungen digitaler Dienste zu akzeptieren, ja diese nicht einmal zu lesen, da sie ohnehin unser Verständnis überschreiten (Abschn. 5.1.4). Außerdem können uns viele digitale Dienste auch ohne unser Wissen und Einverständnis erfassen [10]. Ein integrierter und aktiver Lebensassistent, wie er oben skizziert wurde, kann uns umso mehr unterstützen, je mehr er über uns weiß. Nichtakzeptanz der Datenschutzregeln eines Services bedeutet den Verzicht auf den Dienst.

In einer ausschließlich über das Kapital gesteuerten Wirtschaft geben die Personendaten den Anbietern von Produkten und Dienstleistungen den Schlüssel zur erfolgreichen Manipulation unseres Konsums. In einem totalitären, aber selbst in einem demokratischen Gesellschaftssystem ist die genaue Kenntnis der Bürger der Hebel zur politischen Steuerung, zur Gewährleistung der Sicherheit ebenso wie zur Gleichschaltung und zur Ausbeutung des Menschen im Sinne des Kapitals oder der etablierten Macht.

Ist Privatheit ein Zeichen von Schwäche, weil unser wahres Ich schlechter ist als unsere Außendarstellung? Was, wenn alle Farbe bekennen? Vielleicht hat Marc Zuckerberg recht mit seiner Aussage „Privacy is a concept of yesterday". Dave Eggers hat im Jahre 2013 mit seinem Roman „The Circle" [11] eine Welt mit Verzicht auf Privatheit ausgemalt und damit die Leser schockiert. Er bleibt damit aber schon heute in vielen Bereichen hinter der Realität zurück. Ein vollständiger Verzicht auf Privatheit bedeutet, dass der Nachbar meine finanziellen Verhältnisse kennt, dass die Freundin alle Treffen mit meinen Bekannten nachvollziehen kann, dass der Arbeitskollege meine Beurteilung durch meinen Vorgesetzten anschauen kann, dass meine Freunde auf meine ärztlichen Untersuchungsergebnisse zugreifen können, und selbstverständlich, dass alle Unternehmen, mit denen ich zu tun habe, alle diese Daten auch nutzen können, um „ihren Service für mich zu verbessern".

Privatheit wird als Menschenrecht betrachtet, auf das wir aber zugunsten der Bequemlichkeit laufend verzichten. Wir wissen nicht, wer welche Daten über uns sammelt und an wen er sie weitergibt. Jeder Verzicht auf Privatheit gibt anderen die Möglichkeit, uns zu beeinflussen, zu unserem Wohle, wenn es ihnen nützt, aber auch zu unserem Schaden, wenn es ihnen nützt.

5.1.8 Wider die Evolution

„Die Menschen konsumieren das, was ihnen guttut. Jeder weiß selbst am besten, was ihn glücklich macht. Die Unternehmen produzieren, was die Konsumenten kaufen und was sie glücklich macht." Das ist häufig die erste Reaktion, wenn jemand auf die Diskrepanz von Evolution und Glück aufmerksam macht. Das Produkt- und Dienstleistungsangebot trägt tatsächlich in den meisten Fällen zur Lebensqualität der Konsumenten bei. Die Evolution hat uns mit Bedürfnissen ausgestattet, die bis vor kurzem für unsere Lebensqualität richtig waren. In einer Mangelwirtschaft ist es wichtig, zuerst die Bedürfnisse Nahrung, Gesundheit, Sicherheit, Sex und Fortpflanzung zu befriedigen.

In der Überflussgesellschaft sind die Grundbedürfnisse der Selbst- und Arterhaltung weitgehend abgedeckt und dadurch Ressourcen zur Differenzierung im zwischenmenschlichen Wettbewerb in entwicklungsgeschichtlich ungewohntem Maße vorhanden. Die Menschen konsumieren, getrieben durch unrealistische Vorbilder, stellen sich durch den Vergleich mit anderen in das Hamsterrad der Differenzierung, lassen sich durch Berieselung die Zeit zum Nachdenken stehlen, fühlen sich durch die wachsende Komplexität des Lebens überfordert, streifen selbst im Alter die Bedürfnisse der Selektion nicht ab und heizen diese Fehlsteuerungen durch die Preisgabe der Personendaten auch noch an. Der Mensch lässt sich im Informationszeitalter wie zu Zeiten der Jäger und Sammler im Sinne der Evolution durch Hedonia leiten, nicht aber im Sinne seines dauerhaften Wohlbefindens (Eudaimonia).

Was entsteht daraus? Die hochentwickelten Gesellschaften verzeichnen einen dramatischen Anstieg von psychischen Krankheiten. Jeder fünfte US-Bürger leidet an einer psychischen Erkrankung; die Suizidrate ist in den USA so hoch wie nie zuvor; 115 Personen sterben täglich am Missbrauch von Opioiden und jeder achte US-Bürger über 12 Jahre nimmt täglich Antidepressiva [13]. Ähnliche Beobachtungen macht man in anderen sehr hoch entwickelten Staaten wie etwa in Deutschland (siehe Abb. 5.1) [12, 14]. Vielerorts werden diese Befunde mit den oben beschriebenen Fehlsteuerungen durch die Evolution und als Folge der Technisierung erklärt. Ein großer Teil lässt sich aller-

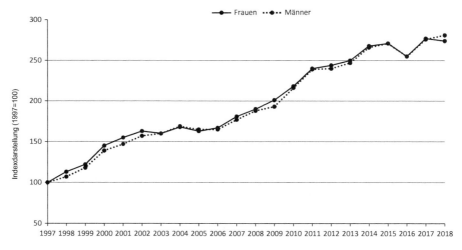

Abb. 5.1 Arbeitsunfähigkeitstage aufgrund psychischer Störungen (indexiert 1997 = 100) [12, S. 19]

dings damit begründen, dass eine Überflussgesellschaft überhaupt erst Zeit für psychische Krankheiten lässt und die Ächtung dieser Krankheiten abgenommen hat [12, S. 19].

Glück ist das Mittel der evolutionären Steuerung, nicht deren Ziel. Wenn das Ziel die Weiterentwicklung der Welt, also der Technik, der Organisation und der Menschen ist, dann steuert uns die Evolution wahrscheinlich richtig. Wenn aber das oberste Ziel das Glück der Menschen ist, dann lenken uns die ererbten und erlernten Bedürfnisse nicht immer in unserem Sinne. Was ist also das oberste Ziel, das Glück der Menschen oder die Evolution, das Erreichen der nächsten Entwicklungsstufe, mit oder ohne Menschen?

5.2 Glück gegen Evolution

Das oberste Ziel der Menschen ist das Glück, nicht die Evolution.

Der Mensch sucht nach Instrumenten (Happifyern, Glücklichmachern), mit denen er seine Lebensqualität steigern kann. Die Evolution ist für den Menschen nur so lange gut, als sie seinem Glück dient. Während die Set-point-Theorie in der psychologischen Forschung Glück hauptsächlich als von den Genen bestimmt und als wenig beeinflussbar betrachtet, vertraut die Authentic-Happiness-Theorie darauf, dass Lebensziele und Prioritäten das Glück wenigstens teilweise gestalten können [15].

Paul Watzlawick hat 1983 seine humorvolle „Anleitung zum Unglücklichsein" [16] publiziert, die uns auf selbstverschuldete negative Gefühle aufmerksam macht. Amazon hat über 30.000 Buchpublikationen zum Thema Glück im Katalog, die meisten davon mit Ratschlägen zum Glück. Die nachfolgende Sammlung von Happifyern (Abschn. 5.2.1 bis Abschn. 5.2.11) fasst einige Hinweise zum Glücklich- und Unglücklichsein zusammen. Sie basiert auf den obigen deduktiven Überlegungen zu den menschlichen Bedürfnissen und auf der Auswertung von empirischen Erkenntnissen [15, 17, 18].

5.2.1 Natur

Die Wissenschaft liefert wenig konkrete Erkenntnisse zum Verhältnis von Informationstechnik und Natur, einzelne empirische Studien verweisen aber auf die positive Wirkung der Natur auf das Wohlbefinden, insbesondere weil mit dem Aufenthalt in der Natur Entspannung, körperliche Tätigkeit, angemessene Ernährung und Meditation verbunden sind. Die Landschaftspsychologie [19, 20] belegt, dass die bewusste Wahrnehmung von Natur (Landschaft) Stress abbaut, Aufmerksamkeit wiederherstellt und positive Empfindungen auslöst. Kommt zum Naturerlebnis die körperliche Anstrengung (z. B. Wandern) dazu, so steigt das Wohlbefinden weiter, weil der Körper zusätzlich den Neurotransmitter Dopamin (auch „Glückshormon" genannt) ausschüttet. Hunter et al. berichten von einem Versuch mit 36 Personen, in dem ein 20-minütiger Spaziergang in der Natur das Stresshormon Cortisol um ca. 10 % reduzierte und das Wohlbefinden damit gesteigert wurde [21].

> *Die Wahrnehmung der **Natur** wirkt positiv auf das Wohlbefinden.*

Sonnenlicht fördert über die Produktion von Serotonin das Wohlbefinden. Das Fehlen von Sonnenlicht, beispielsweise in den langen Wintern der nordischen Länder, begünstigt dagegen Depressionen. Die Zeit, die wir mit digitalen Diensten verbringen, von der Wettervorhersage über die Navigation bis hin zur Arbeit am Computer, fehlt uns für die Wahrnehmung der Natur: Kinder spielen lieber an der Spielkonsole als mit anderen Kindern im Freien, Wanderer beschäftigen sich mehr mit der Outdoor-App als mit der Landschaft, und der Zugreisende liest die Zeitung auf dem Tablet, statt aus dem

Fenster zu schauen. Was bedeutet die Transition vom Jäger und Sammler, der ausschließlich Wahrnehmungen der Natur hatte, zur Kassiererin im Supermarkt, zum Börsenmakler oder Softwareingenieur für die Lebensqualität? Zerstört die Technik unsere Verbindung zur Natur? Oder kann die Technik unsere Wahrnehmung der Natur u. U. sogar verstärken?

Facebookgruppen, Outdoor-Apps wie Komoot und intelligente Sportgeräte (wie eine Golf-App) können uns den Zugang zu Naturerlebnissen erleichtern und uns motivieren, die notwendige Energie für eine Aktivität aufzubringen. Es ist jedoch kaum zu erwarten, dass uns digitale Assistenten in absehbarer Zeit substanziell zum Genießen der Natur anhalten werden. Verglichen mit sozialen Netzwerken wie Instagram und Twitter, Spielen wie Fortnite, Einkaufen auf Amazon und eBanking bei Capital One liefern Natur-Apps einen sehr bescheidenen Return on Investment, so dass wir keine stürmische Entwicklung auf diesem Feld erwarten dürfen.

5.2.2 Gesundheit

Schmerzfreiheit und *Vitalität* sind die Grundlage einer hohen Lebensqualität.

Zahlreiche Anwendungen der Informationstechnik helfen dem Menschen beim Erhalt der Gesundheit, bei der Diagnose von Krankheiten oder von Prädispositionen und in der Therapie. Stellvertretend für einen umfassenden Überblick sollen Beispiele die Wechselwirkung mit der Lebensqualität aufzeigen.

Ausreichender Schlaf ist Voraussetzung für Wohlbefinden; Schlafentzug wird sogar als Folterinstrument eingesetzt. Die Nahrung bzw. die Verdauung im gastrointestinalen Trakt spielt eine weithin unterschätzte Rolle im Wohlbefinden der Menschen. Verdauungsprobleme und Stimmungsphänomene hängen eng zusammen; 95 % des körpereigenen Serotonins, das zur inneren Ruhe und Zufriedenheit beiträgt, werden vom enterischen Nervensystem (Darmnervensystem) produziert [22]. Hoch entwickelte Analyseverfahren können in den detaillierten Personendaten derartige Zusammenhänge mehr und mehr erkennen, und die künftigen Gesundheitsapps können dann mit diesem Wissen unser Verhalten zu unserem Wohl beeinflussen.

Harari beschreibt den Nutzen von digitalen Ratgebern (Predictive Algorithms) am Beispiel der Entscheidung von Angelina Jolie zu einer Mastektomie, nachdem ein Algorithmus auf Basis hoher statistischer Evidenz des Zusammenhanges zwischen der Genmutation BRCA1 und Brustkrebs dies empfohlen hat. Harari schließt seine etwas populistische Darstellung mit dem Satz: „Algorithms won't revolt and enslave us. Rather, they will be so good at making decisions for us that it would be madness not to follow their advice" [23, S. 339].

Ein weiteres Beispiel aus dem medizinischen Bereich ist die Einnahme von Lipidsenkern, nachdem der statistische Zusammenhang zwischen Blutfettwerten und Herzinfarkt ausreichend gesichert erscheint. Der Patient nimmt jedoch u. U. erhebliche Nebenwirkungen wie Müdigkeit, Antriebslosigkeit, Stimmungseintrübung und Muskelschmerzen in Kauf. Stand heute empfiehlt der Algorithmus ein Medikament, der Mensch selbst entscheidet (ggf. nach Beratung durch seinen Arzt), ob er eine geringere Lebensqualität für ein möglicherweise längeres Leben akzeptiert. Die Interessen des Pharmaunternehmens, des Arztes, der Krankenversicherung und des Patienten können durchaus unterschiedlich sein.

Yaden et al. [24] sehen ein enormes Potenzial in sog. Predictive Algorithms, formulieren die direkte Umsetzung in Lebensentscheidungen aber wesentlich vorsichtiger als Harari. Selbst das von Yaden et al. gesehene Potenzial von Predictive Algorithms für die Lebensqualität ist mit großer Zurückhaltung zu betrachten, wenn man an die Schwierigkeiten in der maschinellen Erfassung von Aktionen und Wahrnehmungen sowie von Gedanken und Gefühlen denkt.

5.2.3 Drogen

Wenn Neurotransmitter, Hormone und andere körpereigene Steuerungsmechanismen der Homöostase einen derart grossen Einfluss auf das Glück des Menschen haben, liegt es nahe, diese nicht nur durch körperliche Anstrengung zu erlangen, sondern diese Stoffe künstlich zuzuführen. Es ist nicht notwendig, hier die Welt der Drogen, von Stimmungsaufhellern über Alkohol bis zu Opium, abzuhandeln; der weltweit gewaltige Konsum von Drogen und Psychopharmaka ist der Beweis, dass ein großer Teil der Bevölkerung weit über die Behandlung von pathologischen Zuständen hinaus an deren glücksfördernde Wirkung glaubt. Eine Studie zur Nutzung von verschreibungspflichtigen Medikamenten in den USA zeigt beispielsweise, dass die Prävalenz der Nutzung von Antidepressiva in den Jahren 1999 bis 2012 von 6,8 % auf 13 % sprang, um dann auf dieser Höhe zu verharren [25, S. 1825]. 17 % der US-Amerikaner hatten im Jahre 2017 mindestens eine Verschreibung eines Opioids [26].

Führungskräfte, Politiker, Soldaten, Künstler und Studenten nehmen viele Arten von Drogen, um ihre Leistungsfähigkeit und damit ihren Erfolg zu erhöhen. Auf der anderen Seite versuchen zahlreiche Organisationen, allen voran staatliche Stellen, mit Drogenprävention und Betreuung von Abhängigen die negativen Wirkungen dieser „Glücklichmacher" zu vermeiden oder zu reduzieren. Offensichtlich sind sie überzeugt, dass die Bilanz der positiven und negativen Beiträge zur Hedonia und vor allem zur Eudaimonia klar negativ ist. Möglicherweise sind sie auch von den volkswirtschaftlichen Kosten der reduzierten Arbeitsfähigkeit der Betroffenen geleitet.

Yaden et al. [24] fassen eine Sammlung von Studien zu Psychopharmaka mit der Aussage zusammen, dass es viele psychoaktive Substanzen mit positiver Wirkung in der Behandlung von Depressionen oder Schmerzen gibt, dass aber eine große Gefahr der Abhängigkeit und langfristig negativer Wirkungen besteht und dass der richtige Einsatz zur Verbesserung des Wohlbefindens noch nicht ausreichend verstanden ist.

Da der Konsum von Drogen bisher wenig auf Fachwissen beruht und das soziale Umfeld den Konsum begünstigen kann, gibt es Bemühungen, die **Drogentherapie** mit digitalen Diensten zu unterstützen. Die FDA (Federal Drug Administration) hat die App „Reset" als Hilfsmittel gegen Alkohol- und Drogenmissbrauch bewilligt und damit die Verschreibung per Rezept parallel zur Begleitung durch einen Arzt ermöglicht. Derartige Apps entstehen derzeit für verschiedene Gesundheitsbereiche. Sie helfen nicht nur, Therapien (z. B. gegen Adipositas) zu befolgen, sondern liefern bisher nicht verfügbare Daten in großer Zahl und unterstützen in der Folge das Verständnis der Zusammenhänge.

5.2.4 Elektrische Hirnstimulation

Hirnzellen können chemisch, also über Pharmaka, oder elektrisch stimuliert werden. Elektrische Impulse – invasiv und nichtinvasiv – können enger abgrenzbare Hirnareale als Pharmaka anregen. Invasive Verfahren nutzen u. a. **Deep Brain Stimulation** über Implantate („Hirnschrittmacher"), die elektrische Impulse mit niedriger Amplitude an Gehirnzellen abgeben. Sie werden bis heute primär zur Behandlung von Parkinson, Multipler Sklerose und ähnlichen Krankheiten eingesetzt, doch wird auch für schwere Depressionen der Einsatz zur Stimulierung von Arealen, die für Hedonia verantwortlich sind, diskutiert. Yaden et al. [24] betonen, dass wie bei der chemischen Stimulation die Zusammenhänge und die Langzeitwirkungen noch wenig verstanden sind, die Anwendung derzeit also auf schwere Krankheiten beschränkt ist, für die sie eine Erleichterung bringen können, wie dies auch Kessler anhand konkreter Fälle und ihrer Nebenwirkungen [27, Pos. 2227] aufzeigt. Yuste et al. [28] zeigen an Beispielen die Chancen und Gefahren derartiger Eingriffe.

Meckel berichtet unter dem Überbegriff **Brain Hacking** nicht nur über einige Ansätze und Produkte zur elektrischen, nichtinvasiven Hirnstimulation mit dem Ziel der Leistungssteigerung oder des Stressabbaus, sondern sogar über einen Selbstversuch mit unerfreulichen Nebenwirkungen [29, S. 105].

5.2.5 Virtuelle Realität

Virtuelle Realität gibt es nicht erst seit der Schaffung digitaler Welten. Das Lesen, insbesondere eines Romans, entführt in eine andere Welt. Intensiver ist das Abtauchen in eine alternative Welt beim Konsum eines Filmes, noch intensiver in einem Spiel, bei dem eine fremde Welt optisch, akustisch und teilweise haptisch präsentiert wird und der Mensch aktiv involviert ist. Die technologische Entwicklung verspricht, dass die virtuelle Realität in den nächsten Jahren kaum noch von der realen Welt unterscheidbar und teilweise mit dieser verwoben sein wird.

Virtuelle Realität erlaubt es dem Menschen, sich von vielen Restriktionen der realen Welt frei zu machen und Bedürfnisse (Macht, Kapital, Aussehen, Fähigkeiten) zu befriedigen, wie es ihm in der realen Welt nicht möglich ist. Wir können gefährliche Tiere aus der Nähe beobachten, wunderbare Landschaften besuchen, real unerreichbare Sexualpartner erleben oder Feinde töten, ohne dadurch reale Menschen zu schädigen. Karl May versetzt seit Jahrzehnten Kinder in die Heldenrolle des Winnetou mit vielen Erlebnissen, die ihre Bedürfnisse befriedigen. J.K. Rowling hat diese virtuelle Fantasiewelt mit Harry Potter auf ein neues Niveau gehoben.

Gerade für die virtuelle Realität, die wir im Gegensatz zur Realität vollständig nach unserem Willen gestalten können, ist es wichtig, die Wirkung auf die Lebensqualität im Sinne von Hedonia und vor allem Eudaimonia besser zu verstehen. Die Ruhigstellung der Bürger im antiken Rom unter dem Motto „Panem et circenses" hat die Nahrungsbedürfnisse (Panem) und das Bedürfnis der Differenzierung (Circenses) bedient. Gladiatoren haben anstelle der Zuschauer gekämpft, die ein Gefühl von eigener „Stärke" aus der Identifikation mit einem Gladiator beziehen konnten.

Die längerfristige Wirkung des Aufenthaltes in virtuellen Welten ist erst ansatzweise verstanden. Weiss [30] hat Studien zur Wirkung von häufigem Konsum von Internetpornografie, die nach verschiedenen Schätzungen 30 % des Internetverkehrs ausmacht, untersucht und kommt zum Schluss, dass immer mehr und extremeres Material gesucht wird und dass sich Pornografiekonsum und Depressivität gegenseitig verstärken. Online-Spiele können süchtig machen und die negativen Folgen von Sucht hervorrufen. Benesch [31, S. 130] stellt empirisch fest, dass stundenlanges Fernsehen eher unglücklich macht, aber nicht wegen der notwendigen Rückkehr aus der virtuellen in die reale Welt, sondern wegen der für andere Aktivitäten verlorenen Zeit. Die virtuelle Realität kann leicht dazu führen, dass die Menschen die reale Welt vernachlässigen und in der Folge darunter leiden, so dass sie dann erst recht wieder in die virtuelle Welt flüchten.

Möglicherweise bieten virtuelle Welten beispielsweise in Spielen den Menschen die Befriedigung der Bedürfnisse Macht und Aussehen, aber auch Gemeinschaft. Wenn Videospiele dem Menschen nicht nur kurzfristige Erfolgserlebnisse, sondern sogar Lebenssinn und andauernde Zufriedenheit vermitteln könnten, müsste man ihnen ein ernstzunehmendes Potenzial zur Steigerung der Lebensqualität zugestehen, auch wenn das mit heutigen gesellschaftlichen Werten nicht harmoniert.

Unabhängig von den längerfristigen Folgen für das Wohlbefinden entscheiden sich Menschen ständig und in hohem Maße für virtuelle Welten, wie Studien zur Nutzung der damit verbundenen Medien zeigen. Es ist heute kaum noch vorstellbar, doch beim Aufkommen des Buchdruckes wurden genauso wie heute bei Computerspielen die damit verbundenen Gefahren diskutiert.

5.2.6 Suizid

Der Verein ERAS (Echtes Recht auf Selbstbestimmung) in der Schweiz fordert das Recht, selbst über Art und Zeitpunkt des eigenen Todes zu entscheiden [32, 33]. Er will Suizidhilfe auch für Gesunde. Selbst in der Schweiz, wo aktive Sterbehilfe seit 1985 gesetzlich erlaubt ist und etwa der Verein EXIT über 100.000 Mitglieder zählt, provoziert diese Forderung zahlreiche Gegner.

Aus dem Recht auf Selbstbestimmung über das eigene Leben kann man folgern, dass ein Mensch, der von seinem Leben keine befriedigende Lebensqualität mehr erwartet, dieses Leben beenden darf. Das ist der Fall, wenn jemand an einer unheilbaren Krankheit leidet und sich nicht dem Leiden der letzten Wochen aussetzen will. Verallgemeinert heißt das allerdings, dass auch ein gesunder Mensch, der nichts Erfreuliches mehr von seinem Leben erwartet, den Freitod wählen kann. Der Deutsche Bundestag hat – ganz im Gegensatz zur Forderung von ERAS – im Jahre 2015 entschieden, die geschäftsmäßige Suizidbeihilfe wie etwa durch den Verein EXIT unter Strafe zu stellen.

Wenn die maschinelle Intelligenz aufgrund ihrer Kenntnisse unserer Persönlichkeit und anhand von tausenden ähnlichen Lebenssituationen mit

99 %-iger Wahrscheinlichkeit einen negativen Erwartungswert des Glücks für die restliche Lebenszeit „errechnete", würden oder sollten wir uns dann gar für einen Suizid entscheiden?

5.2.7 Religion

Eine Studie in Großbritannien in den Jahren 2011 bis 2012 zeigt einen schwachen, aber positiven Zusammenhang zwischen der Zugehörigkeit zu einer Religion und der Selbsteinschätzung des Wohlbefindens [18, S. 16]. Auch eine weitere Studie für Deutschland beschreibt einen kleinen, aber signifikanten Einfluss der Religion auf das Glück, unabhängig von der konkreten Religion. „Individuals who persistently pursue pro-social/altruistic goals record long term gains in satisfaction, just as do people who increase their involvement in religious activities" [15, S. 22]. Das deutet darauf hin, dass Praktiken, wie sie auch die Positive Psychologie verwendet, also Altruismus, Vergeben, Dankbarkeit und Meditation, das subjektive Wohlbefinden fördern, wie dies Grinde für den tibetischen Buddhismus konstatiert [34].

Vielerorts wird zusätzlich darauf hingewiesen, dass Religion einen Lebenssinn (bewusste Ziele) vermittelt und die Hoffnung auf ein glückliches Leben nach dem Tod weckt, wenngleich empirische Studien diesen Zusammenhang nur teilweise belegen [15, S. 22, 152]. Es gibt zwar Religions-Apps, doch kann ich keine App finden, die über Altruismus oder Lebenssinn zur Lebensqualität beizutragen versucht.[4]

5.2.8 Psychologie

Die Psychologie versucht mit vielfältigen Mitteln, das Wohlbefinden der Menschen zu steigern. Traditionell beschäftigt sie sich mit der Behandlung von psychischen Krankheiten, also Defiziten, seit den 1980er-Jahren unter dem Begriff der **Positiven Psychologie** zunehmend mit dem Wohlbefinden aller Menschen. Lyubomirsky fasst glücksförderndes Verhalten in ihrem Handbuch „The How of Happiness" [35] zu zwölf Glücksaktivitäten zusammen. Esch beschreibt die Techniken der Positiven Psychologie nach Robinson mit folgenden Prinzipien [36, S. 239]:

- Erinnern an positive, kurz zurückliegende Ereignisse,
- Achtsam und anwesend sein,

---

[4] Widerspruch über www.lifeengineering.ch ist hoch erwünscht.

- Vergeben,
- Flow erleben,
- Dankbarkeit für die persönlichen Segnungen,
- Kompromissbereitschaft für gemeinsame, realistische Ziele,
- Priorisierung zur Stressvermeidung.

Der **Flow** ist ein zentrales Konzept der Positiven Psychologie. Er besagt im Wesentlichen, dass sich der Mensch tief in Aktivitäten engagieren soll, die ihn weder über- noch unterfordern, sondern ihm wiederholte Erfolgserlebnisse auf dem Weg zu einem Ziel ermöglichen. Videospiele scheinen das zu bestätigen.

Ein zweites wichtiges Konzept ist die **Achtsamkeit** (Mindfulness), „das unmittelbare und gegenwärtige Erfahren dessen, was ist, ohne es zu bewerten" [36, S. 155]. Anders ausgedrückt: Der Mensch beschäftigt sich ausschließlich mit der aktuellen Tätigkeit. Killingsworth [37] fasst mehrere Studien zum Thema mit der Aussage zusammen, dass Mind Wandering, also der Verlust von Achtsamkeit, unglücklich macht, möglicherweise, weil unangenehme Themen zu Lasten der aktuellen Tätigkeit unsere Aufmerksamkeit auf sich ziehen.

Der **Lebenssinn** (Ziele) gilt als fundamentaler Bestandteil der Eudaimonia [38, S. 12; 39, 40]. Besonders alte Menschen stellen sich die Sinnfrage: Warum stehe ich am Morgen auf? Das Gefühl, nicht gebraucht zu werden, nichts beitragen zu können, drückt auf das Selbstwertgefühl und macht unglücklich. Ältere Menschen tun gut daran, zu überlegen, welche Bedürfnisse für sie weiter wichtig sind. Halten sie an ihren gewohnten Vorstellungen von Kapital, Macht, Aussehen, Rang und Fortpflanzung, ja sogar Gesundheit, fest oder können sie bewusst diese Bedürfnisse auf die Abnahme der Möglichkeiten einstellen? Vieles deutet darauf hin, dass es sehr schwer ist, die vererbten und die über viele Jahre erlernten Bedürfnisse rational zu übersteuern [9].

Unrealistische Erwartungshaltungen, der Vergleich mit überlegenen Konkurrenten oder Filmidolen, übertriebener Ehrgeiz und Selbstüberschätzung oder einfach fehlende Ziele sind für Junge wie für Alte ein Weg zum Unglücklichsein. Das Ergebnis sind unerfüllte Wertschätzung, verschmähte Liebe und Unzufriedenheit mit dem Erreichten. Für ältere Menschen ist es zusätzlich der Vergleich mit früher. Eine explizite Überprüfung der Erwartungshaltung schafft mehr Erfolgserlebnisse und reduziert die Drehzahl des Hamsterrades auf das Machbare.

Wenn jemand mit seinem Rang innerhalb der Gemeinschaft „Unternehmen" nicht zufrieden ist, kann er wenigstens teilweise in eine andere

Gemeinschaft ausweichen. Es hilft seinem Selbstwert, wenn er im Alpenverein, in einer Partei oder unter Briefmarkensammlern Anerkennung findet.

Darüber hinaus betonen die Vertreter der Positiven Psychologie, dass eine Verlängerung positiver Emotionen und eine schnellere Erholung von negativen Emotionen das Gehirn, ähnlich wie einen Muskel, auf eine stärkere Wahrnehmung von positiven Erlebnissen trainieren kann. Diese Plastizität des Gehirns ist auch bei Esch [36] die Basis für ein Plädoyer für die **Glücksschulung**. Schubert fordert ein Schulfach Glück, das mittlerweile in sechs deutschen Bundesländern, aber beispielsweise auch in Indien eingeführt worden ist [41, 42].

Digitale Medien können zur Schulung dieser Fähigkeiten durch Trainingsprogramme beitragen. Sie können wünschenswertes Verhalten fördern oder auf abträgliche Gewohnheiten hinweisen. Ein noch sehr elementarer digitaler Dienst ist die Analyse der Bildschirmzeit in Apples iOS Version 12, der es u. a. erlaubt, sich selbst Zeitlimits für bestimmte Apps oder bildschirmfreie Zeiten festzulegen. Ein wesentlich weitergehender Dienst, der Erkenntnisse der Positiven Psychologie umzusetzen versucht, ist Happify mit 1,3 Millionen Nutzern im Jahre 2015 [43]. Blankenhagel et al. berichten, dass digitale Stressmanagementsysteme erheblich zur Stressbewältigung und damit zum Wohlbefinden beitragen können [44].

Ein digitaler psychologischer Coach könnte bereits heute auf einen enormen Datenbestand zu einem Individuum zurückgreifen. eMails, Chats, Internetsuchen, besuchte Websites, gekaufte Artikel, Gesundheitsdaten, Leseverhalten, Hautleitwiderstand, Herzfrequenz usw. sagen viel über die psychische Situation eines Menschen aus. Die heute bekannten Apps [45] nutzen dieses Potenzial noch kaum. Wie beim Thema Natur dürfte der Erwartungswert der Umsätze jedoch keine allzu hohen Investitionen in die Entwicklung rechtfertigen. Es ist auch fraglich, ob der Markt einen derartigen Coach bereits akzeptieren würde.

5.2.9 Gemeinschaft

Menschen sind soziale Wesen. Wir brauchen eine Gemeinschaft mit Personen, auf die wir vertrauen können. So bezeichnen sich verheiratete Menschen doppelt so häufig als sehr glücklich als unverheiratete Menschen [2, S. 221]. Jones und Randall [46, S. 6] berichten, dass Freunde auf die Lebensqualität positiv wirken, während Einsamkeit unglücklich macht und sogar zu gesundheitlichen Schäden führen kann. Sicher muss auch bei diesen Studien die Kausalität kritisch geprüft werden. Doch ein Blick auf das Netzwerk der

Bedürfnisse macht diese empirischen Ergebnisse plausibel. Eine Gemeinschaft gibt Sicherheit und verstärkt den Rang wie den Selbstwert.

Ob nun die digitalen Services diese Art von Gemeinschaft verstärken können, ist vielerorts mit dem Ergebnis untersucht worden, dass die digitale Kommunikation das soziale Kapital verstärkt und häufige Nutzer mit ihrem sozialen Leben zufriedener sind. Facebook- und Instagramfreunde oder Tinder-Bekanntschaften stellen wohl keine Beziehungen dar, auf die man sich in schwierigen Lebenssituationen verlassen kann und die den persönlichen Rang in den Gemeinschaften verbessern. Sie ebnen aber den Weg zum Finden von echten Freunden, möglicherweise begünstigen sie mehr flüchtige Beziehungen zu Lasten weniger, aber intensiverer Beziehungen.

Was treibt die Menschen in soziale Netzwerke? Neben dem Bedürfnis nach sozialen Kontakten ist es die potente Möglichkeit zur Selbstdarstellung: Menschen produzieren in Facebook, Instagram, Twitter und anderen Diensten Inhalte zur schnellen und effizienten Kommunikation von Attraktivitätsfaktoren an die eigene Gemeinschaft (Freunde und Follower), seien es Selfies, Urlaubserlebnisse, politische Statements oder Landschaftsaufnahmen, die den „Followern" den Status der Person mit Schönheit, Kraft, Kapital, Freunden und Macht präsentieren. Andererseits können sie auch Konkurrenten schlecht machen (Mobbing). Eugene Wei beschreibt in seinem Blog soziale Netzwerke als „Status as a Service" für „Status-Seeking Monkeys" [47]. Menschen lesen und betrachten die Inhalte, weil sie etwas über die Attraktivität der Mitglieder der Gemeinschaft erfahren wollen, weil sie ihren eigenen Rang in der Gemeinschaft verorten wollen und weil sie damit lernen, welche Werte die Attraktivität („Was ist in?") bestimmen. Gewöhnlich läuft dies nur im Unterbewusstsein ab. Für den Umsatz der Anbieter ist es nützlich, für das Glück der Konsumenten aber gefährlich, wenn sie sich an den vermittelten Werten orientieren. Die Unternehmen erzeugen Bedarf, die Konsumenten entwickeln unrealistische Erwartungshaltungen oder verlieren mindestens an Selbstwert [3, S. 63], wenn sie sehen, was sich andere leisten können oder wie attraktiv und erfolgreich ihre Bezugspersonen sind.

Die riesigen Datenbestände der Megaportale wie Google erlauben es mehr und mehr, das soziale Leben der Menschen zu verstehen. eMails, Chats, Kontaktdaten, Geschenke und Lokationsdaten bis hin zu biometrischen Daten helfen, die Beziehungen zwischen Menschen zu erkennen und zu bewerten. Lernende Algorithmen können die Faktoren, die zu starken und dauerhaften Beziehungen führen, extrahieren und damit die Qualität einer Freundschaft möglicherweise besser als die Menschen selbst vorhersagen. Partnervermittlungsportale wie Parship behaupten, dass sie zu dauerhaften Beziehungen beitragen können.

Die Ziele von Unternehmen und von Konsumenten können gerade beim Thema Gemeinschaft weit auseinanderfallen. Ein Reiseveranstalter zum Beispiel muss Reiseservices verkaufen und nicht die Beziehungen von jungen Paaren vertiefen. Facebook ist an möglichst langer Onlinezeit der Benutzer, nicht an Gemeinschaften in der physischen Welt interessiert.

5.2.10 Sicherheit

Sicherheit ist ein Grundbedürfnis der Selbst- und Arterhaltung, das gerade bei Senioren einen hohen Stellenwert erfährt. Technik jeder Art kann zur gefühlten Sicherheit beitragen, sei es eine Waffe, ein Gebäude oder ein Sicherheitsgurt. Eine umfassendere Sicherheit gewinnen wir allerdings aus der Gemeinschaft, ein Kleinkind in der Familie, ein Schüler in der Klassengemeinschaft, ein Unternehmensführer in seinem Netzwerk von Geschäftskontakten und jeder Bürger durch die staatlichen Sicherheitsorgane. Der individuelle Rang in der Gemeinschaft trägt entscheidend zur Sicherheit bei, denn er bestimmt, wie weit sich andere Mitglieder der Gemeinschaft für das Individuum einsetzen.

Das Sicherheitsbedürfnis wird vielfach durch die Informationstechnik adressiert. Das beginnt mit der Verfügbarkeit des Mobiltelefons und reicht über Kommunikation in fast jeder Lebenssituation bis hin zu umfassenden Sicherheitseinrichtungen in der Wohnung, im Auto, am Arbeitsplatz usw. Sensoren (Bewegung, Sturz, Puls usw.) im und am Körper oder in der Umgebung können gefährliche Situationen erkennen und selbstständig Hilfe anfordern.

Die sinnvolle Auswahl von technischen Möglichkeiten ist eine Herausforderung für den Konsumenten. Dieser kennt das Angebot an digitalen Diensten nicht, kann deren Nutzen schwer einschätzen und ist gewöhnlich mit der Installation und dem Betrieb überfordert. Ein Sicherheitsassistent, der die Gefährdungssituation eines Individuums aus dessen Daten erkennt, kann bis zum Jahre 2030 viele Daten und Funktionen integrieren und so die technische Ausstattung und den Betrieb erleichtern. Die heute verfügbaren Dienste sind aus der Sicht einzelner Komponenten, nicht aber aus der des Konsumenten konzipiert.

5.2.11 Digitaler Glückscoach

Eine Flut von Publikationen liefert zahlreiche, teilweise empirisch belegte Einflussfaktoren auf Glück und Unglück. Auch wenn das Verständnis der Lebensqualität, insbesondere der Zusammenhang zwischen Aktionen und

Gefühlen, heute noch sehr rudimentär ist, verspricht ein bewusstes Verfolgen von Lebensqualität eine höhere Erfolgswahrscheinlichkeit als eine rein intuitive Vorgehensweise. Der Mensch ist jedoch nicht in der Lage, all die wertvollen Hinweise im täglichen Leben zu befolgen. Daher hat sich eine Lifestyle-Industrie herausgebildet, die von Yoga über Glücksschulung bis zu Handbüchern und digitalen Beratern ein reichhaltiges Angebot an Hilfen zur Verbesserung der individuellen Lebensqualität parat hält.

Es ist naheliegend, dem Menschen durch digitale Dienste zu helfen, die Hinweise zur Lebensqualität umzusetzen. Erste Vorboten digitaler Glückscoaches wie etwa die Services „Health" und „Bildschirmzeit" von Apple erfassen u. a. den Puls, den Schlaf, die Trainingsleistungen oder die Nutzungsdauer von Apps. Sie sagen uns noch nicht, was wir tun sollen, machen uns aber auf unser Verhalten aufmerksam und helfen uns unter anderem, bildschirmfreie Zeit einzuplanen. Zusammen mit unseren Vorstellungen über die Lebensqualität wirken diese Analysen ein Stück weit wie Empfehlungen.

Happify, Ginger.io, Ellie und Arya sind Beispiele für Glückscoaches, die etwas weiter gehen. Sie wollen dem Menschen helfen, psychische Belastungen zu erkennen und sein Verhalten zu seinem eigenen Wohle zu verändern. Sie befragen den Benutzer, analysieren sein non-verbales Verhalten (Mimik, Verzögerung bei Antworten etc.), machen Verhaltensvorschläge und dokumentieren seine Fortschritte.

Die im Entstehen begriffenen chinesischen Social-Scoring-Systeme kann man in einem gewissen Sinn als staatlich verordnete Glückscoaches betrachten. Sie belohnen sozial erwünschtes Verhalten (z. B. gemeinnützige Tätigkeiten) und bestrafen unerwünschtes Verhalten (z. B. Verletzung von Verkehrsregeln). Sie reflektieren die Ziele der kommunistischen Partei. Wenn die Partei die Bedürfnisse der Bürger, der Wirtschaft, der Umwelt, letztlich des Staates, erfasst und in Einklang bringt, kann dies positiv zur Lebensqualität der Bürger beitragen. Wenn diese staatliche Steuerung den Machtinteressen einer kleinen Elite dient, führt dies zu historisch bekannten Mustern der Ausbeutung und Unfreiheit.

Die Ziele des Individuums, also eine nachhaltig hohe Lebensqualität, decken sich nicht notwendigerweise mit den Zielen der digitalen Services oder eines Social Scoring. Die Anbieter gratis verfügbarer Dienste wollen ihre Entwicklungs- und Betriebskosten über Werbeeinnahmen, über den Verkauf von Produkten oder durch kostenpflichtige Premiumdienste bezahlt bekommen und einen Gewinn erzielen. Social-Scoring-Systeme können das Zusammenleben der Bürger harmonischer machen und sogar die Kriminalität reduzieren, sie können aber auch die Macht ihrer Auftraggeber stärken, selbst wenn diese die Bedürfnisse der Individuen verletzen. Die digitalen Assistenten werden die Ziele derjenigen verfolgen, die ihre Entwicklung bezahlen und bestimmen. Digitale Dienstleistungen wie Anlageprodukte von Banken, Mobilfunkverträge, Versicherungsangebote oder Bezahlsender im Fernsehen bieten den Konsumenten offensichtlich gewünschte Leistungen, lassen aber kaum Zweifel über die Ziele der Anbieter aufkommen.

> *Auch wenn der umfassende Glückscoach noch viele Jahre eine Vision bleiben wird, müssen wir bereits heute entscheiden, welche Ziele unsere digitalen Assistenten verfolgen sollen, da wir bereits jetzt immer mehr Entscheidungen an diese delegieren.*

Sie helfen uns bei der Suche nach der interessantesten Route auf einer Urlaubsreise, bei der Auswahl der Nachrichten während einer Wahlkampfperiode, beim Kauf eines Surfboards oder eines Vorsorgeproduktes, oder sie geben uns vor, welches Verhalten sozial erwünscht ist.

Die Aufgabe einer Disziplin Life Engineering muss es sein, das Wohlbefinden der Menschen an die oberste Stelle zu setzen, seine Fähigkeiten zur Weiterentwicklung zu stärken, dem Individuum Produkte und Dienstleistungen zu bieten, die seine Lebensqualität tatsächlich und nachhaltig steigern, und gleichzeitig dem Anbieter ein so attraktives Geschäftsmodell ermöglichen, dass dieser in die Entwicklung des Assistenten investiert.

Bereits die genannten Beispiele zeigen, dass die digitalen Glückscoaches und letztlich alle digitalen Assistenten viel zur Lebensqualität des Menschen beitragen können, sie zeigen aber auch, dass das Gewinn- und das Machtstreben der Entwickler zum Unglück der Menschen führen kann. Die Evolution nutzt die Interessen von Kapital und Macht, auch wenn sie damit gegen das Glück der Menschen verstößt. Umgekehrt kann permanentes Glück die technologische und gesellschaftliche Evolution aufhalten. Ein Mensch, der beispielsweise durch elektrische Hirnstimulation ein anhaltend hohes Glücksgefühl empfindet, verliert wahrscheinlich jeden Antrieb zur Weiterentwicklung, also die Motivation für Beruf, Forschung und Lernen. Es sei denn, es wäre durch Hirnstimulation möglich, gleichzeitig das Streben nach Weiterentwicklung zu erhalten. Hirnstimulation steht dabei stellvertretend für beliebige Happifyer wie beispielsweise eine glücksbringende virtuelle Welt.

5.3   Zusammenfassung: Wege zur Lebensqualität

Die AI, jede Informationstechnologie, ja letztlich jede Technologie soll dem Glück der Menschen dienen. Glück und Unglück sind aber die Steuerungsmittel der Evolution, nicht deren Ziel. Die positiven und negativen Abweichungen zwischen Bedürfnis und Bedürfnisbefriedigung sind seit 3,8 Mrd. Jahren die Grundlage der Homöostase [1, S. 40]. Der Mensch verbindet mit jeder Wahrnehmung das Gefühl, was eine Aktion zur Befriedigung seiner Bedürfnisse beiträgt, und passt mit jeder Wahrnehmung sein persönliches Modell der Welt (Wissen) an. Die Hoffnung auf Bedürfnisbefriedigung treibt ihn stärker an als die Befriedigung selbst.

Die Gene bestimmen unsere Grundbedürfnisse, also die Selbst- und Arterhaltung einerseits und die Weiterentwicklung durch Selektion und Lernen andererseits. Die evolutionäre Steuerung des Menschen über seine Bedürfnisse war in der Entwicklungsphase, in der es primär um die Befriedigung der Replikationsbedürfnisse ging, erfolgreich. In einer Überflussgesellschaft treten die Bedürfnisse Gemeinschaft, Ansehen, Macht, Rang, Wissen und Selbstwert in den Vordergrund. Die Selektion mit dem Ziel der Weiterentwicklung, oft unter dem Begriff der Selbstverwirklichung, wird wichtiger als die Grundversorgung und treibt die Anstrengungen zur Differenzierung. Der Mensch in der hochtechnisierten Welt sollte seine Bedürfnisse überdenken, um Fehlsteuerungen wie das Hamsterrad der Differenzierung zu vermeiden.

Die Relativität einer Bedürfnisbefriedigung, die Bedeutung der Hoffnung im Vergleich zur Erfüllung, die Gewöhnung, die Überwindung angeborener Bedürfnisse und das mangelhafte Verständnis der Wirkungen von Aktionen machen eine bewusste Steuerung der Lebensqualität sehr schwierig. Entsprechend vielfältig sind die Ratgeber und die Ratschläge, von der Ruhe in der Natur über virtuelle Welten bis hin zur positiven Psychologie und zur religiösen Meditation.

Wenn wir die Technologie zum Wohle der Menschheit entwickeln wollen, müssen wir verstehen lernen, was Hedonia und Eudaimonia hervorruft. Das Verständnis des Zusammenhanges zwischen Aktionen des Menschen und dem daraus resultierenden Glück ist zwar Gegenstand zahlreicher Studien verschiedener Disziplinen, ist aber noch sehr bruchstückhaft und unsicher. Die neuen technologischen Möglichkeiten, beispielsweise die objektivierte Messung physiologischer Indikatoren für die Lebensqualität über die Sensorik und ihre Auswertung mittels maschinellem Lernen helfen, die Wirkung-szusammenhänge besser zu verstehen. Im Moment sind die Erwartungen daran wahrscheinlich höher als die realistischen Potenziale der nächsten 10 bis 20 Jahre. Kap. 7 beschreibt Themen der Forschung auf dem Gebiet des Life Engineering, welche die neuen Möglichkeiten der Technologie im Jahre 2030 – so weit heute erkennbar – einbeziehen.

Wenn wenigstens partiell operationale Modelle der Lebensqualität, bei-spielsweise im Bereich gesunder Ernährung oder hormoneller Steuerung, ver-fügbar sind, können digitale Assistenten zu einer höheren Lebensqualität beitragen und durch Erfolgsmessung ihr Modell unseres Wohlbefindens weit-erentwickeln. Bis zum umfassenden Lebensassistenten ist es aber noch ein sehr weiter Weg.

Wichtiger ist, bereits heute für alle Formen maschineller Assistenz die Frage nach der Wirkung auf die Lebensqualität zu stellen. Je mächtiger die Werk-zeuge werden und je mehr Entscheidungen wir an diese delegieren, desto dringender wird es, der maschinellen Intelligenz Ziele zu setzen, die dem Wohle der Menschen dienen. Das wird nicht erst zum Thema, wenn die mas-chinelle Intelligenz zur Superintelligenz wird, sondern schon jetzt: Wir ver-wenden bereits in allen Lebensbereichen digitale Assistenten und lassen die Maschinen immer mehr Entscheidungen für uns treffen.

Weil jeder Entwicklungsvorsprung die Marktstellung verbessert, steuert das Kapital die technologische Entwicklung weitgehend im Sinne der Evolu-tion. Wir haben zu entscheiden, wo die Ziele der Evolution und der Men-schen kongruent und wo sie konkurrierend sind und wie wir die soziotechnische Evolution in den Dienst der Lebensqualität stellen.

Bei der Auseinandersetzung mit dieser und den oben erwähnten Fragen und Aussagen steht uns vielfach die Emotion im Wege. Oder kannst du dir vorstellen, die Evolution zu Lasten des Glücks als oberstes Ziel zu akzeptieren? Verzichtest du auf deine Entscheidungsfreiheit, selbst wenn du weißt, dass die Maschine besser im Sinne deines Glücks entscheidet? Gehst du bei strahlen-dem Sonnenschein ohne Regenschirm aus dem Haus, wenn die maschinelle Wettervorhersage ein Gewitter in der nächsten halben Stunde ankündigt?

Die Überlegungen zum Thema Glück klingen vorschnell, zu wenig fun-diert und unwissenschaftlich im Sinne von Evidenz, sie sind aber äußerst real-istisch.[5] Die Welt wartet nicht, bis wir unsere Antworten statistisch signifikant begründen können. Wenn wir den aktuellen Entwicklungsstand der maschi-

---

[5] Manche Wissenschaftler werden mich für meine unscharfe Modellierung und die daraus abgeleiteten Folgerungen wahrscheinlich am liebsten kreuzigen wollen. Dafür stehe ich zur Verfügung, wenn sie in der Lage sind, exakte und fundierte Antworten auf die drängenden Fragen auf Basis ihrer Forschung zu liefern.

nellen Intelligenz zurückgelehnt betrachten, laufen auf der einen Seite viele Entwicklungen, meist ohne böse Absicht, zum Schaden der Lebensqualität, und warten auf der anderen Seite Chancen auf eine noch nie dagewesene Lebensqualität.

Literatur

1. Damasio, A. R. (2018). *The strange order of things: Life, feeling, and the making of cultures.* New York: Pantheon Books.
2. Davidson, R. J., & Schuyler, B. S. (2015). Neuroscience of happiness. In J. F. Helliwell, R. Layard, & J. Sachs (Hrsg.), *World happiness report 2015* (S. 88–105). New York: Sustainable Development Solutions Network.
3. OECD. (2019). How's life in the digital age? Opportunities and risks of the digital transformation for people's well-being. https://www.oecd-ilibrary. org/9789264311800-en.pdf?expires=1555916044&id=id&accname=ocid1956 58&checksum=F8EBF6B177E0D7DDFF431B3F48C310E2. Zugegriffen am 02.03.2019.
4. OECD. OECD better life index. http://www.oecdbetterlifeindex.org/. Zugegriffen am 29.04.2019.
5. Linden, D. J. (2012). *Pleasure: How our brains make junk food, exercise, marijuana, generosity, and gambling feel so good.* London: Oneworld Publications.
6. Berridge, K. C., & Robinson, T. E. (1999). What is the role of dopamine in reward: Hedonic impact, reward learning, or incentive salience? *Brain Research Reviews, 28*(3), 209–369.
7. Alter, A. (2018). *Irresistible: The rise of addictive technology and the business of keeping us hooked.* New York: Penguin Books.
8. Scheu, R. (03. April 2019). Donald Trump handelt für meinen Geschmack viel zu wenig disruptiv. *NZZ*, Zürich, S. 36.
9. Ariely, D. (2008). *Predictably irrational. The hidden forces that shape our decisions.* New York: Harper Collins Publishers.
10. Rist, M. (2019). Singapur stellt Big Data über die Privatsphäre. *NZZ*, Zürich, S. 27.
11. Eggers, D. (2013). *The circle.* San Francisco: McSweeney's Books.
12. Jacobi, F. (2009). Nehmen psychische Störungen zu? *Report Psychologie, 34*(1), 16–22.
13. Garg, P., & Glick, S. (2018). AI`s potential to diagnose and treat mental illness. *Harvard Business Review.* https://hbr.org/2018/10/ais-potential-to-diagnose-and-treat-mental-illness. Zugegriffen am 16.10.2019.
14. Marschall, J., Hildebrandt, S., & Nolting, H.-D. (2019). *Gesundheitsreport 2019 – Analyse der Arbeitsunfähigkeitsdaten Alte und neue Süchte im Betrieb.* Hamburg: DAK-Gesundheit.

15. Headey, B., Schupp, J., Tucci, I., & Wagner, G. (2008). Authentic happiness theory supported by impact of religion on life satisfaction – A longitudinal analysis with data for Germany 151 SOEPpapers on multidisciplinary panel data research at DIW Berlin. DIW Berlin. SOEP Papers Multidisciplinary Panel Data Research.
16. Watzlawick, P. (1983). *Anleitung zum Unglücklichsein*. München: Piper.
17. Myers, D. G., & Diener, E. (2018). The scientific pursuit of happiness. *Perspectives on Psychological Science, 13*(2), 218–225.
18. Oguz, S., Merad, S., & Snape, D. (2013). Measuring national well-being – What matters most to personal well-being? https://webarchive.nationalarchives.gov.uk/20160105231902/http://www.ons.gov.uk/ons/rel/wellbeing/measuring-national-well-being/what-matters-most-to-personal-well-being-in-the-uk-/art-what-matters-most-to-personal-well-being-in-the-uk-.html. Zugegriffen am 14.05.2019.
19. Abraham, A., Sommerhalder, K., & Abel, T. (2009). Landscape and well-being: A scoping study on the health-promoting impact of outdoor environments. *International Journal of Public Health, 70*, 59–69.
20. Menatti, L., & da Rocha, A. C. (2016). Landscape and health: Connecting psychology, aesthetics, and philosophy through the concept of affordance. *Frontiers in Psychology 7571, 70*, 1–17.
21. Hunter, M. R., Gillespie, B. W., & Chen, S. Y.-P. (2019). Urban nature experiences reduce stress in the context of daily life based on salivary biomarkers. *Frontiers in Psychology, 10*, 722.
22. Terry, N., & Margolis, K. G. (2017). Serotonergic mechanisms regulating the GI tract: Experimental evidence and therapeutic relevance. *Handbook of Experimental Pharmacology, 239*, 319–342.
23. Harari, Y. N. (2015). *Homo deus. A brief history of tomorrow*. New York: Harper Collins Publishers.
24. Yaden, D. B., Eichstaedt, J. C., & Medaglia, J. D. (2018). The future of technology in positive psychology: Methodological advances in the science of well-being. *Frontiers in Psychology, 9*(June), 1–11.
25. Kantor, E. D., Rehm, C. D., Haas, J. S., Chan, A. T., & Giovannucci, E. L. (2015). Trends in prescription drug use among adults in the United States from 1999–2012. *JAMA – Journal of the American Medical Association, 314*(17), 1818–1831.
26. CDC. (2018).Prescription opioid data. *Center for Disease Control and Prevention*. https://www.cdc.gov/drugoverdose/data/prescribing.html. Zugegriffen am 11.12.2018.
27. Kessler, C. (2017). *Glücksgefühle. Wie Glück im Gehirn entsteht und andere erstaunliche Erkenntnisse der Hirnforschung*. München: Bertelsmann.
28. Yuste, R., Goering, S., Arcas, B. A. y., Bi,G., Carmena, J. M., Carter, A., Fins, J. J., Friesen, P., Gallant, J., Huggins, J. E., Illes, J., Kellmeyer, P., Klein, E.,

Marblestone, A., Mitchell, C., Parens, E., & Mi. (2017). Four ethical priorities for neurotechnologies and AI Artificial, S. 1–8.

29. Meckel, M. (2018). *Mein Kopf gehört mir. Eine Reise durch die schöne neue Welt des Brainhacking.* München: Piper.

30. Weiss, C. I. (2017). *Neuronale Korrelate von Pornographiekonsum.* Berlin: Charité – Universitätsmedizin.

31. Benesch, C. (2009). *The economics of television consumption.* Zurich: University of Zurich.

32. Vögeli, D. (08. September 2018). Suizidhilfe auch für Gesunde? *NZZ*, Zürich.

33. ERAS. (2018). Echtes Recht auf Selbstbestimmung. https://www.verein-eras.ch/de/home. Zugegriffen am 20.10.2018.

34. Grinde, B. (2002). *Darwinian happiness. Evolution as a guide for living and understanding human behavior.* Princeton: The Darwin Press.

35. Lyubomirsky, S. (2007). *The how of happiness. A new approach to getting the life you want.* New York: Penguin Books.

36. Esch, T. (2013). *Die Neurobiologie des Glücks.* Stuttgart: Georg Thieme.

37. Killingsworth and Matt. (2013). Mindfulness mind audio. *Greater Good Magazine.* https://greatergood.berkeley.edu/article/item/does_mind_wandering_make_you_unhappy#thank-influence. Zugegriffen am 19.11.2018.

38. Lyubomirsky, S., Sheldon, K. M., & Schkade, D. (2005). Pursuing happiness: The architecture of sustainable change. *Review of General Psychology, 9*(2), 111–131.

39. Kováč, L. (2012). The biology of happiness. Chasing pleasure and human destiny. *EMBO Reports, 13*(4), 297–302.

40. Headey, B. (2007). *The set-point theory of well-being needs replacing – On the brink of a scientific revolution?* (Discussions Papers) Berlin, 753.

41. Fritz-Schubert, E. (2012). *Schulfach Glück. Wie ein neues Fach die Schule verändert.* Freiburg im Breisgau: Herder.

42. Baier, C. (2018). Schulfach Glück. *Focus Mazin.*

43. Sterbenz, C. (November 2015). I tried a startup that claims to make 86% of users happier – Here's the science behind it. *Business Insider Deutschland.*

44. Zarnekow, R., & Witte, A. -K. (2019). Transforming personal healthcare through technology – A systematic literature review of wearable sensors for medical application. In *Proceedings of the 52nd Hawaii International Conference on System Sciences (HICSS)*, S. 1–10. Grand Wailea.

45. Shelton, J. Top 25 best mental health apps: An effective alternative for when you can't afford therapy? *Psycom.* https://www.psycom.net/25-best-mental-health-apps. Zugegriffen am 11.12.2018.

46. Jones, R., & Randall, C. (2012). *Measuring national well-being: Life in the UK* (S. 1–52). London: Office for National Statistics.

47. Wei, E. (2019). Status as a Service (StaaS). www.eugenewei.com. https://www.eugenewei.com/blog/2019/2/19/status-as-a-service. Zugegriffen am 07.03.2019.

6

Konsequenzen für Individuen, Unternehmen und Gesellschaft

Der Mensch nutzt im Jahre 2030 digitale Dienste (siehe Abb. 6.1) in allen Lebensbereichen (siehe Abb. 2.1). Die Dienstanbieter erfassen auf diese Weise ein **immer umfassenderes, detaillierteres und aktuelleres digitales Abbild** des Menschen. Im Jahre 2030 werden aktive digitale Assistenten diese Daten nutzen, um dem Menschen auch ohne sein Zutun viel mehr Aufgaben als heute abzunehmen und individualisierte Handlungsempfehlungen zu geben.

Die Bedürfnisse Kapital und Macht treiben die Evolution und steuern den Menschen zunehmend in diesem Sinne. Je mehr die Dienste über einen Konsumenten wissen, desto besser können sie ihn unterstützen. Je mehr der Konsument die Dienste nutzt, desto besser verstehen sie ihn. Das ist eine begrüssenswerte Situation, solange die Ziele des Dienstanbieters und des Konsumenten die gleichen sind, aber gefährlich, wenn die Ziele auseinanderlaufen.

Data Analytics und lernende Algorithmen werten die Daten von Milliarden von Menschen aus, um Muster zu erkennen und ein **Weltmodell** zu bilden, das die Personendaten mit Geodaten, Produktdaten, Unternehmensdaten usw. verbindet. Google weiß nicht nur, wonach ich suche, sondern kennt auch das Restaurant in meiner aktuellen Nähe, kennt die Öffnungszeiten, kann mich telefonisch verbinden und in naher Zukunft sogar für mich buchen.

Die digitalen Dienste generieren das Kapital und die Macht, um auf Basis des Weltmodells weiter entwickelt zu werden. Zusammen mit anderen Technologien wie der Gentechnik bringt die Evolution die Menschheit gemäß Tegmark nach der biologischen Phase, die von den Grundbedürfnissen bestimmt war, und der kulturellen Phase, in der wir mit unserem Wissen die

© Springer Fachmedien Wiesbaden GmbH, ein Teil von Springer Nature 2020
H. Österle, *Life Engineering*, https://doi.org/10.1007/978-3-658-28335-3_6

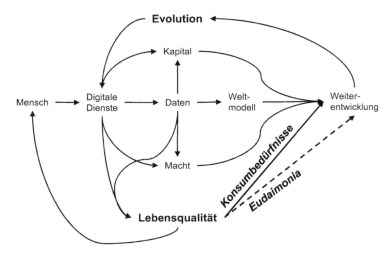

Abb. 6.1 Verankerung der Lebensqualität in den digitalen Diensten

Welt zu gestalten begannen, in die **technologische Phase**, in der wir unsere eigene Hardware und Software weiterentwickeln [1, S. 29]. Bis zum Jahr 2030 werden wir deutlich sichtbare Schritte auf diesem Weg gemacht haben.

Die Evolution hat durch Technisierung und Kapitalismus einen hohen Lebensstandard für einen zunehmenden Teil der Weltbevölkerung geschaffen und damit deren Replikationsbedürfnisse weitgehend befriedigt. In einer Gesellschaft, in der die Grundbedürfnisse in hohem Maße befriedigt sind, steuern uns mehr und mehr die Bedürfnisse der Weiterentwicklung, also der Erwerb von Wissen und die Differenzierung. Die digitalen Dienste setzen auf jenen Teil der Bedürfnisse, der am meisten Umsatz und Deckungsbeitrag generiert, und vernachlässigen die Bedürfnisse eines sinnerfüllten guten Lebens. Sie bedienen primär die hedonistischen Konsumbedürfnisse (vor allem Differenzierung) und achten kaum auf die Eudaimonia, da sie wenig Umsatz bringt. Um es in einer geradezu klassenkämpferischen Sprache zu sagen: Die maschinelle Intelligenz führt dich über das süße Gift der Bequemlichkeit und des Konsumerismus in die Abhängigkeit von globalen Monopolen und deren Algorithmen im Dienste des Kapitals.

Das Kapital steuert die Marktwirtschaft im Sinne der soziotechnischen Evolution. Das Ziel der Evolution scheint Wissen und Intelligenz zu sein, das Ziel der Menschen dagegen Hedonia und Eudaimonia. Wenn das Gros der AI-Forscher recht hat, wird die Superintelligenz und damit die Singularität erst in 70 Jahren eintreten; dann lohnt es sich, das Leben bis dahin so gut wie möglich zu gestalten. Da wir der maschinellen Intelligenz unsere Werte und das Wohlergehen der Menschen als Steuerungsprinzip mitgeben wollen, müssen wir vorher verstehen, was Lebensqualität überhaupt ausmacht. Ob wir die Superintelligenz darauf verpflichten können, ist allerdings fraglich.

Wenn das Ziel der Menschen das Glück ist, müssen wir die **Lebensqualität**, insbesondere die **Eudaimonia**, in den digitalen Diensten verankern. Dazu müssen wir noch besser verstehen lernen, was Lebensqualität ausmacht und wie digitale Assistenten dazu beitragen können. Doch die Mechanismen der Lebensqualität zu verstehen ist eine heroische Zielsetzung. Die in unseren Genen angelegten und in der Erziehung erlernten Bedürfnisse, vor allem die der Differenzierung, zu überwinden, um die beschriebenen Fehlsteuerungen durch die Evolution zu vermeiden und durch bewusste und rationale Schritte (Happifyer) die Lebensqualität zu verbessern, ist vermutlich die noch größere Herausforderung.

Sinnesreize und Gedanken sind die Auslöser von Glück und Unglück (siehe Abb. 4.1). Sie sind kein objektives Abbild der Realität, sondern subjektive Wahrnehmungen. Die Aufgabe des Life Engineering ist es, dem Menschen Wahrnehmungen zu vermitteln, die ihn glücklich machen, auch wenn die Wahrnehmungen nicht aus der Realität, sondern aus der virtuellen Welt von Videospielen kommen, solange sie zu Hedonia und Eudaimonia führen. Eine Aussage, mit der viele von uns emotional größte Mühe haben werden. Das ist nur ein Beispiel für die Schwierigkeiten, die eine Disziplin Life Engineering zu überwinden hat.

Millionen von Forschern und Entwicklern bemühen sich seit vielen Jahren darum, im Sinne von Milton Friedman mit Informationstechnik den Unternehmenswert zu steigern. Im Vergleich dazu haben sich die Wissenschaft und die Wirtschaft bisher kaum damit beschäftigt, durch die Technologie die Lebensqualität der Menschen nachhaltig zu steigern. Wenn die bisherigen Überlegungen zu den digitalen Diensten und zur Lebensqualität richtig sind, brauchen wir dringend ein **Life Engineering**,[1] das die technologische Entwicklung systematisch auf das Wohl der Menschen ausrichtet, anstatt sie dem Zufall und der Intuition oder allein dem Kapital zu überlassen. Im Moment neigen wir dazu, in Anbetracht der Komplexität und Emotionalität des Themas den Kopf in den Sand zu stecken.

Es ist nach Wegen zu suchen, wie wir das Ziel der Evolution, der wir vor allem über die Bedürfnisse Kapital und Macht sowie Selbstwert dienen, mit einer hohen Lebensqualität der Menschen verbinden können. Es gibt ausreichend Belege dafür, dass Menschen, Unternehmen und Gesellschaften, die

---

[1] Nicht zu verwechseln mit Life Science, die sich mit den biologischen Vorgängen aller Arten des Lebens auseinandersetzt.

nicht durch Weiterentwicklung konkurrenzfähig bleiben, in relative Armut und vor allem Abhängigkeit geraten.

> *Solange es keinen besseren Steuerungsmechanismus als den Kapitalismus gibt, brauchen wir ihn, müssen ihn aber um die Lebensqualität erweitern, also eine Weiterentwicklung zu einer* **humanen Marktwirtschaft** *schaffen.*

Um nicht zu abstrakt zu werden, beschreibt das aktuelle Kapitel zunächst konkrete Aufgaben für die Individuen, die Unternehmen (inkl. anderer Organisationen) und die Gesellschaft, die sich aus den digitalen Konsumentendiensten im Jahre 2030 und den Erkenntnissen zur Lebensqualität ergeben. Danach umreißt Kap. 7 eine Disziplin Life Engineering, welche die Grundlagen für eine systematische Entwicklung zum Wohle der Menschen erarbeiten soll.

6.1   Individuum

Das Individuum sollte wissen, was seine Hedonia und Eudaimonia ausmacht und welche digitalen Dienste dazu positiv oder negativ beitragen. Tatsächlich versteht der Mensch wenig von der Lebensqualität und wenig von den digitalen Diensten und ihren Folgen.

6.1.1   Digitale Dienste nutzen lernen

Die Bereitschaft, digitale Dienste und deren Konsequenzen verstehen zu lernen, kann man am besten daran ablesen, wie viel Zeit wir in das Studium einer Bedienungsanleitung oder der Allgemeinen Geschäftsbedingungen investieren: möglichst null. Wir verlangen grundsätzlich eine intuitive Bedienung, also ohne neue, über das Gewohnte hinausgehende Konzepte lernen zu müssen. Die digitalen Dienste sind nicht einfacher zu beherrschen als ein Auto, die Folgen einer falschen Verwendung sind aber nicht so augenfällig.

Der Mensch muss als erstes die von ihm verwendeten **digitalen Dienste auswählen**. Die Menschen haben keinen Überblick über das Angebot an digitalen Diensten, verstehen die Funktionen dieser Dienste unzureichend und merken kaum, ob ein Dienst zu ihrem Glück oder Unglück beiträgt. Je mehr persönliche Daten ein Dienstanbieter nutzen kann, desto besser ist er in der Lage, den Konsumenten in seinem Sinne zu beeinflussen, doch ist sich der Konsument bei der Zustimmung zu den Allgemeinen Geschäftsbedingungen dessen kaum bewusst.

Der nächste Schritt ist der **richtige Umgang** mit den ausgewählten Diensten. Selbst das altvertraute eMail und die verschiedenen Formen von Kurznachrichten können den Arbeitsalltag und die Freizeit eines Menschen massiv stören. Wenn das Technikmagazin „Wired" einen Beitrag unter der Überschrift „Turn off your Push Notifications. All of them." publiziert, sollte dies zu denken geben. Ein durchschnittlicher Smartphone-Nutzer in den USA erhält 46 Push Notifications pro Tag [2], also etwa 3 pro Stunde, wenn man von 16 Stunden Verfügbarkeit ausgeht. Jede Push Notification unterbricht einen Gedankengang und erschwert somit jede grundsätzliche Überlegung oder das Lösen größerer Aufgaben. Das bedeutet zunehmenden Stress durch unbewältigte Aufgaben und in vielen Fällen unzureichende Arbeitsqualität. Der Nutzer beantwortet auch in seiner Freizeit geschäftliche Nachrichten und verliert damit die Trennung von Anspannung im Beruf und Entspannung in der Freizeit. Die Menschen in der Umgebung eines digital Kommunikationssüchtigen leiten aus seinem Verhalten ihre relative Bedeutungslosigkeit ab und leiden im Bedürfnis Selbstwert. Die Kommunikation persönlicher Themen über eMail oder Sofortnachrichten neigt zur emotionalen Eskalation, die durch ein Gespräch von Angesicht zu Angesicht vermieden werden könnte.

Der Mensch verbringt viel Zeit mit der Suche, Installation, dem Erlernen und fortdauernden **Unterhalt** von digitalen Diensten. Er erlebt auch im Privatleben Stress durch nicht funktionierende Dienste, durch vergessene Passwörter, durch verlorene Dateien oder durch das Prüfen von Abbuchungen von seinem Bankkonto. Man denke nur an den Zeitaufwand beim Austausch veralteter Hardware durch neue, sei es beim Mobiltelefon oder beim Personal Computer. Peter Thiel, ein renommierter und erfolgreicher Internet-Unternehmer, stellt deshalb provokativ sogar den Effizienzgewinn durch die digitalen Dienste in Frage [3].

Auf der anderen Seite will der Konsument die **Segnungen digitaler Dienste** nutzen können. Er soll elektronisch kommunizieren (eMail, Messaging, Telefonie, Videokommunikation), Bücher, Zeitungen, Fotosammlungen, Spiele und Streamingdienste nutzen, Bezahl- und andere Bankdienstleistungen verwenden und mit Behörden effizient verkehren können. Gleichzeitig soll er die Informationen aus dem Internet beurteilen können, von den Ergebnissen einer Suche im Netz bis zu sozialen Netzwerken und Blogs.

Schließlich müssen die Menschen die technischen Fähigkeiten lernen, die der Beruf von ihnen verlangt. Selbst wenn die Schulen ihre Aufgabe in der technischen Ausbildung perfekt wahrnähmen, müssten Berufstätige doch laufend die neuen Entwicklungen mindestens in ihrem Tätigkeitsgebiet verfolgen und sich in vielen Fällen in neue Berufsbilder mit hohem Technikanteil einarbeiten, wenn Maschinen ihren bisherigen Beruf ganz oder teilweise übernehmen.

Das Individuum braucht eine gründliche **Ausbildung in der Technik**, um die Möglichkeiten der maschinellen Intelligenz zu seinem Vorteil nutzen und Gefahren vermeiden zu können. Wichtige Themen sind die notwendigen digitalen Dienste, die Privatheit der Daten, die Authentifizierung und Autorisierung, die Gefahr von Schadsoftware, die finanzielle Belastung durch Abonnements u. Ä. sowie nicht zuletzt die eigene IT-Administration.

6.1.2 Lebensqualität lernen

Viel schwieriger als die Beherrschung der Technik ist die Beherrschung des Verhaltens und der Bedürfnisse, also der Lebensqualität. Versucht jemand einem erwachsenen Menschen Lebensqualität zu erklären, stößt er auf massive Ablehnung und wird ggf. als leicht verrückt und indiskret, mindestens aber als abgehoben abgetan. Wir rennen lieber mit all unserer Energie im Hamsterrad der Evolution, suchen Gelegenheiten zur Differenzierung und laufen ihnen hinterher. Das kann der Abschluss einer Berufsausbildung sein, die uns überfordert, der Aufstieg in eine berufliche Stellung, der wir nicht gewachsen sind, ein perfekter Körper, den wir grundsätzlich alle nicht haben, oder eine musikalische Fertigkeit, die wir nie erreichen werden. Wir kaufen Konsumgüter, die uns schon am Tag nach dem Kauf mehr belasten als beglücken, und vergleichen uns, in der Regel unbewusst, mit Freunden oder Feinden auf Gebieten, in denen diese uns dauerhaft überlegen sind.

> Die Menschen brauchen eine **Glücksschulung**, die ihnen hilft, einen persönlichen Lebenssinn zu finden, realistische Ziele zu setzen, auf eine nachhaltige Work-Life-Balance zu achten und ihren Selbstwert zu stärken.

Work-Life-Balance ist ein besonders schwieriger Akt: Wenn der Mensch einen Teil seines Lebenssinnes im Beruf sieht, wird er mit sich nur dann zufrieden sein, wenn er wenigstens auf einem Teilgebiet eine Leistung liefert, die ihn stolz macht. Das gelingt aber nur, wenn er gleich viel oder mehr als seine Vergleichspersonen investiert oder talentierter ist. Wer in der Wahrnehmung der Gemeinschaft weniger als seine Kollegen leistet, wird von diesen dominiert. Das bedeutet Verlust von Rang und Selbstwert. Wer aber zu viel seiner Zeit in seinen Beruf (oder sein Hobby) einbringt, läuft Gefahr, die übrigen Einflussgrößen auf seine Lebensqualität, allen voran Familie und Freunde, zu vernachlässigen. Wenn ein Mensch seinen Selbstwert primär aus dem Beruf bezieht, braucht er nach seiner Pensionierung eine adäquate, sinnstiftende Tätigkeit, beispielsweise in einer Teilzeitbeschäftigung im angestammten Tätigkeitsfeld oder eine Aufgabe im bürgerschaftlichen Engagement [4].

Könnte man das Selektionsbedürfnis, also die Bedürfnisse Selbstwert, Rang, Macht und Aussehen mit einer Genschere stilllegen, würden wir schlagartig aus dem Hamsterrad der Differenzierung aussteigen, gleichzeitig aber vermutlich den Antrieb zu jeder Leistung, die über die Arterhaltung hinausgeht, verlieren. Menschen, die wir als besonders erfolgreich bezeichnen, sind fast immer solche, welche ihr Bedürfnis nach Differenzierung, also zur Selektion in der Evolution, vor ihre Eudaimonia gestellt haben. Die Gewinner erreichen darüber Eudaimonia, die viel größere Zahl der Verlierer Disdaimonia. Work-Life-Balance bedeutet, Differenzierungsbedürfnisse und eigene Lebensqualität bewusst in Balance zu halten.

Jedes Individuum kann versuchen, Fehlsteuerungen der Evolution zu vermeiden und glücklich machende Verhaltensweisen (Happifyer) zu verstärken. Die dafür nötigen Entscheidungen können wir implizit oder explizit treffen. Entscheidungen wie die Preisgabe von persönlichen Informationen, die Nutzung eines Internetproviders und die Befolgung einer Therapie fallen häufig implizit und spontan, weil der Mensch schwierigen Entscheidungen gerne ausweicht. Es wird auch digitalen Assistenten schwerfallen, den Menschen zu expliziten Festlegungen zu bringen, wie das beispielsweise die Anti-Depressions-App Arya versucht, die dem Benutzer 150 Vorschläge für Aktivitäten macht und ihn zur Auswahl und Umsetzung auffordert.

Digitalisierte Therapien zur Bekämpfung von Adipositas sind ein eindrückliches Beispiel für dieses Dilemma. Adipöse Menschen sind sich des Problems der Fettleibigkeit bewusst, halten aber ihre Therapie nicht dauerhaft durch und schaden damit ihrer Lebensqualität. Die Experimente mit einem Therapieassistenten belegen, dass die Gewichtsabnahme eindrücklich ist, solange die Therapie befolgt wird, dass aber das Bedürfnis nach Genuss von hochkalorigen Speisen und nach Bequemlichkeit statt anstrengender Bewegung häufig zu stark ist. Die kurzfristige Hedonia dominiert die Eudaimonia und schadet längerfristig auch der Hedonia (z. B. schmerzfreie Beweglichkeit) [5].

Warum arbeite ich seit Jahren an diesem Thema und fasse die Erkenntnisse in dieser Abhandlung zusammen? Welche Bedürfnisse treiben mich? Erwarte ich Einkommen aus der Publikation (Bedürfnis Kapital)? Vielleicht bewegt mich das Bedürfnis der Arterhaltung, die Lebensqualität der Nachkommen? Ein anderer Antrieb könnte das Streben nach Wissen, nach dem Verstehen von Zusammenhängen und das Ableiten von Lösungen zur Verbesserung der Lebensqualität sein, der sogenannte wissenschaftliche Forscherdrang. Eine weitere Antwort könnte allerdings auch sein, dass ich meiner Gemeinschaft zeigen möchte, welche wissenschaftliche Kompetenz ich mit 70 Jahren noch besitze, somit den ererbten und lebenslänglich gelernten Bedürfnissen nach Rang und Selbstwert folge. Welche Bedürfnisse sollen mein Leben in dieser Phase leiten? Die persönlichen Ziele (Ansprüche) eines Menschen entscheiden wesentlich über die Befriedigung der Bedürfnisse.

6.1.3 Autonomie sichern

Eine emotional besonders stark aufgeladene Frage ist die der **Autonomie** des Individuums, der Delegation von Aufgaben an die digitalen Assistenten und der Freigabe persönlicher Daten. Lieber Leser, entscheide selbst, welche der folgenden Fragen du mit Ja beantwortest. Wie lautet deine spontane emotionale Antwort und wie deine rationale, wenn du sie den Ausführungen zur Lebensqualität gegenüberstellst?

- Nutzt du eine Suchmaschine wie Google, obwohl du nicht weißt, welche Quellen Google auswertet und nach welchen Kriterien Google die Ergebnisse reiht?
- Erlaubst du mit Push Notifications einem digitalen Dienst, zu entscheiden, was für dich wichtig ist (z. B. Sturmwarnungen)?
- Folgst du dem Navigationsdienst im Auto?
- Kaufst du das Anlageprodukt einer Bank, wenn ein Robo-Advisor dies empfiehlt?
- Willst du eine Partnerin kennenlernen, die dir eine elektronische Partnervermittlung vorschlägt?
- Beantwortest du Messages in Facebook, WhatsApp, WeChat usw. innerhalb von fünf Minuten?
- Erlaubst du die Verwendung von Cookies und die Weitergabe deiner Daten von einem Dienst zu einem anderen und damit eine geschicktere Beeinflussung deiner Person?
- Erlaubst du einem digitalen Dienst wie Facebook den Zugriff auf deine Kontakte?
- Verwendest du die Registrierung bei einem digitalen Dienst über ein soziales Netzwerk wie Facebook oder Twitter, auch wenn dieses dadurch seine Datensammlung über dich noch verfeinern kann?
- Vergleichst du dich in deiner Gemeinschaft in den sozialen Netzwerken über die geposteten Fotos?
- Lässt du dir von einem Fitness-Tracker deine Ernährungsweise und deine sportliche Aktivität vorgeben?

- Lässt du einen Gentest etwa von 23 and Me machen, akzeptierst du die Herausgabe deiner innersten Gesundheitsdaten und vertraust du auf die maschinelle Analyse der Genstruktur [6], um beispielsweise die Veranlagung für Demenz frühzeitig zu erkennen?
- Würdest du die Verwendung deiner DNA-Daten durch einen Partnervermittlungsdienst erlauben, wenn dadurch die Erfolgswahrscheinlichkeit einer Beziehung wüchse?
- Erlaubst du dem Kundenberater einer Bank in einem Video-Gespräch den Zugriff auf deine Kamera, wenn du vermutest, dass die Bank deine Mimik auswertet, um die Reaktion auf Aussagen des Beraters genauer zu verstehen?

Die Konsequenzen, die der einzelne Mensch aus dem Gesagten ziehen sollte, lassen sich in zwei Worten zusammenfassen: **Leben lernen**. Ein wichtiger Teil davon ist die Nutzung der digitalen Dienste zum Wohle des Individuums.

6.2   Unternehmen

Das Ziel der Unternehmensführung ist die nachhaltige **Steigerung des Unternehmenswertes**. Die technologisch führenden Unternehmen bestimmen die Entwicklungsrichtung. Betriebswirtschaftslehre und Unternehmensberatung umschrieben die Technisierung zuerst mit dem Begriff Automatisierung (z. B. der Lohnabrechnung), dann mit Redesign der Geschäftsprozesse, seit dem Aufkommen des Internets mit dem schmückenden Beiwort „elektronisch" (z. B. eBanking), seit dem Siegeszug der mobilen Apps mit Digitalisierung und seit den Fortschritten der Data Analytics mit Artificial Intelligence (AI). Millionen von Entwicklern, Beratern, Organisatoren und Unternehmern suchen mit ihrer ganzen Kreativität und Energie nach neuen digitalen Lösungen und dazugehörigen Geschäftsmodellen. Wir müssen akzeptieren, dass nur technologisch und organisatorisch hochstehende Unternehmen im Wettbewerb dauerhaft bestehen, damit den wirtschaftlichen Wohlstand der Gesellschaft gewährleisten und Raum für die Steigerung der Lebensqualität schaffen können.

Auch wenn es den Überlegungen zur Lebensqualität zuwiderzulaufen scheint, ist hier nur die Sicht der Unternehmen, nicht die der Konsumenten einzunehmen. Unternehmen haben zu prüfen, wie sie die Lebensqualität für ihre Unternehmensziele nutzen können. Ich fokussiere im Folgenden auf diesen Aspekt und verweise daher für die allgemeinen unternehmerischen Potenziale der maschinellen Intelligenz beispielsweise auf Hess [7] oder Gassmann [8]. Spezifisch für Geschäftsmodelle aus dem Internet der Dinge präsentieren Fleisch et al. zahlreiche Hinweise [9].

Eine Disziplin Life Engineering soll Unternehmen Antworten auf folgende Fragen liefern:

* Welche Opportunitäten und Bedrohungen entstehen aus dem Konsumentenszenario im Jahre 2030?
* Welche Bedürfnisse der Menschen kann das Unternehmen befriedigen?
* Welche Transformationsschritte muss das Unternehmen gehen?

6.2.1 Fähigkeiten zum Entwickeln digitaler Dienste

Zuerst ist zu bedenken, dass die Menschen, die ein mangelndes **Verständnis von Technik und Lebensqualität** besitzen, nicht nur Konsumenten, sondern auch Mitarbeiter sind. Unternehmen brauchen Mitarbeiter, die die Welt des Konsumenten technisch und menschlich verstehen. Nur diese sind in der Lage, die Opportunitäten und die Bedrohungen des Jahres 2030 zu erkennen und unternehmerische Lösungen zu entwickeln. Solange der bestehende Wohlstand es nicht nötig macht, Anstrengungen zum Verstehen von Technik und Lebensqualität in Kauf zu nehmen, technische Ignoranz sogar als Zeichen von Überlegenheit gilt, sind von diesen Mitarbeitern wenig geschäftliche Innovationen zu erwarten.

Unternehmen setzen sich teilweise stark für die Förderung der sog. MINT-Fächer (Mathematik, Informatik, Naturwissenschaften und Technik) ein, tun in vielen Ländern aber noch nicht genug, um zumindest die Menschen in ihren Regionen auf die Anforderungen des technologischen Wettbewerbs vorzubereiten. Ein grundlegender Schritt ist, die **Berufsbilder des Informationszeitalters** zu erklären. Woher sollen der Sohn einer Verkäuferin, die Tochter eines Rechtsanwaltes oder ein Lehrer wissen, was ein Mitarbeiter in der Qualitätsprüfung medizinischer Geräte oder ein Verkäufer digitaler Services in der täglichen Arbeit tun oder wie ein Sanitärinstallateur mit dem Architekten kommuniziert? Warum soll er sich den Anforderungen eines MINT-Faches stellen, wenn er mit Technikberufen überwiegend negative Einschätzungen (z. B. Programmierknecht) verbindet? Das Schulsystem kann die Vielfalt der neuen Berufe weder ausreichend schnell erfassen noch überzeugend vermitteln.

6.2.2 Vom Anbieter- zum Konsumentenparadigma

Die Unternehmen haben meist eine Inside-out-Sicht auf die Konsumenten. Die **Customer Journey Map** [7, Pos. 2443], wie sie beispielsweise mit dem „Touchpoint Dashboard" von Strativity [10] in sehr elaborierter Form eingesetzt wird, um die Qualität der Kundenbeziehung zu untersuchen und Ansatzpunkte zur Verbesserung zu finden, geht von den Touchpoints des eigenen Unternehmens aus, also den Gelegenheiten, zu denen das Unternehmen mit dem Konsumenten zusammentrifft. Der Konsument möchte natürlich mit einem Unternehmen reibungslos zusammenarbeiten, viel wichtiger ist ihm aber, die Aufgaben des täglichen Lebens umfassend und unabhängig von einem einzelnen Unternehmen befriedigend zu erledigen.

Manche Banken haben es geschafft, die Suche, die Auswahl, die Finanzierung und den Bezug einer Wohnung auf einem Immobilienportal zusammenzufassen, ein beachtlicher Fortschritt für Unternehmen, die eigentlich nur Hypothekenkredite verkaufen wollen. Das Ziel des Konsumenten ist aber ein umfassenderes: Er wil seine Vorstellung von Wohnen verwirklichen. Die damit verbundenen Bedürfnisse bestimmen seine Gefühle mit dem Ist-Zustand und dem erhofften Soll-Zustand. Seine Wahrnehmung von der Qualität des Wohnquartiers, die Distanz zum Arbeitsplatz und zum Einkauf und selbstverständlich die finanzielle Belastung müssen mit seinen Bedürfnissen und Möglichkeiten übereinstimmen. Er versucht, die Komplexität, die aus Geschäftsbeziehungen mit einer Vielzahl unterschiedlicher Unternehmen entsteht, möglichst klein zu halten. Unternehmen, die einen Wohnassistenten anbieten wollen, müssen von den Bedürfnissen der Bewohner ausgehen, nicht von den Fähigkeiten des eigenen Unternehmens. Sie müssen einen Paradigmenwechsel von der Unternehmens- zur Konsumentenzentrierung bewältigen.

Automobilhersteller versuchen seit vielen Jahren mit unterschiedlichem Erfolg, von einer Kundenbeziehung rund um das Auto hin zu einer Plattform für Mobilität [11] zu kommen, greifen aber selbst damit möglicherweise zu kurz, da die Mobilität häufig mit anderen Diensten wie etwa Terminplanung oder Therapie im Zusammenhang steht.

Die Entwicklung der Navigation im Automobil illustriert eindrücklich die Dringlichkeit des Paradigmenwechsels. In den neunziger Jahren kamen erste Versionen des digitalen Dienstes Navigation auf. Garmin, TomTom u. a. konnten mit Stand-alone-Geräten eine beachtliche Verbreitung erreichen. Die Automobilhersteller verbauten in ihren Fahrzeugen eine proprietäre Navigation. Die Nutzer mussten dann immer wieder aktualisierte Straßenkarten auf CD (Compact Disk) kaufen und installieren. Die Autohersteller konnten sich durch den fixen Einbau und die Verbesserung der Lokationsgenauigkeit mittels Fahrzeugdaten wie Geschwindigkeit und Richtung ein wenig von den billigeren separaten Geräten differenzieren. Doch manche Automobilisten verwendeten bereits damals frei verfügbare Navigationsdienste auf dem Laptop und luden die aktuellen Straßenkarten zu Hause über das Internet herunter. Damit mussten sie nicht mehr die teure Extraausstattung Navigation und Straßenkarten kaufen. Die Planung einer Route auf dem Laptop war einfacher als mit der mühsam zu bedienenden Benutzerschnittstelle des eingebauten Navigationsdienstes. Mit dem Smartphone und dem 3G-Mobilfunk kam der nächste Schritt. Die Straßenkarten und die Verkehrsmeldungen, insbesondere Staumeldungen, waren nun online stets aktuell, ohne dass sich der Autofahrer darum kümmern musste. Die Automobilhersteller zogen langsam nach, doch die Autofahrer verwendeten oft lieber das Smartphone als die teure Ausstattungskomponente Navigation. Die Lösung auf dem Smartphone war nicht nur billiger (Google Maps und Apple Karten sind gratis), sondern auch viel einfacher zu bedienen. Die Reiseplanung kann außerhalb des Fahrzeugs beginnen, und nach der Fahrt, z. B. für die letzte Strecke, kann auch ein Fußweg Teil der Route sein. Die nächste Vereinfachung aus Sicht des Konsumenten betraf die Eingabe des Fahrtzieles. Google und Apple nutzen all ihre Adressdaten, die Kontaktdaten des Nutzers sowie ihre Suchmaschinen und machen anhand ihres Wissens über den Nutzer individualisierte Zielvorschläge z. B. für Einkaufsadressen, Restaurants etc. Das Konsumentenparadigma verlangt nach umfangreichen Personen-, Produkt-, Dienstleistungs- und Anbieterdaten. Fahrzeug- und Geodaten reichen nicht aus.

Die Navigation ist zu einem integrierten Bestandteil des Smartphones geworden. Für die Routenplanung und -führung wird die Beziehung zum Automobilhersteller weitgehend irrelevant. Für den Benutzer zählt allein, dass ihn die Navigation unter Einbeziehung aller Informationen (z. B. Termin) und Dienste möglichst bequem führt und er weitere Apps wie etwa Spotify oder das Telefon einfach und in der vom Smartphone gewohnten Art benutzen kann. Dazu zählt, dass die Navigation neben dem Automobil auch die öffentlichen Verkehrsmittel, das Fahrrad, den Fußweg und das Taxi oder das Car-Sharing einbezieht (z. B. CityMapper). Nicht der Automobilhersteller, sondern der Konsument steht im Mittelpunkt. Ein Vergleich der aktuellsten Versionen von Navigationsdiensten der Automobilhersteller (z. B. die Navigation „Here") mit der Gratisnavigation von Apple, Google (inkl. Waze seit 2013) veranschaulicht die Probleme, denen die Automobilindustrie gegenübersteht. Teilweise haben sie die Entwicklung eigener Apps auf Basis einer „Connected car"-Technologie aufgegeben und Apples CarPlay oder Googles Android Auto übernommen und damit alle für das Auto freigegebenen Apps dieser beiden Megaportale im Auto verfügbar gemacht. Der Automobilhersteller stellt nur noch die Geräte der Benutzerschnittstelle, den Bildschirm, das Mikrofon, die Lautsprecher und einige Tasten etwa am Lenkrad zur Verfügung [12]. Es ist interessant zu verfolgen, ob die Automobilhersteller durch den Zugriff auf Fahrzeug- und Verkehrsdaten in ihren Produkten künftig differenzierende Dienste, beispielsweise Unfallwarner, früher als die Megaportale anbieten können.

Konsumenten sind Teil eines **Ökosystems**, in dem sie zur Bewältigung ihrer Aufgaben Leistungen vieler Anbieter von einer Plattform beziehen. Der Kundenprozess eines Konsumenten ist nicht der Prozess, den ein einzelnes Unternehmen mit ihm hat, sondern der Prozess, in dem der Konsument mit allen benötigten Unternehmen verkehrt. Die sogenannte **Customer Experience** wird häufig auf einen oder mehrere Touchpoints mit dem eigenen Unternehmen bezogen, für die Lebensqualität entscheidend sind aber die Gefühle über den gesamten Konsumentenprozess hinweg und mit mehreren Unternehmen.

Der **Konsumentenprozess** ist nicht so repetitiv und strukturiert wie ein Geschäftsprozess, sondern eher ein spontanes Vorgehen bei der Lösung einer Aufgabe. Für die meisten Unternehmen bedeutet es auch heute noch einen Paradigmenwechsel, wenn sie nicht mehr sich selbst, sondern den Kunden im Mittelpunkt eines Prozesses sehen sollen (siehe Abb. 6.2). Die Automobilhersteller wollen eine Navigation verkaufen, während die Konsumenten die Navigation als kleinen Bestandteil einer Reise oder eines Arbeitstages an verschiedenen Lokationen (z. B. Baustellen eines Handwerkers) sehen.

6.2.3 Zugriff auf Personendaten

Die Konsumenten hinterlassen auf allen digitalen Diensten, von der Navigation und der Internet-Suchmaschine über die Kreditkartenzahlung bis hin zum Fernsehverhalten, immer mehr und immer detailliertere digitale Datenspuren. Will ein Unternehmen auf die Bedürfnisse des Konsumenten und dessen Gefühle eingehen, braucht es Zugang zu den Personendaten und den aus

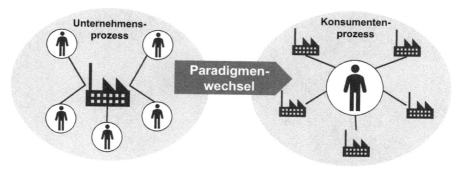

Abb. 6.2 Paradigmenwechsel von der Unternehmens- zur Kundenzentrierung

Millionen von Konsumenten sowie deren Umgebung gewonnenen Mustern (Weltmodell). Ein Reisebüro kann aus diesen Mustern zum Beispiel Personen selektieren, die für bestimmte Destinationen in Frage kommen. Aus der Reisehistorie des konkreten Konsumenten, aber auch aus dessen Leseverhalten in digitalen Journalen und Büchern kann es die individuellen Präferenzen und Aversionen ableiten und im Jahre 2030 noch mehr Indikatoren für die Gefühle als heute einbeziehen, insbesondere aus der Stimm- und Geräuschanalyse von Sprachsteuerungen und aus den Gesundheitsdaten von Smartwatches und Smartphones. Durch gezielte Informationsangebote kann es darüber hinaus die Bedürfnisse der Konsumenten in die Richtung seiner Produkte und Dienste lenken, indem es etwa Zeitungsartikel zu einem bestimmten Urlaubsziel oder zu Aktivitäten an diesem Ort in den Nachrichtenfluss des Konsumenten einbaut. 41 % der Erwachsenen in den USA lesen täglich Nachrichten (News) in Facebook, das die Nachrichtenauswahl kundenspezifisch steuert [13].

Der **Zugriff auf Personendaten,** generalisiert und individuell, wird zu einem entscheidenden Wettbewerbsfaktor. Der Kampf um die Navigationsdaten, den Google, Apple, Inrix und Here führen, zeigt am Beispiel der Lokationsdaten von Menschen, wie Personendaten die Marktposition von Unternehmen bestimmen. Navigation, Stauprognose, Parkplatzsuche, Fahrsicherheit, Reisekostenabrechnung, Restaurantempfehlungen usw. sind digitale Dienste auf Basis von Personendaten. Sie entscheiden mit darüber, ob die eingebaute Navigation eines Automobilherstellers den Käufer für die Marke beeinflusst oder ob die Navigation auf einem Smartphone die Navigation als Verkaufsargument oder Aufpreiskomponente entwertet. Das Ökosystem des Konsumenten bestimmt, wer auf welche seiner Daten zugreifen kann. Die Unternehmen seines Ökosystems sammeln an ihren Touchpoints Kundendaten und erlauben sich gegenseitig, auf diese Daten zuzugreifen.

> *Große Aufgaben konsumentenorientierter Unternehmen sind die Entwicklung ihres spezifischen Modells der Konsumentendaten, die Sammlung von Daten, der Zugriff auf externe Daten, die Konsolidierung der Daten aus den vielfältigen Quellen und das Verständnis des Kundenverhaltens.*

6.2.4 Monetarisierung der Hedonia[2]

Unternehmen nutzen Hedonia, um die Konsumenten für ihre Produkte und Dienste zu gewinnen. Das Marketing formuliert allgemein akzeptierte Leitsä-

---

[2] Der emotionale Gegensatz der Begriffe Monetarisierung und Hedonia bzw. Eudaimonia soll hier die unterschiedlichen Sichten von Unternehmen und Konsumenten herausstellen.

tze wie „Oberstes Gebot jeden marktorientierten Handelns ist es, Kunden-nutzen zu schaffen" [14, S. 5]. Unternehmen verfolgen weitgehend die Interessen der Konsumenten, wenn sie sich nach den Bedürfnissen der Konsumenten richten, und sind wirtschaftlich erfolgreich, wenn sie diese Interessen treffen.

Nutzen bedeutet Befriedigung der Bedürfnisse des Lebensqualitätsmodells (siehe Abb. 4.3). Hedonia heißt, dass es nicht um das langanhaltende Wohlbefinden der Konsumenten (Eudaimonia), sondern um die kurzfristige Befriedigung, den Lustgewinn, geht.

Ich habe in meiner Wohnung eine Netatmo-Wetterstation [15] installiert, die den CO_2-Gehalt der Luft, die Luftfeuchtigkeit, die Temperatur usw. innerhalb und außerhalb des Hauses misst und aufzeichnet. Begründet habe ich den Kauf mit der Vermeidung einer zu hohen CO_2-Sättigung und der Sicherung einer relativen Luftfeuchtigkeit von mindestens 30 %, also mit Gesundheit und damit verbundenem Wohlbefinden. Damit war die Nutzenargumentation klar. Wahrscheinlich hat mich aber die Fähigkeit (Wissen, Macht), diverse Messwerte zu beobachten und die Qualität des Raumklimas zu verstehen, noch mehr getrieben. Schließlich habe ich auch noch Freude daran, technikaffinen Freunden meinen technischen Status (Rang) zu demonstrieren. Dafür habe ich in Kauf genommen, einen hohen Preis zu bezahlen, die Außen- und Innenstation zu installieren (Effizienz) und die erhobenen Messwerte der Cloud von Netatmo (Sicherheit) zu überlassen. Der Lustgewinn aus den Bedürfnissen Wissen, Aussehen (Technikverständnis), Macht (Fähigkeit zur Steuerung des Wohnungsklimas), Selbstwert (Stolz auf Vorsprung) und Gesundheit (weniger Augenreizung) hat das durch den Kaufpreis (Kapital) und die Arbeit mit Installation und Betrieb (Effizienz) entstandene „Leid" aufgewogen. Es ist die Frage, ob sich die Entwickler und Vermarkter der Netatmo-Wetterstation dieser Bedürfnisse ihrer Käufer ausreichend bewusst waren und sind.

Seit einigen Jahren wird unter großen Schwierigkeiten versucht, Adipositas-Therapien durch digitale Dienste zu unterstützen [16, 17], die biometrische Werte durch Sensoren erfassen und unmittelbare Rückmeldungen geben. Die Patienten leiden physisch und psychisch unter ihrem Übergewicht, sind zu einer Therapie bereit, halten diese aber trotzdem nicht durch. Wenn man die Bedürfnisse des Lebensqualitätsmodells (vgl. Kap. 5) als Checkliste verwendet, kommt man zu folgenden Feststellungen:

- Die Bedürfnisse Selbstwert und Rang sind offensichtlich die Treiber, überhaupt eine Therapie anzufangen. Fettleibigkeit wird in fast allen Gemeinschaften, in denen sich jemand in hoch entwickelten Gesellschaften aufhält, negativ sanktioniert. Sie verhindert sogar die Teilnahme an gewissen Gemeinschaften, etwa Sportgruppen. Sie widerspricht nicht nur dem Schönheitsideal von Modejournalen, sondern der gängigen Vorstellung von gesundem Aussehen und führt zu medizinischen Folgeproblemen. Adipöse Menschen stehen häufig wesentlich tiefer in ihrem Rang als Menschen mit Normalgewicht und verlieren damit an Attraktivität bei erwünschten Sexualpartnern.

- Das Hungergefühl ist nicht primär vom Bewusstsein, sondern von Hormonen wie Insulin und Noradrenalin (durch Stress) gesteuert. Adipositaspatienten müssen daher mit einem Teil des Hirns bewusst gegen einen hormonell gesteuerten, unbewussten Teil ankämpfen. Das Hungergefühl und die Erwartung von Sättigung beim Anblick von Energy-Drinks, Torten und Schweinebraten wirken derart stark auf das Bedürfnis Nahrung, dass die Hedonia daraus alle anderen Bedürfnisse für den Moment übertrifft, um kurz danach in ein Gefühl des Bedauerns umzuschlagen.

Digitale Dienste wie PathMate2 [18] kommen bis heute nicht gegen diese Situation an. Ein Teil des Problems liegt in ihnen selbst. Der Aufwand zur Erfassung der aufgenommenen Nahrung und die die weit entfernten Belohnungen für den Verzicht oder die Auswahl der richtigen Nahrung verhindern die dauerhafte Nutzung der Apps. Wenn im Jahre 2030 das Smartphone oder Wearables die Speisen automatisch erkennen und erfassen, die Atemluft des Patienten analysieren, die Konsumation im Fast-Food-Restaurant notieren, das Körpergewicht erfassen und die Bewegung sowie die damit verbundene Anstrengung aufzeichnen, fällt die hohe Hürde der Dateneingabe weg. Dann steht aber immer noch die mangelnde Disziplin des Patienten im Wege. Die aktuelle Hedonia aus dem erwarteten Genuss ist größer als die zukünftige Eudaimonia in Form von Gewichtsabnahme und damit verbundener Anerkennung. Der Patient braucht eine sofortige Belohnung für richtiges Verhalten, wenn er vor der Entscheidung der Nahrungsaufnahme steht. Das könnte beispielsweise ein Wettbewerb einer Gemeinschaft von AdipositasPatienten sein, bei dem die aktuelle Therapiedisziplin im sozialen Netzwerk publiziert würde. Das kann auch die Rückmeldung eines Chatbots sein, der die Einhaltung der Disziplin sofort positiv verstärkt. Der Patient könnte auch in einem VR-Spiel mitmachen und dort für „Fastenopfer" belohnt werden, indem er etwa einen Schlüssel für das nächste Spiellevel (Kapital) erhält. Allein schon die grafische Darstellung der Gewichtsentwicklung in einer täglichen Kurznachricht oder humorvolle Erinnerungsnachrichten können die Vernunft (Bewusstsein) im Kampf gegen die hormonelle Steuerung unterstützen. Möglicherweise könnte ein Influencer die Therapie vorleben. Der Therapieassistent wird dann erfolgreich sein, wenn der Patient zum Zeitpunkt der Entscheidung für oder gegen die Aufnahme einer bestimmten Speise eine automatische Rückmeldung bekommt, die seinen Selbstwert derart steigert, dass es das Bedürfnis Nahrung überwiegt.

Die Unified Theory of Acceptance and Use of Technology 2 (UTAUT2) [19] (siehe Abb. 6.3), die Venkatesh et al. in einer empirischen Studie in Hongkong an der Nutzung von mobilen Internetdiensten überprüft haben, erklärt die Akzeptanz von digitalen Dienstleistungen anhand ähnlicher Faktoren wie das in Abschn. 4.2 vorgeschlagene Modell der Lebensqualität.

Der erwartete Aufwand, das Umlernen (Gewohnheit) und die Hilfe bei der Nutzung (erleichternde Bedingungen) sind Komponenten der Effizienz. Die erwartete Leistung und die hedonische Motivation können sich auf das Kapital, die Gemeinschaft, das Aussehen, die Macht, das Wissen, den Rang und den Selbstwert sowie die Sicherheit und die Effizienz beziehen, sind also ziemlich unscharf und daher wenig hilfreich bei der erfolgreichen Gestaltung von digitalen Diensten. Venkatesh et al. detaillieren die hedonische Motivation zwar mit Hinweisen auf weitere Literaturstellen, bauen sie aber nicht in das UTAUT2 ein. Bereits die Prüfung eines Dienstes anhand der 13 Bedürfnisse des LQM schärft den Blick der Entwickler. Wesentlich konkreter sind die Erfolgsfaktoren eines digitalen Dienstes am Beispiel des Digital Stress Management Systems erkennbar, das Blankenagel et al. untersucht haben [20].

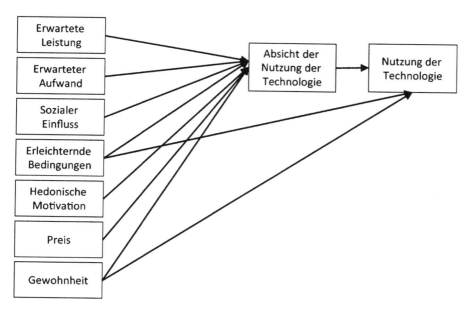

Abb. 6.3 Unified Theory of Acceptance and Use of Technology 2 (nach [19], vereinfacht)

Die Bedürfnisse des Konsumenten treiben seinen Kundenprozess. Hat der Konsument mehr verfügbares Einkommen, als er zur Abdeckung seiner Grundbedürfnisse braucht, treten die Bedürfnisse Bequemlichkeit, Rang, Sicherheit, Selbstwert, Wissen und Kapital (Preis) in den Vordergrund. Der Mensch bricht eine Adipositastherapie ab, weil die Bedürfnisse Selbstwert, Rang, Aussehen und Gesundheit schwächer sind als die Bedürfnisse Nahrung (Genuss) und Effizienz (z. B. Bequemlichkeit durch Schnellimbiss oder Fertiggericht).

Wie die zahlreichen Auguren zur Zukunft der Automobilindustrie betonen, wird die Intelligenz des Automobils für das Aussehen, den Rang und den Selbstwert des Konsumenten wichtiger als die Mechanik. Welche Produkte und Dienste wird der Mensch im Jahre 2030 zur Darstellung seines Status einsetzen: Auto, Uhr, Kleidung, Wohnung und Möbel, Urlaubsreise, Präsenz auf sozialen Medien, Spiellevel in Videospielen, Bildung und Kultur, Unterhaltung oder Esoterik? Marke und Luxus sind Instrumente der Differenzierung – für manche Unternehmen eine Gefahr, für andere eine Chance. Konsumgüterunternehmen stehen gerade durch die Vergleichsportale im Internet vor der Wahl, im Luxussegment das Bedürfnis nach Differenzierung des Konsumenten zu bedienen oder im Massenmarkt über den Preis zu konkurrieren. In den letzten Jahren wird eine zunehmende Dichotomisierung des Marktes beobachtet.

Die Bedürfnisse des LQM (Abb. 4.3) sind Muster, die im Weltmodell der Konsumenten verankert und in weitere Muster zu zerlegen sind. Körper, Gesicht, Kleidung, Auto, Wohnung, Titel, Beruf usw. bestimmen beispielsweise zusammen das Bedürfnis Aussehen. Die vorgestellten Bedürfnisse können als eine erste Checkliste bei der Entwicklung und Vermarktung von digitalen Diensten dienen, die Disziplin Life Engineering muss sie aber so weiterentwickeln, dass sie konkreter und operationaler werden. Die Muster, die der Konsument mit Attraktivität verbindet, werden von den Medien, gerade den digitalen Medien, mit großer Energie beeinflusst und unterliegen einem stetigen Wandel.

6.2.5 Monetarisierung der Eudaimonia

Wesentlich schwieriger als die Hedonia ist für Unternehmen die Eudaimonia der Konsumenten zu monetarisieren. Das Problem der Adipositas-Therapie kann auch als **Dominanz der Hedonia über die Eudaimonia** betrachtet werden. Unternehmen und Konsumenten verfolgen in weiten Bereichen gleiche Interessen, wenn sich Unternehmen an dem vom Konsumenten erhofften Nutzen orientieren. Bessere Produkte, Zusatzdienste zu den Produkten, tiefere

Preise und raschere Verfügbarkeit sichern nicht nur die Wettbewerbsfähigkeit der Unternehmen, sondern können dem Konsumenten über die momentane Hedonia hinaus ein nachhaltig besseres Leben bringen, wenn die Produkte und Dienste seine Gesundheit fördern, seine Sicherheit erhöhen, zu seinem Wissen beitragen und letztlich seinen Selbstwert stärken.

Die Werbung setzt auf die **Hoffnungen der Konsumenten**, selbst wenn die vermittelten Assoziationen wenig oder nichts mit dem Produkt zu tun haben. Wann fährt man schon ein Allradauto durch einen Morast oder eine Eiswüste? Wann trifft der Konsument die schöne Frau oder den attraktiven Mann, mit denen ein Putzmittel beworben wird? Die Werbung für Süßigkeiten zeigt schlanke, lebensfreudige Kinder, die Werbung für Bier keine Menschen mit Bierbauch und vernebeltem Blick und die Werbung für Autos keine Bilder von Unfallopfern. Die Werbung zeigt auch nicht, wie der Verzicht auf diese Produkte die Eudaimonia der Menschen fördern könnte, da dies kaum zum Umsatz und Gewinn beiträgt.

Es gibt aber Beispiele dafür, dass digitale Dienste die Eudaimonia fördern können und auch so beworben werden. Krankenversicherungen sind in Deutschland seit 2015 gesetzlich verpflichtet, die Versicherten für eine gesunde Lebensweise zu belohnen, und werben mit unterschiedlichen Modellen für Sport und gesunde Ernährung. Kraftfahrzeugversicherungen gewähren Prämienreduktionen für sicheres Fahren. Sportschuhhersteller bieten Plattformen für Laufgemeinschaften und den Vergleich von Trainingsleistungen. Alarmanlagen zwingen zur Einhaltung von Sicherheitsmaßnahmen. Diese Beispiele wirken nicht nur auf die Hedonia, sondern auch auf die Eudaimonia.

Doch schadet intensives Lauftraining im Wettbewerb einer Vergleichsgruppe der Gesundheit mehr, als es ihr nutzt? Bestrafen Krankenversicherungen genetisch benachteiligte Versicherte? Zu jedem Beispiel gibt es Gegenargumente, die den Nutzen für die Unternehmen oder den Beitrag zur Eudaimonia in Frage stellen. Die Operationalisierung der Eudaimonia ist viel schwieriger als die der Hedonia, was ihrer Monetarisierung im Wege steht.

Man kann auch andersherum fragen: Welche Unternehmen und Produkte befriedigen nicht nur die Replikationsbedürfnisse und die Hedonia, sondern fördern anhaltende Zufriedenheit und Lebenssinn? Der Wert einer modischen Hose verschwindet kurz nach dem ersten Tragen oder beim Anblick eines exklusiveren Modells. Selbst ein teures Auto und eine Luxusvilla verschaffen keinen Lebenssinn und dauerhafte Zufriedenheit. Die Bedürfnisse der Weiterentwicklung und Differenzierung sind eben relativ über die Zeit, und die Vergleichspersonen und damit die Maßstäbe können wechseln. Der Konsum richtet sich mehr nach der Hoffnung als nach der Erfüllung der Bedürfnisse.

Wo sind die Wirtschaftlichkeit von Unternehmen und die Lebensqualität des Konsumenten vereinbar? Kann ein Unternehmen an der Eudaimonia des Konsumenten verdienen? Weiß es überhaupt, was zur Hedonia und was zur Eudaimonia beiträgt? Die Marketing- und Verkaufsspezialisten verfügen über ein differenziertes Instrumentarium zur Beeinflussung der Kaufentscheidung. Sie verfügen über Methoden, mit denen sie den vom Konsumenten erhofften Nutzen ermitteln. Anders formuliert: Sie haben gelernt, was den Kunden zum Kauf bewegt. Doch wie weit decken sich die Kaufmotive mit der Eudaimonia?

Im Ausschlussverfahren könnten Unternehmen auf alles verzichten, was der Eudaimonia der Konsumenten schadet, also beispielsweise auf dick machende Süßigkeiten, auf Alkohol, auf Zigaretten oder auf übermotorisierte Fahrzeuge. Doch wie verdient ein Unternehmen am Verzicht auf Verkauf, und kann dabei die maschinelle Intelligenz helfen?

Nimmt man die Instrumente der Evolution aus Abschn. 5.1 als Checkliste, so findet man viele Hinweise auf Unglück durch Streben nach Hedonia und fast keine Vorschläge zur Eudaimonia. Fehlsteuerungen zu vermeiden ist aus Sicht der Unternehmen fast durchweg geschäftsschädigend. Dagegen lassen sich Ansatzpunkte bei den Instrumenten der Lebensqualität (Happifyern) entdecken. Facebook gewinnt Kunden und generiert Umsatz über die Bildung und Pflege von Gemeinschaften (z. B. Wandergruppen), in denen sich ein Mensch auch längerfristig geborgen fühlen kann. Spieleanbieter können ihre Kunden in einer virtuellen Welt ihre Alltagssorgen vergessen lassen und Erfolgserlebnisse vermitteln. Digitale Dienste im Bereich der Gesundheit dürften bis zum Jahre 2030 ein kräftiges Wachstum erwarten, doch ist die Zahlungsbereitschaft in der Prävention gering und in der Therapie auf die klassischen Gesundheitsdienstleister, Ärzte, Krankenhäuser usw. fokussiert.

Der in Abschn. 5.2.11 vorgestellte Glückscoach könnte den Menschen helfen, glücksschädigende Mechanismen der Evolution zu vermeiden und Happifyer systematisch zu nutzen. Das größte Hindernis ist die geringe Zahlungsbereitschaft für einen digitalen Glückscoach, zumal die Konsumenten gerade bei digitalen Diensten an eine scheinbare Gratiswelt gewöhnt sind. Gesundheitsdienste wie WebMD müssen über den Verkauf oder die Bewerbung von Produkten oder Premium-Services finanziert werden. Möglicherweise kann ein Unternehmen wenigstens auf Teilgebieten wie der Sicherheit die Eudaimonia der Konsumenten längerfristig fördern und über eine besonders starke Kundenbeziehung einen wirtschaftlichen Erfolg realisieren. Möglicherweise neigen Pragmatiker zur Friedmanschen Formulierung „The Business of Business is Business" und apostrophieren die Lebensqualität des Konsumenten als ein „Nice-to-have".

Wenn wir nicht einen krank machenden Wettbewerb und einen zerstörerischen Konsumerismus als unerwünschte Nebenwirkung der technologischen Evolution in Kauf nehmen wollen [21], müssen wir die Eudaimonia der Menschen (Konsumenten und Mitarbeiter) zu einem Unternehmensziel machen. Wir müssen Wege finden, die Finanzziele mit den Zielen der Eudaimonia zu verbinden. Wenn die Lebensqualität operational messbar wird, verbessern sich die Chancen dafür. Das Forschungsgebiet Life Engineering kann dann versuchen, das Ziel Lebensqualität über die Teilziele Hedonia, Eudaimonia, Gewinn und Wettbewerbsfähigkeit zu verfolgen.

Es lohnt sich auf jeden Fall, Wege zu einer Steuerung über die Lebensqualität zu suchen, denn wenn wir darauf keine Antworten finden, werden diejenigen Unternehmen die Entwicklungsrichtung bestimmen, die den größten Gewinn erwirtschaften und damit über die größte Entwicklungs- und Vermarktungskapazität verfügen. Das wird die Entwicklung mindestens bis zum Erreichen einer Monopolstellung dieser Unternehmen voranbringen, die Lebensqualität aber gefährden. Es ist zu hoffen, dass die Informatik, die Wirtschafts- und Rechtswissenschaften, die Wirtschaftsethik und andere Disziplinen umsetzbare Konzepte zur Unternehmenssteuerung im Interesse der Menschen finden. Wahrscheinlich ist das in einer neuen Disziplin Life Engineering leichter möglich, als die Denkmuster alteingesessener Wissenschaften aufzubrechen. Möglicherweise ist diese Vorstellung aber auch so naiv wie der Wunsch von Boström nach einer Initiative der edelsten und intelligentesten Menschen zur Beherrschung der Superintelligenz.

6.2.6 Corporate Social Responsibility

Innerhalb der Managementlehre gibt es seit längerem das Thema Corporate Social Responsibility, von dem man die Verfolgung von Eudaimonia als Unternehmensziel erwarten könnte. Die ISO 26000 [22] nennt als Kernthemen der Corporate Social Responsibility die Menschenrechte, die Arbeitsbedingungen, die Umwelt, fairen Wettbewerb, Konsumentenschutz und soziales Engagement. Sie formuliert sieben Grundsätze: Verantwortung, Transparenz, ethisches Verhalten, Respekt vor den Interessensgruppen, Gesetzestreue, Einhaltung internationaler Verhaltensnormen und Menschenrechte. So begrüßenswert die damit verbundenen Initiativen sind, so sehr reflektiert die ISO-Norm eingefahrene Denkmuster (Parolen, Narrative) und damit äußerst unscharfe Begriffe, wahrscheinlich eine wesentliche Ursache dafür, dass trotz vieler ernstgemeinter Anstrengungen wenig Fortschritt zu verzeichnen ist.

Betrachtet man die Kernthemen und Prinzipien, so will Corporate Social Responsibility offensichtlich nichts anderes als Lebensqualität für alle vom Unternehmen betroffenen Menschen. Unternehmen, die sich um Corporate Social Responsibility bemühen, können ihre Anstrengungen konkretisieren, wenn sie sich auf die hier vorgestellten Bedürfnisse der Replikation und Weiterentwicklung beziehen, diese detaillieren und als Wahrnehmungsmuster darstellen. Beispiele sind die Vermeidung gesundheitsschädigender Arbeitszeiten oder die Prüfung der Allgemeinen Geschäftsbedingungen auf Verständlichkeit.

Hansen und Schrader beschreiben die Motivation zur Corporate Social Responsibility [23] einerseits mit dem „Business Case" in Form von Reputationsgewinn und anderen geldwerten Ergebnissen, also letztlich mit einem Teil der Monetarisierung, und andererseits mit Altruismus im Sinne gesellschaftlicher Interessen. Aus Sicht der Unternehmen steht die Monetarisierung im Vordergrund, während aus Sicht des Individuums dessen menschliche Bedürfnisse und aus Sicht der Gesellschaft der Altruismus im Zentrum stehen.

Die weitere Forschung zur Corporate Social Responsibility könnte sich die **Monetarisierung der gesamten Lebensqualität** zum Ziel setzen und im Idealfall Einkommensströme aus der Anleitung zur Eudaimonia gewinnen. Das klingt utopisch und äußerst abstrakt, wird aber sehr konkret, wenn sich ein Unternehmen überlegt, ob es an Produkten gegen Rückenschmerzen verdienen möchte oder aber mit Unterstützung durch die Krankenversicherungen einen Premiumdienst anbietet, der den potenziellen Patienten hilft, mit Diäthinweisen und Anleitungen zu Gymnastikübungen Rückenschäden vorzubeugen. Eine Monetarisierung des Gesundheitswissens wäre eine wirksame Form von Corporate Social Responsibility.

6.2.7 Ökosysteme und Monopole

Der **Netzwerk- und der Integrationseffekt von Portalen** fördern die Monopol- oder Oligopolstellung der Anbieter von digitalen Diensten und Geräten. Aus seinem Bedürfnis nach Effizienz (Bequemlichkeit und möglichst geringe Komplexität) wählt der Konsument die digitalen Dienste mit dem geringsten Aufwand oder dem höchsten Nutzen. Jeder isolierte Dienst erfordert eine Registrierung einschließlich der Eingabe von Daten wie etwa der Wohnadresse, das Erlernen einer Benutzeroberfläche, einer Funktionslogik, eines Authentifizierungsmechanismus, das Verstehen einer Geschäftsbeziehung und nicht zuletzt das Installieren, Anpassen, Integrieren und Abrechnen des digitalen Dienstes. Konsumenten wollen möglichst wenige unterschiedliche Systeme nutzen, im Idealfall die Dienste Telefonieren, Messaging, Autofahren, Fernsehen, Therapie, Haussteuerung usw. aus einem integrierten, einheitlichen System beziehen (siehe Abschn. 3.3).

Unternehmen müssen dort präsent sein, wo sich der Konsument aufhält (Traffic). Unternehmen haben zu entscheiden, in welchen Ökosystemen sie ihre Leistungen anbieten wollen. Damit stellt sich für den Innovator immer die Frage, ob und wann die **dominanten Player im Ökosystem** seinen innovativen Dienst durch eine Eigenentwicklung verdrängen. „In America, venture capitalists shy away from backing startups whose business centres on the consumer internet, because the likes of Google and Facebook are so dominant there" [24, S. 3]. Konsumgüterhersteller wie Adidas entwickeln Fitness-Tracker, die einerseits möglichst mit ihren physischen Produkten verbunden und andererseits tief in ein Megaportal integriert sind, also beispielsweise in die Health-App von Apple. Banken versuchen, durch ihre Geschäftsbeziehungen etwa zum Handel oder durch ihre etablierten Credit- und Debitkarten den Zahlungsdiensten wie Apple Pay und WeChat Pay Paroli zu bieten. Im Jahre 2030 wird entschieden sein, ob dieser Weg zum Erhalt des Zahlungsverkehrs bei den Banken geführt hat. Genauso wie dann geklärt sein wird, ob die Reisenden die Apps der Anbieter öffentlicher Verkehrsmittel wie der Deutschen Bahn oder einen Reiseassistenten von Google (erweitertes Google Maps) nutzen werden. Bereits zu Frühzeiten des eCommerce Ende der neunziger Jahre wurde klar, dass die Konsumenten auf den Megaportalen wie Amazon und booking.com auch Markenartikel suchen und bestellen, obwohl die Anbieter von Kaffee, Hotelzimmern oder Pharmaka viel Geld in eigene Portale und Apps investiert haben.

Betriebssysteme, Telekommunikationsdienste, IT-Geräte, Automobilhersteller, Online-Händler etc. haben in vielen Lebensbereichen Oligopole etabliert. Die Wechselkosten der Konsumenten sind so hoch, dass man in Teilbereichen von Monopolen sprechen muss. Damit kommen diese Anbieter in die Lage, eine sogenannte **Monopolrente** zu realisieren. Die hohen Margen der Megaportale werden im Jahre 2030 noch höher sein. Es wird interessant sein zu sehen, ob Amazon seinen Prime-Service zu einem monopolartigen Umsatzstrom machen kann, wenn bestimmte Produkte und Leistungen nur noch für Prime-Kunden verfügbar sind. Das ist einerseits ein Problem für die Konsumenten, andererseits aber eine auch Hürde für den Marktzugang neuer Produkt- und Dienstanbieter. Sie müssen auf den Megaportalen präsent sein und deswegen die Bedingungen der Anbieter akzeptieren. Google zahlt jährlich fast 9,5 Mrd. USD an Apple, um seine Suchmaschine als Standard in iOS zu platzieren [25].

Um das Nadelöhr der Megaportale beim Verkauf zu umgehen, differenzieren Versicherungen, Telekommunikationsanbieter, Banken, Fluglinien, Reisebüros u. a. ihre Produkte durch eine für den Konsumenten nicht überschaubare Variantenvielfalt und nicht mehr verständliche Geschäftsbedingungen. Sie schützen sich damit gegen den Preisvergleich und unerwünschte Leistungsansprüche. Der Umgang mit dem Oligopol der Megaportale wird für die Anbieter von Konsumentenprodukten und -diensten zu einer kritischen Strategieentscheidung.

6.3   Gesellschaft

Um es vorweg zu sagen: Ich erwarte, dass Individuen, Unternehmen und Staaten im Wettbewerb (fast) alle verfügbaren Technologien zur Erringung von Besitz, Sicherheit, Macht, Rang und Selbstwert nutzen werden. Ausgehend von den Erfahrungen beispielsweise mit dem Gene Editing, mit Crypto-Währungen, aber auch mit sozialen Netzwerken ist es schwer vorstellbar, dass ein gieriger Internet-Tycoon, ein geltungssüchtiger Forscher, ein Terrorist, ein machthungriger Politiker oder ein bequemer Konsument eine maschinelle Intelligenz mit hohem Potenzial aus ethischen Gründen nicht entwickelt oder nicht verwendet. Erschwerend kommt hinzu, dass es nicht um eine Ja/Nein-Entscheidung geht, sondern um viele kleine Schritte, deren Konsequenzen nicht immer vorhersehbar sind und an die wir uns in vielen Bereichen bereits gewöhnt haben.

> *Die Entwicklung ist nicht aufhaltbar. Wer sich der Entwicklung widersetzt, überlässt die Entwicklung den anderen und begibt sich in deren Abhängigkeit.*

Es geht hier nicht darum, den Kapitalismus und die Marktwirtschaft abzuschaffen, die technologische Entwicklung und die Weiterentwicklung von Unternehmen zu behindern, eine alles lähmende Bürokratie zum wohlgemeinten Schutz der Menschen zu fördern oder gesellschaftliche Illusionen zu nähren. Das Ziel ist vielmehr, nach Wegen zu suchen, um den technologischen und ökonomischen Fortschritt zu fördern und gleichzeitig die Lebensqualität der Menschen zu sichern und zu stärken. Wer die Entwicklung im Sinne der Lebensqualität steuern will, muss ganz vorne in der Entwicklung dabei sein, um die digitalen Dienste und den Umgang damit gestalten zu können. Verkürzt ausgedrückt: Führe oder werde geführt! Und das gelingt nur in der Marktwirtschaft.

Die OECD betreibt seit 2017 ein Projekt „Going Digital", in dem sie Empfehlungen für die Regierungen im Umgang mit der Digitalisierung erarbeitet, dessen erste Ergebnisse sie im März 2019 mit dem „Going Digital Summit" in Paris vorgestellt hat. Das Projekt bearbeitet folgende Themen der Politik [26]:

- Künstliche Intelligenz
- Digitale Konsumenten
- Digitale Infrastruktur
- Digitale Sicherheit und Privatheit
- Bildung und Ausbildung
- Arbeitsmarkt
- Produktivität
- Staatliche Governance
- Wissenschaft und Innovation
- Steuern
- Handel
- Lebensqualität

Die OECD geht also auf alle wesentlichen Aufgabenbereiche der Politik zur Bewältigung der Digitalisierung ein. Sie zielt darauf ab, für alle Menschen gute Voraussetzungen zu schaffen, die maschinelle Intelligenz zu gestalten und zu nutzen. Sie misst den Erfolg an Metriken wie dem Breitband-Internetzugang der Bevölkerung oder der Ausbildung in Informationstechnik. Sie bietet eine äußerst umfassende Sammlung von Themen und Handlungsvorschlägen, auf die hier zur Komplettierung und Vertiefung der staatlichen Aufgaben verwiesen sei. Das Ziel der vorliegenden Schrift ist es jedoch, vor dem Hintergrund des LQM Aufgaben der Gesellschaft und Wirtschaft abzuleiten, die das Glück der Menschen fördern und Leid vermeiden, auch wenn es äußerst schwer ist, bereits Lösungen zu formulieren. Zuerst ist das Bewusstsein für diese Fragen bei den Vertretern von Wirtschaft und Arbeitnehmern sowie der Zivilgesellschaft und der Politik zu wecken.

Wenn die Ziele der Unternehmen und die Ziele der Menschen teilweise konkurrierend sind, müssen sich die Menschen über den Staat gemeinsam für ihre Lebensqualitätsziele einsetzen. Das heißt nicht, dass der Staat und die öffentliche Verwaltung die Entwicklung der maschinellen Intelligenz übernehmen sollen. Wenn die notwendigen Lösungen in ausreichender Geschwindigkeit kommen sollen, müssen wir auf die Kreativität und den Wettbewerb der Privatwirtschaft vertrauen; der Staat muss sich auf die Zielsetzungen und die Kontrolle der Ziele beschränken. GDPR und eIDAS sind Versuche in diese Richtung, die aber noch intensiv auf ihren Wert geprüft werden müssen. Unternehmerische Lösungen für die Privatheit der Daten und zur Sicherheit der Authentifizierung, die von den Konsumenten freiwillig und gern angenommen werden, sind staatlichen Regulierungen mit hohem bürokratischem Aufwand für alle Beteiligten vorzuziehen.

Haskel und Westlake kommen aus der Sicht von Ökonomen, die vom digitalisierungsbedingten Übergang von Sachinvestitionen zu Investitionen in immaterielle Werte ausgehen, zu ähnlichen Empfehlungen wie den unten beschriebenen: „The shift also changes the public policy agenda. Policymakers will need to focus on facilitating knowledge infrastructure – such as education, Internet and communications technology, urban planning, and public science spending – and on clarifying IP regulation but not necessarily strengthening it" [27, S. 141].

6.3.1 Bildung

Die richtigen Fähigkeiten der Menschen sind für Individuen, Unternehmen und Staaten die Voraussetzung für das Bestehen im Wettbewerb der Digitalisierung. Da Bildung überwiegend vom Staat angeboten wird, sind folgende Forderungen zu stellen:

- Jeder Bürger sollte wenigstens die digitalen Dienste, die er täglich braucht, technisch beherrschen und deren Möglichkeiten und Konsequenzen verstehen.
- Der Mensch braucht im Umgang mit der maschinellen Intelligenz ein tieferes Verständnis von technologischen Grundkonzepten (z. B. Datensicherung, DNA-Analyse) als zu der Zeit, in der unsere Lehrpläne geschaffen wurden.
- Faktenwissen verliert in einer Welt mit Suchmaschinen und leistungsfähiger Mensch-Maschine-Kooperation (von Google bis Alexa und Oculus Rift) an Bedeutung. Neue Fakten wie Informationsquellen, Rechte oder Pflichten beim eBanking werden wichtiger als das Geburtsdatum von Goethe, die Grenzverläufe von Staaten im Mittelalter oder sogar die Vokabeln bei Fremdsprachen. Der Verzicht auf das Pauken von Faktenwissen schafft Raum für das Üben von Fähigkeiten und das Verstehen von Zusammenhängen.
- Je mehr die Menschen als Konsumenten oder als Mitarbeiter von Unternehmen von Lebensqualität verstehen, desto eher haben sie die Chance, sich dafür einzusetzen.
- Wer an die Demokratie glaubt, muss auch Mechanismen vermitteln, um das verbesserte Wissen über Lebensqualität und Technik in die politische Willensbildung umzusetzen.

• Die digitalen Fähigkeiten müssen den Menschen über neue, digitale Kanäle vermittelt und laufend an die Innovationen angepasst werden; die klassischen Schulen müssen sich auf die Grundlagen beschränken.

6.3.2 Infrastruktur

Die Ziele der **Vernetzung** von Menschen und Dingen werden politisch stark vereinfacht meist unter dem Begriff **Bandbreite** zusammengefasst. Tatsächlich geht es zwar auch um Bandbreite, wesentlich wichtiger aber um einen ausreichenden Zugang für alle, um die sichere Verfügbarkeit und, auf einer anderen Ebene, um die Sicherheit der Datenübertragung vor unerlaubtem Zugriff und vor Verfälschung.

Das größte Hindernis auf dem Weg zur Nutzung der digitalen Dienste durch Konsumenten ist nicht eine mangelnde Bandbreite, sondern vielmehr die hohe Komplexität der Informationstechnik und der Dienste auf der einen Seite und der zu geringe Bildungsstand der Nutzer auf der anderen Seite. Die meisten Konsumenten haben kaum eine Chance, die für sie wertvollen Dienste zu finden, zu lernen sowie zu administrieren und werden somit in der Digitalisierung zurückgelassen (Digital Divide). Hilfreicher, als stets die neuesten und am besten vermarkteten Dienste zu installieren, wäre für den Konsumenten eine stabile Konfiguration der täglich benötigten digitalen Helfer. Einen Versuch könnte es wert sein, Anbietern und Konsumenten kostengünstige **Standardausstattungen von Geräten, Programmen und Online-Diensten** als Templates vorzugeben. Dazu könnten u. a. ein Breitbandanschluss, ein Smartphone, ein Telekommunikationsvertrag und ein soziales Netzwerk gehören. Könnte der einzelne Konsument einzelne Module aus einer in sich kompatiblen Gesamtlösung vorkonfiguriert beziehen und müsste er sich weder um die Allgemeinen Geschäftsbedingungen noch um laufende Updates kümmern, kämen deutlich mehr Bürger in den Genuss der digitalen Möglichkeiten, was einen Schub in den Fähigkeiten mit sich brächte. Der Staat könnte diese Standardisierung ausschreiben und mehrere Standards parallel zulassen, so wie dies auch beim Aufbau der Infrastruktur der Telekommunikation (derzeit 5G) geschieht. Dieser Aufwand wäre geringer als der Aufwand, den die Hersteller der Betriebssysteme iOS, Android und Windows zur Zertifizierung von Anwendungen auf ihren Systemen betreiben. Es ginge lediglich darum, dem Konsumenten die Auswahl, Anpassung und den Betrieb

ein Stück weit abzunehmen. Da die Konsumenten, die an scheinbare Gratisdienste gewöhnt sind, für eine derartige Lösung keine ausreichende Zahlungsbereitschaft haben und der Verkauf geringfügig verbesserter Geräte und
Dienste erschwert würde, wird dafür wohl kein privatwirtschaftlicher Anbieter auftreten.

Die Gegenargumente liegen auf der Hand: Verzerrung des Wettbewerbs,
Behinderung der Innovation und Bürokratieaufbau. Diese Argumente spre-
chen aber in noch höherem Maß gegen die Zertifizierung von Geräten und
Software für die proprietären Betriebssysteme, die von Unternehmen wie
Apple (gegen Bezahlung) erbracht wird.

6.3.3 Authentifizierung

Die Authentifizierung ist eine mit dem staatlichen Passwesen vergleichbare
Aufgabe. Während die Ausgabe eines Reisepasses durch die staatliche Verwaltung selbstverständlich ist, akzeptieren wir heute, dass viele persönliche Daten
bei kaum kontrollierten Unternehmen unter einer fremden Rechtsprechung
liegen. Noch brisanter wird es, wenn zur Authentifizierung biometrische
Daten herangezogen werden.

Eine vertrauenswürdige Authentifizierung der Konsumenten und Geschäfts-
partner vereinfacht mit einem **Single-Sign-On** (SSO) die Nutzung vieler IT-
Anwendungen. Ob diese Authentifizierung von Facebook, Google, Alibaba
und ähnlichen Megaportalen kommt oder wie die Ausgabe eines Reisepasses
im Auftrag und unter Kontrolle des Staates von spezialisierten Unternehmen
oder Industriekonsortien betrieben wird, ist offen. Schmidt und Cohen
schrieben schon im Jahre 2013: „Your online identity in the future is unlikely
to be a simple Facebook page; instead it will be a constellation of profiles,
from every online activity, that will be verified and perhaps even regulated by
the government. Imagine all of your accounts – Facebook, Twitter, Skype,
Google+, Netflix, New York Times subscription – linked to an ‚official pro-
file‘" [28].

Bis heute haben weder staatliche Stellen noch Banken, Versicherungen
oder die Post eine sichere und staatlich geprüfte Identifikation von Personen
in der digitalen Welt breit etablieren können. In Deutschland versuchen mehrere privatwirtschaftlich organisierte Konsortien, einen Authentifizierungsdi-
enst aufzubauen. Zu nennen sind netID.de, verimi.de und id4me. Viele
Konsumenten authentifizieren sich aus Mangel an einfachen Alternativen
direkt bei den Megaportalen und erleichtern diesen damit die Sammlung
ihrer persönlichen Daten.

Die EU hat 2014 eine Electronic Identification and Trust Services (**eIDAS**) Regulation beschlossen, die eine sichere und nahtlose Zusammenarbeit zwischen Unternehmen, Bürgern und öffentlichen Verwaltungen erlauben soll. Sie ist die Basis für elektronische Trust Services wie Unterschriften, Siegel, Stempel, Lieferservices und Authentifizierung von Websites [29]. Auf einer EU-Website zu eIDAS liest man: „… in Estonia you can set up a limited liability company in just 18 minutes using an eID!" [30]. Im Gegensatz dazu sind die Fortschritte mit der vor 17 Jahren eingeführten eSignature Directive – mindestens vom Bürger – kaum wahrnehmbar.

Indien führt im Rahmen seiner „Digital India"-Strategie die digitale, biometrische Identifikation (Fingerabdruck, Iris, Gesicht, DNA) Aadhaar ein. Diese unterstützt bereits heute sichere Zahlungen und die Ausgabe von SIM-Karten [31] sowie zahlreiche öffentliche Services wie eVoting, Ratio Cards (für Essen und Treibstoff), Steuererklärung und Pensionsvorsorge [32]. Die Schweiz plant, die elektronische Identifikation der Bürger Konsortien von Schweizer Unternehmen zu überlassen und diese staatlich zu kontrollieren [33]. Während Indien für 1,3 Mrd. Menschen eine einzige Identifikation einführt, wird es in Europa für 0,7 Mrd. Menschen möglicherweise weit über 50 länderspezifische Services geben, die den Bürgern trotz des eIDAS-Standards grenzüberschreitende Tätigkeiten innerhalb Europas erschweren werden und deren Überwachung entsprechend aufwändig ist. Das ist ein Nachteil für die Wirtschaft und für die Lebensqualität.

Eine **verlässliche Identifikation** des Kommunikationspartners im Internet wird nicht nur die Anmeldung mit Benutzernamen und Passwort bei jedem einzelnen Dienst überflüssig machen, sondern – verbunden mit weiteren Maßnahmen – auch den Papierversand von rechtsverbindlichen Dokumenten ersetzen, eBanking sicherer machen und vor unerwünschten Nachrichten (Werbung, Phishing, Viren) schützen, indem etwa nur noch Nachrichten von authentifizierten Absendern akzeptiert werden.

6.3.4 Gemeinsame Personendatenbank

Der Umgang mit personenbezogenen Daten kann die Lebensqualität der Menschen wie kaum ein anderes Thema verändern. Je mehr digitale Assistenten über uns wissen, desto besser können sie uns unterstützen. Je intensiver die Forschung und Entwicklung die riesigen Bestände an Personendaten analysieren und so die Faktoren der Lebensqualität verstehen lernen, desto wertvoller wird die maschinelle Intelligenz. Je genauer Dienstanbieter oder staatliche Organe uns kennen, desto stärker können sie uns aber auch manipulieren, kontrollieren und letztlich steuern.

Wo sollen die persönlichen Daten gespeichert sein? Beim Individuum, bei den Anbietern der vom Individuum genutzten Dienste, beim Staat oder einem von ihm beauftragten und kontrollierten Unternehmen?

Eine entsprechende Gesetzgebung vorausgesetzt, ist eine **gemeinsame Personendatenbank** denkbar: Der Staat zertifiziert oder beauftragt zwei bis drei konkurrierende Unternehmen mit der Speicherung sämtlicher personenbezogenen Daten. Er formuliert Regeln für den Zugang zu diesen Daten durch beliebige Dienstanbieter, von Suchmaschinen bis zu Ärzten. Er überwacht die Einhaltung der Vorschriften zur Sicherheit und zur Herausgabe von Daten. Der Konsument kann selbst entscheiden, welche Daten er personifiziert oder anonymisiert an wen weitergibt. Die Kosten der Datenbankbetreiber und des Staates sind von den Datenverwendern zu bezahlen.

Diese Lösung klingt überzeugend einfach, hätte in der Realität aber mit erheblichen Problemen zu kämpfen:

- Wie kann sichergestellt werden, dass alle digitalen Dienste, die ein Individuum benutzt, alle personenbezogenen Daten an den Datenbankbetreiber abliefern? Allenfalls mit Strafandrohung wie bei der Datenschutzgesetzgebung?
- Ist es möglich, die Semantik der Daten ohne die Algorithmen zu ihrer Verwendung in einer einzigen, umfassenden Datenstruktur zu speichern?
- Kann gewährleistet werden, dass die Daten gegen Cyberangriffe geschützt sind und ein Menschenleben lang lesbar sind?
- Wie kann sichergestellt werden, dass alle Datenverwender die personenbezogenen Daten ausschließlich zu den vereinbarten und vom Individuum genehmigten Zwecken nutzen?
- Darf der Staat im Interesse der Allgemeinheit auf die personenbezogenen Daten auch gegen den Willen des Individuums zugreifen?
- Wie kann bei der anonymisierten Herausgabe der Daten beispielsweise für die medizinische Forschung geprüft werden, dass durch die Kombination von Merkmalen keine Re-Identifikation stattfindet?

Wer der Idee des staatlich kontrollierten zentralen Datenbankbetreibers spontan zugestimmt hat, wird nach Würdigung der Fragezeichen die Idee möglicherweise bereits wieder verwerfen. Doch Vorsicht: Was ist die Alternative? Wer beantwortet diese Fragen, wenn es keinen zentralen Datenbankbetreiber gibt? Das Individuum? Der Staat? Die derzeitige Situation ist viel komplizierter [34]. Eine staatlich kontrollierte zentrale Datenbank würde keine zusätzlichen Probleme schaffen, sondern lediglich die Transparenz erhöhen und so die Kontrolle vereinfachen. Singapur hat die umfassende Datensammlung zur Staatsstrategie erklärt [35, S. 18 ff.].

Offensichtlich glauben die oben erwähnten Authentifizierungsunternehmen, die nicht nur die Identifikationsdaten, sondern möglichst viele personenbezogenen Daten teilweise zentral, teilweise dezentral halten wollen, an eine gemeinsame Personendatenbank. Weitere, auf Teilaspekte beschränkte Vorhaben sind die Initiativen von Open Data, MiData und Re:claimID vom Fraunhofer-Institut AISEC.

Opendata.swiss „ist das Portal der Schweizer Behörden für offene, das heisst frei verfügbare Daten" [36]. Alle dort gespeicherten Daten sind nicht personenbezogen und kostenlos herunterladbar und weiterverwendbar. Am Beispiel des Wasserverbrauchs der privaten Haushalte lässt sich schnell erkennen, ob anonymisierte individuelle Messwerte oder nur verdichtete Daten den Schutz von Personendaten sicherstellen können. Derartige **Open-Data-Initiativen** sind in vielen Städten (insbesondere London) und Staaten zu beobachten. Die australische Regierung bereitet derzeit gerade eine Gesetzesvorlage vor, in der die Nutzung öffentlicher Daten geregelt wird. Die Vorlage definiert einen Prozess zum Datenabruf, der prüft, ob die Anonymität eines Individuums erhalten bleibt, ob der Anfrager vertrauenswürdig und sicher ist und ob der Verwendungszweck der Daten angemessen ist [37]. Es sind die gleichen Fragen wie zur zentralen Personendatenbank.

MiData ist eine genossenschaftliche Initiative aus der Schweiz [38]. Regionale MiData-Genossenschaften speichern Gesundheitsdaten wie etwa die DNA oder Ergebnisse eines Bluttests von Individuen, einerseits mit dem Ziel, dass Patienten auf ihre gesamten Gesundheitsdaten stets an einem sicheren Ort zugreifen können, andererseits mit der Vision, diese Gesundheitsdaten mit Zustimmung des Patienten in anonymisierter Form für die Forschung nutzbar zu machen.

Personendaten bestimmen wesentlich den Wert von Unternehmen wie Google, Apple, Amazon, Facebook, Netflix, Microsoft, Alibaba, Tencent und Baidu, aber auch von vielen kleinen Spielern im Internetmarkt. Warum sollte ein Megaportal wie Google auf den exklusiven Besitz seiner Daten verzichten wollen? Die politische Durchsetzbarkeit einer zentralen Personendatenbank innerhalb eines Staates und über die Staaten hinweg klingt nach einer Herkules-Aufgabe. Für die Lebensqualität der Menschen hat diese politische Aufgabe aber eine viel höhere Bedeutung als viele der in den Medien und in der politischen Diskussion im Mittelpunkt stehenden Themen, beispielsweise die Vernichtung von Arbeitsplätzen durch Roboter, der Untergang des Humanismus durch die Verdrängung des papierenen Buches oder die Gefahren aus der Superintelligenz.[3]

---

[3] Das gilt für die Themen der egomanen Populisten genauso wie für die Themen der politisch korrekten Etablierten.

Ein Gesetz, das die digitalen Dienstanbieter zur Herausgabe der Personendaten verpflichten würde, käme nur dann einer Enteignung gleich, wenn man davon ausginge, dass die Megaportale und nicht die Individuen ein Eigentumsrecht an ihren Personendaten besitzen. Personendaten sind eine Basis für das bessere Verständnis der Menschen, von der Vorbeugung von Krankheiten in der medizinischen Forschung über das Angebot von Versicherungsprodukten je nach Risikobereitschaft des Versicherten bis hin zur Bildung von Verhaltensregeln zur Förderung der Eudaimonia. Der Zugriff auf diese Daten ist eine wesentliche Grundlage für Innovation und wirtschaftliche Entwicklung.

6.3.5 Datenschutz oder Verzicht auf Privatheit

Die **Datenschutzgesetzgebung** versucht, den Schutz der Privatheit einerseits und die Basis für den Innovationswettbewerb andererseits zu gewährleisten. Die **GDPR** (General Data Protection Regulation) der EU, die im Mai 2018 in Kraft getreten ist, regelt die Verarbeitung von personenbezogenen Daten durch private Unternehmen und die öffentliche Verwaltung. Mit ihr werden viele der oben für eine zentrale Personendatenbank genannten Probleme überdeutlich sichtbar. Die Verordnung hat einen Bürokratieschub bei Unternehmen und in der öffentlichen Verwaltung ausgelöst. Selbst die Individuen, die dadurch geschützt werden sollen, leiden darunter: Sie müssen bei jeder neu besuchten Website immer wieder die Verwendung von Cookies und den Umgang mit ihren Daten akzeptieren. Sie tun dies fast ausnahmslos, ohne zu wissen, wozu sie ihr Einverständnis geben. Die Zustimmung reduziert sich für sie auf die Frage, ob sie einen Dienst nutzen oder darauf verzichten wollen.

Kevin Koerner von Deutsche Bank Research geht aus Sicht der Unternehmen der Frage nach, ob die GDPR die europäische Datenwirtschaft stärkt oder abwürgt [39]. Er sieht eine große Gefahr, dass europäische Unternehmen im Gegensatz zu ihren globalen Konkurrenten zu wenig Zugang zu Personendaten haben könnten, um mit maschinellem Lernen Muster zu erkennen und am Weltmodell zu arbeiten. Er kommt insgesamt zu einem zurückhaltenden Urteil und meint, man müsse die Entwicklung der nächsten Jahre im Auge behalten.

Datenschutz ist ein Sisyphus-Vorhaben. Zur Consumer Entertainment Show (CES) 2019 lancierte Apple den Slogan „What happens on your iPhone, stays on your iPhone" und verwies dabei auf die Datenschutzvorkehrungen von Apple [40]. Diese an sich lobenswerte Aussage gilt aber nur, solange das iPhone nicht im Netz ist. Sobald es mit digitalen Diensten im Netz kommuniziert, können diese den Datenverkehr aufzeichnen. Auch wenn man die Möglichkeit des Absperrens gewisser Daten wie etwa derjenigen für die Gesichtserkennung positiv hervorheben muss, ist das Versprechen doch beinahe wertlos und richtet sich primär gegen Google und deren Android-Welt, nicht zuletzt, weil Apple mit der Datensammlung von Google bis heute nicht mithalten kann.

Das Gegenteil zu einer Datenschutzgesetzgebung wie in der GDPR wäre der **Verzicht auf Privatheit**, ggf. bis auf wenige geschützte Bereiche wie medizinische Daten. Wenn man alle Optionen im Umgang mit Personendaten anschaut, ist die Freigabe sämtlicher Personendaten eine ernst zu nehmende Alternative. Dave Eggers hat in seinem Roman „The Circle" eine Welt ohne Privatheit anschaulich skizziert. Die Vorstellung, dass Nachbarn, Vorgesetzte, Sportkameraden und Partner sämtliche persönlichen Daten wie Prüfungsergebnisse, Krankengeschichte, Finanzen, Freundeskreis und auch noch die Videostreams der persönlichen Kameras sehen können, widerspricht unserem seit der Kindheit gelernten Verhalten, Privates für uns zu behalten. Wir haben gelernt, dass es von Vorteil sein kann, wenn unser Gegenüber unsere Schwächen und Stärken nicht kennt, so wie auch Unternehmen ihre Geschäftsgeheimnisse schützen. Möglicherweise ist Privatheit sogar Teil unseres ererbten Sicherheitsdispositivs, etwa des Schamgefühls.

Wenn wir im Gegenzug zu unserer eigenen Offenheit Einblick in alle Personendaten unseres Gegenübers erhalten, nimmt aber die Bedrohung bereits ab. Als Nächstes müssen wir überlegen, ob es für uns besser ist, wenn unsere Daten in den Händen weniger Megaportale liegen, die diese Daten ausschließlich in ihrem eigenen Interesse nutzen, beispielsweise um unseren Konsum zu steuern, oder ob es unserer Lebensqualität mehr dienen würde, wenn konkurrierende Unternehmen Zugriff auf dieselben Daten haben und damit in die Lage versetzt werden, in unserem Sinne zu agieren.

Der (fast) vollständige Verzicht auf Privatheit widerspricht fundamental unseren erlernten und teilweise in den Genen angelegten Bedürfnissen, ist aber wahrscheinlich der wirksamste Ansatz zur Nutzung der Personendaten für die Lebensqualität des Individuums und zur Verhinderung von Monopolen.

6.3.6 Soziale und wirtschaftliche Steuerung

Lebensqualität verlangt nach ökonomischen Steuerungsmechanismen im Sinne von Hedonia und vor allem Eudaimonia. Beispiele solcher Mechanismen sind der Kapitalismus, die soziale Marktwirtschaft in der Mehrparteiendemokratie, Social Scoring in einem Einparteiensystem, das Strafrecht, das bedingungslose Grundeinkommen, der Konsumentenschutz und Verhaltens-kodizes. Die Informatisierung verändert die Mechanismen von Wirtschaft und Gesellschaft grundlegend und ermöglicht außerdem **neue Steuerungs-mechanismen**, so dass wir auch unkonventionelle Konzepte ernsthaft und ohne Emotionen und Vorurteile prüfen müssen.

In der westlichen Welt sind wir grosso modo in sozialen Marktwirtschaften sozialisiert, in denen demokratische Parteien mithilfe der Gesetzgebung unerwünschte Nebenwirkungen der kapitalistischen Steuerung korrigieren können, wenn sie mit konkurrierenden Rezepten zur Verbesserung der Lebensqualität Wähler gewinnen. Diese reichen vom Mindestlohn über Arbeitszeitregelungen und Datenschutz bis zum Konsumentenschutz. Die Bürger verstehen jedoch die zunehmende Komplexität von Wirtschaft und Gesellschaft nicht mehr; die Politiker sind mehr und mehr auf Expertengremien angewiesen und müssen deren Konzepte in Slogans übersetzen, mit deren Hilfe sie Wähler für ihre Ziele motivieren können. Dazu kommt, dass Medien, Bücher, Filme, Videokanäle, Fotoplattformen, Nachrichtenkanäle usw. die Werthaltungen der Menschen formen, unrealistische Visionen produzieren und damit Enttäuschung und Unzufriedenheit beim Vergleich der eigenen Position mit der Scheinwelt provozieren. Selbst sehr gut ausgebildete Bürger folgen den tradierten Werten einer Konsum-, Sport- und Künstegesellschaft, sind außerhalb ihres engeren Wissensgebietes nicht zu fundierten Stellungnahmen fähig und lassen ihrem Bauchgefühl freien Lauf. Es ist nicht verwunderlich, dass sich gerade junge Bürger in dieser Situation vom Politikbetrieb abwenden und nach einer starken Führung ohne demokratische Blockaden rufen. Die Technisierung der Welt und damit die Steigerung der Komplexität und Abstraktheit verlangen dringend nach neuen Konzepten zur Lenkung von Wirtschaft und Gesellschaft zum Wohle der Menschen.

China repräsentiert mit einem mächtigen Einparteiensystem und einem hohen Anteil staatlicher Unternehmen ein Gegenmodell zu dem der westlichen Demokratien und hat bisher einen ähnlich raschen ökonomischen Fortschritt erreicht, wie ihn Japan ein paar Jahrzehnte früher mit einem Mehrparteiensystem und wenigen Unternehmen im Staatseigentum geschafft hat. Die „Ethics Guidelines for Trustworthy AI" der Europäischen Union bezeichnen ein „normative and mass citizen scoring without consent in deviation of fundamental rights" als eine der größten Bedrohungen durch die AI [41]. Auch wenn es für Vertreter der westlichen Welt abwegig klingen mag [42], so ist diese Form der gesellschaftlichen Steuerung als ein Versuch zur Verbesserung der Lebensqualität und zur Vermeidung von kapitalistischen Fehlsteuerungen zumindest einer vertieften Betrachtung wert. Das Einparteiensystem der kommunistischen Partei verfügt über erprobte Verfahren zur politischen

Willensbildung. Die allgegenwärtige Erfassung von Personendaten erlaubt es, politische Ziele in erwünschte und unerwünschte Verhaltensweisen der Bürger zu übertragen, den Bürgern diese Regeln zu kommunizieren, die Befolgung dieser Verhaltensweisen zu kontrollieren, zu sanktionieren und aus den riesigen Datensammlungen neue Regeln abzuleiten. Der überwiegende Teil der Chinesen, die über ihre Erfahrungen mit dem Social Scoring befragt wurden, begrüßt das System. Es ist allerdings zu ergänzen, dass die deutlichste Zustimmung zu den erprobten Social-Scoring-Systemen vor allem bei älteren, männlichen, besser ausgebildeten Bürgern mit höherem Einkommen in urbanen Zonen festzustellen ist [43].

Die Personendaten in den gigantischen Datenspeichern der westlichen Megaportale und der staatlichen Organisationen (z. B. von Sicherheitsdiensten wie NSA [44]) stehen den chinesischen Datensammlungen vermutlich in nichts nach. Ein beachtlicher Teil der Bevölkerung trägt bereits freiwillig smarte Armbänder oder Uhren, die noch mehr Daten aufzeichnen als diejenigen, die in der in Abschn. 2.2 erwähnten Schule in Guangdong verwendet werden. Millionen von Konsumenten liefern Daten an Sprachassistenten wie Alexa oder Siri in ihren Wohnungen, Autos und unterwegs. Offen ist lediglich der Grad des gegenseitigen Datenzugriffs der digitalen Dienste. Banken, Versicherungen, Polizei, Militär und andere Organisationen nutzen viele Daten in der Rekrutierung von Mitarbeitern, in der Gewährung von Krediten sowie in der Verhinderung und Verfolgung von Straftaten. Während die chinesische Regierung den Social Score zur Steuerung eines ideologisch erwünschten Verhaltens verwendet, nutzen die westlichen Unternehmen die Personendaten im Sinne des Kapitals und die staatlichen Organe zur Vermeidung von Gesetzesverstößen oder Gefahren für den Staat.

Dicke Gesetzbücher, insbesondere das Strafrecht, sind eine traditionelle Form zur Steuerung sozial erwünschten Verhaltens zum Wohle aller Bürger. Die Rate von 655 Strafgefangenen pro 100.000 Bürger in den USA (weltweit die höchste Rate, der Durchschnitt liegt bei 145) [45] wird von marktkritischen Kreisen gerne als Ergebnis einer besonders freien Marktwirtschaft interpretiert. Wenn ein Social-Credit-System dazu beitragen würde, das Leid von Opfern und Straftätern durch eine wohlwollende Steuerung zu reduzieren, müsste ein derartiger Ansatz diskutierbar sein.

Eine soziale und wirtschaftliche Steuerung, die statt auf eine kapitalistische Konsummaximierung auf eine möglichst hohe und dauerhafte Lebensqualität zielt, ist eine der Herausforderungen für eine Disziplin Life Engineering. Solch eine Steuerung setzt voraus, dass wir die Faktoren der Lebensqualität grundlegend verstehen, dass wir daraus Messgrößen für „richtiges" Verhalten im Sinne der Lebensqualität ableiten und das Verhalten der Individuen detailliert erfassen. Die größte Hürde dürfte allerdings die politische Willensbildung sein, um den Mechanismus zur Steuerung der Lebensqualität zu akzeptieren. Dieser Anspruch erscheint als eine rein theoretische Vision aus dem akademischen Elfenbeinturm. Doch was sind die Alternativen: Eine Steuerung, die auf einen illusionären und zerstörerischen Differenzierungskonsum abzielt? Eine Steuerung nach den pragmatischen, intuitiven und ideologischen Zielen einer autokratischen Partei? Es besteht die Gefahr, dass Konsumenten, Politiker und Wissenschaftler von den Megaportalen so gesteuert werden, dass sie die Steuerung nicht mehr als solche erkennen, ja sie wegen der scheinbaren Bequemlichkeit geradezu begrüßen. Daher ist eine demokratische Gegenwehr im Sinne der Autonomie des Menschen schwer zu organisieren.

> *Die Aufgabe einer Disziplin Life Engineering ist daher nicht nur die Entwicklung eines Steuerungsmechanismus mit dem Ziel der bestmöglichen Lebensqualität, sondern auch eines Konzepts zur Implementierung dieses Mechanismus in der Gesellschaft.*

Eine perfekte soziale und wirtschaftliche Steuerung zur Steigerung der Lebensqualität ist eine Illusion, doch haben wir, wie beim Thema Happifyer besprochen, bereits heute zahlreiche belastbare Regeln und können diese mit den wachsenden Datenbasen und algorithmischen Möglichkeiten in den nächsten Jahren weiterentwickeln. Vereinfacht formuliert: Wenn nur die Mehrheit der Empfehlungen richtig und umsetzbar ist, trägt dies bereits zu einer Steigerung der Lebensqualität der Menschen bei. Ein Ziel, dem wenige (öffentlich) widersprechen werden.

6.3.7 Konsumentenschutz

Die wachsenden kommerziellen Datensammlungen der Megaportale bergen die Gefahr, dass uns zwar nicht die Ideologie einer Partei, wohl aber der **Konsumerismus** im kapitalistischen System steuert. Shoshana Zuboff spricht von einem „Zeitalter des Überwachungskapitalismus" [46], in dem Unternehmen wie Google Daten aus allen Lebensbereichen der Menschen sammeln, daraus Verhaltensmuster ableiten und so verwerten, dass das generalisierte Wissen über die Menschen einerseits und das Wissen über das Individuum andererseits den größten Deckungsbeitrag für Google und seine Geschäftskunden abwerfen.

Zuboff [46] warnt in klassenkämpferischem Ton vor dem Verlust der Autonomie der Konsumenten und ruft dringend zur demokratischen Steuerung oder mindestens zur Kontrolle der Megaportale auf. Auch wenn die Darstellung von

Zuboff mehr von den marktwirtschaftlichen Symptomen denn von den dahinter liegenden Wirkungszusammenhängen geprägt ist, muss ihre Analyse äußerst ernst genommen werden. Wenn wir die oben skizzierte Form der gesellschaftlichen Steuerung zum Ziele der Lebensqualität als zu anspruchsvoll und weit entfernt sehen, müssen wir wenigstens den Konsumentenschutz so schlagkräftig gestalten, dass er unmittelbar sichtbare negative Auswüchse der kapitalistischen Steuerung verhindern oder reduzieren kann. Zu den möglichen konkreten Maßnahmen zählen die Beobachtung von Abonnementverträgen, die Konsumenten kaum noch kündigen können oder die unvorhergesehene Kosten mit sich bringen, eine vereinheitlichte und verständliche Formulierung der Vereinbarungen bezüglich der Datenverwendung oder der kontrollierte Zugang konkurrierender Unternehmen zu möglichst vielen Personendaten, so dass wenigstens der Wettbewerb der Produkt- und Dienstanbieter erhalten bleibt.

Verschiedentlich wird ein **Verbot von AI für bestimmte Services** verlangt. Doch weder die AI noch die Services sind so klar definierbar, dass eine derartige Regulierung wirksam kontrolliert werden könnte. Sie käme auch einer Art Zensur gleich, die für die Bürger die erlaubten Dienstleistungen aussuchen könnte. Apple unterzieht jede App, bevor sie auf den App Store geladen wird, einer intensiven Überprüfung, was gelegentlich als willkommener Schutz für die Apple-Nutzer, gelegentlich aber auch als eine Form von Zensur kommentiert wird.

Wesentlich realistischer, aber technisch schwierig ist die Forderung, dass der Benutzer eines Dienstes die Empfehlungen oder **Entscheidungen eines Algorithmus nachvollziehen** können muss. Warum bekomme ich bei einer Suche mit Google genau diese Treffer in dieser Reihenfolge? Warum bekomme ich die angezeigte Werbung? Wie kommt mein Preis für eine Flugreise oder ein Smartphone auf einer Plattform zustande? Wer finanziert bestimmte Dienste über welche Erlösströme? Die OECD publizierte 2018 ein „**Toolkit for Protecting Digital Consumers**" [47], das teilweise sehr konkrete Verbesserungen für einen Konsumentenschutz im eCommerce, etwa zu irreführenden Referenzpreisen oder zu Offenlegungsvorschriften, vorschlägt.

Die Liste der Aufgaben für den Konsumentenschutz ließe sich fast beliebig verlängern. Selbst bei einer Einschränkung ausschließlich auf Aufgaben, die das Individuum überfordern, wie etwa die Begrenzung der Datenweitergabe zwischen den Diensten, wäre die Liste noch sehr lang.

6.3.8 Weitere Aufgaben für Wirtschaft und Gesellschaft

Die Liste der gesellschaftlichen Themen, mit denen sich das Life Engineering zu beschäftigen hat, kann von den Themen der **OECD-Initiative „Going**

Digital" ausgehen. Hier seien lediglich anhand einiger häufig diskutierter Fragestellungen ein paar Beispiele explizit angesprochen:

- Kluft zwischen Bevölkerungsgruppen: Die maschinelle Intelligenz verbreitert die Kluft zwischen privilegierten und diskriminierten Bevölkerungsgruppen, die auf Vererbung, Bildungsniveau, Einkommen und Vermögen zurückzuführen ist.
- Berufswelt: In den ersten 70 Jahren der Computerisierung waren nicht die häufig beschworene Arbeitslosigkeit als Folge der maschinellen Intelligenz, sondern ein Wandel der Berufsbilder und eine temporäre Arbeitslosigkeit zu beobachten. Das wird auch im Jahre 2030 noch der Fall sein.
- Stress, Komplexität, Verrechtlichung: Anstatt die Komplexität des Lebens abzubauen, trägt der Staat mit Überregulierung ebenso viel zum Stress und zur Überforderung der Menschen bei wie die Unternehmen mit ihren immer länger werdenden und unverständlichen Allgemeinen Geschäftsbedingungen.
- Bedingungsloses Grundeinkommen: Eine soziale Absicherung muss und kann in hochentwickelten Gesellschaften die Grundbedürfnisse der Menschen abdecken. Das Problem der Sinnlosigkeit und des Mangels an Selbstwert ist damit aber nicht gelöst, wenn jemand in der Gesellschaft nicht benötigt wird [48, S. 208].
- Eigentumsrechte an Wissen (Intellectual Property Rights): Wie kann das Individuum, wie kann ein kleines, innovatives Unternehmen sicherstellen, dass es aus seinen Ideen und Entwicklungen einen entsprechenden monetären Nutzen ziehen kann?
- Regulierung des Internets: Netzneutralität, Zensur, Schutz vor Falschnachrichten und Spam, Urheberrecht und andere Rechtsgebiete regeln das Leben in der vernetzten Welt (Internetrecht). So hat das Parlament der Europäischen Union am 26.03.2019 eine Direktive zum Urheberrecht im digitalen Binnenmarkt beschlossen [49]. Auf dem G20-Gipfel in Osaka wurde offiziell die Einführung eines Rahmens für den grenzüberschreitenden Datenfluss mit einem besseren Schutz der personenbezogenen Daten, des geistigen Eigentums und der Cybersicherheit angekündigt.
- Steuern: Die Europäische Union und einzelne ihrer Mitgliedsstaaten diskutieren eine Digitalsteuer und sind teilweise dabei, diese einzuführen.
- Staatliche Forschungsförderung: Das Ziel der Lebensqualität kann die Themen und die Effizienz der staatlichen Forschungsförderung steuern.

Diese Herausforderungen sind in der Politik nicht unbekannt, sind aber äußerst komplex und abstrakt, eignen sich also wenig für einfache politische Botschaften.

Die Bürger (also auch du und ich) sind aber immer wieder punktuell davon betroffen, ohne die Zusammenhänge ausreichend tief zu verstehen, und sind damit hoch empfänglich für Vereinfacher mit Botschaften für das Bauchgefühl.

Die OECD hat unter dem Titel „Growth & Well-being" ein Going Digital Toolkit für die Politik entwickelt. Dieses behandelt den Umgang mit der Digitalisierung in acht Dimensionen: Netzzugang, Internetnutzung, Innovation, Berufe, Skills, Gesellschaft, Vertrauen, Offenheit der Märkte. Es liefert umfangreiche Materialsammlungen.

6.3.9 Recht und Pflicht zur Beeinflussung des Menschen

Ein Mechanismus zur Steuerung von Wirtschaft und Gesellschaft im Sinne der Lebensqualität anstelle der kapitalistischen Konsumsteuerung oder der kommunistischen Parteisteuerung ist eine Vision, der man schnell zustimmen wird. Selbst wenn man an die Umsetzbarkeit dieser Vision glaubt, stellt sich eine schwer zu beantwortende Frage: Wer darf wem sagen, was für ihn gut ist? Wollen wir denn bevormundet werden, auf **Autonomie** verzichten?

Von volkstümlichen Redewendungen wie „Jeder ist seines Glückes Schmied" bis zur Maxime der Autonomie des Menschen bei Kant wird ständig betont, dass die Freiheit zu den höchsten Gütern des Menschen gehört. Doch wie frei sind wir wirklich, wenn es um unsere Lebensqualität geht? Der Wettbewerb in der Beeinflussung der Menschen in der Überflussgesellschaft nutzt unsere angeborenen und erlernten Bedürfnisse vor allem im Sinne der Differenzierung [21]. Die Medien, die Werbung und die sozialen Netzwerke steuern unsere Werthaltungen; sie sagen uns, was gut und was schlecht ist.

Im Kampf um Aufmerksamkeit setzen die Medien bewusst oder unbewusst auf unsere Bedürfnisse der Weiterentwicklung (Differenzierung und Wissen). Der Held und der Bösewicht im Film, der politische Kommentar in der Zeitung, die unzähligen Blogs im Internet, die Postings in den sozialen Medien und selbstverständlich auch wissenschaftliche Abhandlungen vermitteln uns, was unsere Gemeinschaft stärkt, was unsere Erscheinung bestimmt, wie Macht ausgebaut wird und welchen Rang wir in unserer Gemeinschaft innehaben. Sie formen unsere Verhaltensmuster, indem sie uns erklären, welche Aktionen uns besser oder schlechter stellen. Die Werbung auf all diesen Kanälen verstärkt diese Verhaltensprägung soweit wie möglich, um damit konkrete Produkte, Dienste und Botschaften zu verkaufen. Die Vermittler der Werbebotschaften heißen denn auch häufig Influencer, da sie mit ihren Werten für viele Menschen Vorbilder darstellen. Unternehmen nutzen all ihr Wissen über den Konsumenten, um Umsatz und Deckungsbeitrag zu generieren. Die erkannten Einstellungen eines Individuums dienen der Selektion von Botschaften in der Werbung und in den Nachrichten und unterstützen so bestimmte Werthaltungen in Filterblasen. Alle involvierten Unternehmen und Organisationen beeinflussen oder steuern uns bereits.

Politische Parteien und zivilgesellschaftliche Organisationen sowie Religionen verfolgen spezifische Vorstellungen, was für die Menschen gut ist, und versuchen ebenfalls, die Menschen im Sinne dieser Vorstellungen zu beeinflussen. Es ist allerdings zu bedenken, dass diese Organisationen aus Menschen bestehen, die wiederum persönliche Bedürfnisse der Weiterentwicklung (vor allem Macht, Rang und Selbstwert) haben, selbst wenn sie damit den Zielen ihrer Organisation und letztlich der Zielgruppen zuwiderhandeln.

Noch nicht angesprochen, aber über all dem steht die Frage, *wer* letztlich entscheidet. Wer weiß am besten, was für den Menschen gut ist? Ist die Entscheidungsfreiheit des Individuums höher zu gewichten als das Fachwissen? Wann darf die Gesellschaft, ein Unternehmen, ein Spezialist (z. B. Arzt, Life Engineer) oder jemand anderes als das betroffene Individuum entscheiden? Ist es zulässig, jemanden in eine objektiv erkennbare Falle (z. B. Verschuldung, Krankheit) laufen zu lassen, um seine Autonomie zu erhalten? Darf man jemanden in allen seinen Entscheidungen bevormunden?

> *Man kann nicht nur ein Recht zur Beeinflussung von Menschen formulieren, sondern in vielen Fällen sogar eine Pflicht.*

Ein Arzt, der seinem Patienten eine Therapie vorschlägt, ein Lehrer, der seinem Schüler Verhaltenshinweise gibt, oder ein Fußballtrainer, der seine Schützlinge in ihrer persönlichen Entwicklung weiterbringen möchte, haben die Pflicht, ihr Wissen um hilfreiche und schädliche Verhaltensweisen weiterzugeben.

Wenn die maschinelle Intelligenz unser Leben tatsächlich radikal verändert, haben die Wissenschaft, die Politik und bei allen Widersprüchen auch die Unternehmen die Pflicht, sich mit den technologischen Möglichkeiten und ihren Wirkungen auf die Lebensqualität zu beschäftigen und die Wirtschaft und die Gesellschaft zum Wohle der Menschheit zu steuern.

6.3.10 Implementierung einer Steuerung der Lebensqualität

Wenn Wissenschaft und Wirtschaft jemals ausreichend konkret wissen sollten, was eine hohe Lebensqualität (Hedonia und Eudaimonia) ausmacht, wenn sie die Lebensqualität messen und Verhaltensregeln im Sinne der Lebensqualität vorgeben können, so sind diese Erkenntnisse noch politisch zu implementieren. Es ist dafür zu sorgen, dass die Individuen, die Unternehmen und die Gesellschaft diese Erkenntnisse verstehen, akzeptieren und anwenden. Die Verhaltensweisen, die für eine langfristige, nachhaltige Lebenszufriedenheit (Eudaimonia) sorgen, können kurzfristigen, erlernten und ererbten Bedürfnissen zuwiderlaufen. Wenn jemand massiv übergewichtig ist, weiß er, was ihn längerfristig zufriedener macht, kann aber dem angebotenen Energy-Drink nicht widerstehen oder sich nicht zu ausreichender körperlicher Betätigung motivieren. Wenn die Handlungsempfehlungen der Hedonia dienen, sorgt der Kapitalismus für die Implementierung. Wenn die Handlungsempfehlungen auf die Eudaimonia und gegen die Hedonia gerichtet sind, braucht es eine gesellschaftliche Willensbildung.

6.4 Zusammenfassung: Herausforderung Evolution und Lebensqualität

Life Engineering soll die technologische Evolution mit dem Ziel wachsender Lebensqualität der Menschen lenken.

Gefordert sind jeder Einzelne, die Unternehmen, die öffentliche Verwaltung sowie Parteien und zivilgesellschaftliche Organisationen. Das Individuum soll die maschinelle Intelligenz und die Voraussetzungen für Lebensqualität so weit verstehen, dass es selbstständig und überlegt entscheiden kann. Die Unternehmen müssen den Paradigmenwechsel von der Unternehmenssicht zur Konsumentensicht schaffen, die Bedürfnisse und Verhaltensmuster der Menschen verstehen und die Lebensqualität von Kunden und Mitarbeitern in ihr Zielsystem integrieren. Die größten Herausforderungen stellen sich der Gesellschaft: Unter den vielfältigen Themen sind vor allem die öffentliche Infrastruktur im Bereich Technologie und Bildung, der Umgang mit den Personendaten und die gesellschaftliche Steuerung der Lebensqualität hervorzuheben.

Es ist zu hoffen, dass eine wissenschaftliche Disziplin Life Engineering Grundlagen bereitstellen kann, die am Ende auch den Umgang mit der Weiterentwicklung des Menschen bis hin zum Trans- und Posthumanismus im Sinne der Lebensqualität leiten. Eine emotionslose, rationale Aufarbeitung der Themen und das Management des Wandels sind die größten Barrieren.

Verweise auf weitere Studien zum Umgang mit der maschinellen Intelligenz, insbesondere von Robotik und AI, findet man im IEEE Standard zum „Ethically Aligned Design" [50, S. 14].

Literatur

1. Tegmark, M. (2018). *Life 3.0. Being human in the age of artificial intelligence.* New York: Knopf.
2. How many times are people interrupted by push notifications?. 2019. https://askwonder.com/q/how-many-times-are-people-interrupted-by-push-notifications-58efcbf59682ca280093ebd9. Zugegriffen am 21.01.2019.
3. Scheu, R. (03. April 2019). Donald Trump handelt für meinen Geschmack viel zu wenig disruptiv. *NZZ*, Zürich, S. 36.
4. Olk, T., & Hartnuss, B. (Hrsg.). (2011). *Handbuch Bürgerschaftliches Engagement.* Weinheim/Basel: Beltz Juventa.
5. Samuel, A. (2019). How to lose weight, with the help of technology the new, improved world of infant. *The Wall Street Journal.*
6. Stockrahm, V. S. (26. November 2013). Arzneiprüfer warnen vor Gentests von. *Zeit Online*, S. 1–4.
7. Hess, T. (2019). *Digitale Transformation strategisch steuern.* Berlin/Heidelberg: Springer.
8. Gassmann, O., & Frankenberger, K. (2018). *Der St. Galler Business Model Navigator: 55 Karten zur Entwicklung von Geschäftsmodellen.* München: Hanser.
9. Fleisch, E., Weinberger, M., & Wortmann, F. (2014). Geschäftsmodelle im Internet der Dinge. *HMD Praxis der Wirtschaftsinformatik, 51,* 812–826. St. Gallen.
10. O.V. (2019). Touchpoint dashboard. https://touchpointdashboard.com/2014/08/share-for-success-using-touchpoint-dashboard-to-drive-organizational-change/. Zugegriffen am 13.01.2019.
11. Kagermann, H. Nationale Plattform Zukunft der Mobilität. https://www.plattform-zukunft-mobilitaet.de/. Zugegriffen am 17.04.2019.
12. Dirscherl, H.-C. (2019). Apple Carplay im Test: Funktionen, Apps, Anbieter, Wireless Carplay. *Macwelt.* https://www.macwelt.de/a/apple-carplay-im-test-funktionen-apps-anbieter-wireless-carplay,3291882. Zugegriffen am 07.04.2019.
13. O.V. (2018). Frequency of news consumption via social media among adults in the United States as of November 2018. *The Hollywood Reporter.* https://www.statista.com/statistics/263498/use-of-social-media-for-news-consumption-among-hispanics-in-the-us/. Zugegriffen am 08.04.2019.
14. Schauenburg, J. (2017). Markterfolg durch Kundennutzen. St. Gallen.
15. O.V. Smarte Wetterstation. *netatmo* (2019). https://www.netatmo.com/de-de/weather. Zugegriffen am 16.04.2019.
16. Xu, R., et al. (2014). Tell me what to eat – Evaluation of a mobile companion helping obese children and their parents to plan nutrition intake. In *Ambient intelligence – European conference, 8850,* 100–113.
17. Kowatsch, T., Maass, W., Cvijikj, I. P., Büchter, D., Brogle, B., et al. (2014). PathMate2: The impact of digital coaches on therapy in overweight teenagers. In *22nd European Conference on Information System (ECIS),* S. 1–18.

18. Fleisch, E., Kowatsch, T., & Shih, C.-H. PathMate2: The impact of digital coaches on therapy in overweight teenagers. https://www.c4dhi.org/projects/snf-pathmate2-childhood-obesity/. Zugegriffen am 25.12.2019.

19. Venkatesh, V., Thong, J. Y. L., & Xu, X. (2012). Consumer acceptance and use of information technology: Extending the unified theory of acceptance and use of technology. *MIS Quarterly, 36*(1), 157–178.

20. Blankenhagel, K. J., & Koch, H. (2019). Challenges for preventive digital stress management systems – Identifying requirements by conducting qualitative interviews. In *Hawaii international conference on system sciences.* Honolulu.

21. Binswanger, M. (2010). *Sinnlose Wettbewerbe. Warum wir immer mehr Unsinn produzieren.* Freiburg im Breisgau: Herder GmbH.

22. Schmiedeknecht, M. H., & Wieland, J. (2015). ISO 26000, 7 Grundsätze, 6 Kernthemen. In *Corporate Social Responsibility. Verantwortungsvolle Unternehmensführung in Theorie und Praxis.* Berlin/Heidelberg: Springer Gabler.

23. Hansen, U., & Schrader, U. (2005). Corporate Social Responsibility als aktuelles Thema der Betriebswirtschaftslehre. *Die Betriebswirtschaft, 65*(4), 373–395.

24. O.V. (2018). Alibaba and Tencent have become China's most formidable investors. *The Economist.*

25. Kling, B. (2019). iPhone-Suchmaschine: Google zahlt Apple fast 10 Milliarden Dollar. *ZDNet.* https://www.zdnet.de/88353835/iphone-suchmaschine-google-zahlt-apple-fast-10-milliarden-dollar/. Zugegriffen am 08.04.2019.

26. OECD. Going digital. (2019). www.oecd.org/going-digital/topics. Zugegriffen am 22.04.2019.

27. Haskel, J., & Westlake, S. (2018). *Capitalism without capital: The rise of the intangible economy.* Princeton: Princeton University Press.

28. Schmidt, E., & Cohen, J. (2013). *The new digital age. Reshaping the future of people, nations and business.* London: Alfred A. Knopf.

29. O.V. (2016). Trust Services and eID|Digital Single Market. https://ec.europa.eu/digital-single-market/en/trust-services-and-eid. Zugegriffen am 28.12.2016.

30. O.V. (2016). Q&A: Electronic Identification and Trust Services (eIDAS) regulation. *European Commission.* http://europa.eu/rapid/press-release_MEMO-14-586_en.htm. Zugegriffen am 17.01.2019.

31. O.V. (2014). Aadhaar SIM card linking project soon. *The New Indian Express.*

32. Surabhi. (2014). EPFO revives Aadhaar for rolling out unique account numbers. *The Indian Express*, S. 1–10.

33. O.V. Etablierung einer national und international gültigen elektronischen Identität (E-ID). *egovernment.* https://www.egovernment.ch/de/umsetzung/schwerpunktplan/elektronische-identitat/. Zugegriffen am 09.04.2019.

34. O.V. (2019). Workshop on digital innovation, infrastructure, and entrepreneurship on bio data. Berlin.

35. O.V. (2018). *Digital government blueprint.* Singapore.

36. O.V. opendata.siss. https://opendata.swiss/de/about/. Zugegriffen am 18.01.2019.

37. Department of the Prime Minister and Cabinet. 2018 *New Australian Government Data Sharing and Release Legislation Issues Paper for Consultation.* Canberra: Department of the Prime Minister and Cabinet.

38. O.V. (2019). MIDATA. https://www.midata.coop/index.html#about. Zugegriffen am 18.01.2019.

39. Koerner, K. (2018). *GDPR – Boosting or choking Europe's data economy?* Frankfurt a. M: Deutsche Bank.

40. O.V. Apple privacy. https://www.apple.com/privacy/. Zugegriffen am 22.04.2019.

41. Expert Group on Artficial Intelligence. 2018. *Ethics guidelines for trustworthy AI.* Brussels: European Union.

42. Siemons, M. (06. August 2018). Die Automatisierte Politik. *Frankfurter Allgemeine.*

43. Kostka, G. (2018). *China's social credit systems and public opinion: Explaining high levels of approval.* Berlin: Free University of Berlin.

44. Snowden, E. (2013). PRISM/US-984XN overview. https://snowdenarchive.cjfe. org/greenstone/collect/snowden1/index/assoc/HASH9cc7.dir/doc.pdf. Zugegriffen am 12.09.2019.

45. World Prison Brief. 2019. http://www.prisonstudies.org/highest-to-lowest/prison_ population_rate?field_region_taxonomy_tid=All. Zugegriffen am 20.03.2019.

46. Zuboff, S. (2019). *The age of surveillance capitalism.* New York: PublicAffairs.

47. O.V. (2018). *Toolkit for protecting digital consumers. A resource for g20 policy makers.* Paris: OECD.

48. Collier, P. (2018). *The futue of capitalism. Facing the new anxieties.* London: Penguin Books.

49. Mazziotti, G. (2013). *Copyright in the EU digital single market.* Brussels: Centre for European Policy Studies.

50. IEEE. (2016). *Ethically aligned design. A vision for prioritizing wellbeing with artificial intelligence and autonomous systems.* New Jersey: IEEE.

7

Disziplin Life Engineering

> *Business Engineering nutzt die Informationstechnologie zur Steigerung des Unternehmenswertes; Life Engineering soll mithilfe der Informationstechnologie die Lebensqualität der Menschen steigern.*

Es wäre verwegen, hier das fertige Konzept einer Disziplin Life Engineering präsentieren zu wollen. Das Folgende beschreibt einige Grundgedanken für eine ingenieurmäßige Gestaltung der digitalen Welt im Sinne der Lebensqualität der Menschen.

Das Nahziel des Life Engineering sind Regeln für die digitalen Assistenten zum Wohle der Menschen, das Fernziel Regeln für die Superintelligenz. Das Minimalziel ist die Umsetzung des einigermaßen gesicherten Wissens zur Informationstechnologie und zur Lebensqualität in Empfehlungen an die Individuen, die Unternehmen und die Politik. Notwendig ist die Weiterentwicklung des Wissens zur Lebensqualität und zur Nutzung der maschinellen Intelligenz im Sinne dieser Lebensqualität. Daraus ergeben sich die folgenden Forschungsthemen.

7.1 Weltdatenbank

Die Megaportale, allen voran Google, streben nach einem digitalen Abbild der Welt, das Menschen, Dinge und Konzepte (z. B. Kaufverträge, Organisationen, Berechnungen) möglichst nahe an der Wirklichkeit beschreibt. Grundlage dafür ist das von ihnen gesammelte Wissen, sei es das Surfverhalten der Individuen im Internet, seien es die Lokationsdaten des Autos und die biome-

© Springer Fachmedien Wiesbaden GmbH, ein Teil von Springer Nature 2020
H. Österle, *Life Engineering*, https://doi.org/10.1007/978-3-658-28335-3_7

trischen Daten von Fitnessgeräten oder seien es die Beobachtungen von Kameras. „Weltdatenbank" bedeutet nicht eine einzige, riesige Datenbank, sondern die Gesamtheit aller Datenbestände unter der Kontrolle eines Unternehmens oder einer anderen Organisation. Selbst die größten Datenbasen beschreiben heute nur kleine Ausschnitte der Wirklichkeit, besitzen jedoch viel mehr Wissen über die Persönlichkeit, als das jemals der Fall war, und weit mehr, als sich das der Konsument vorstellt. FAMANG (Facebook, Amazon, Microsoft, Apple, Netflix, Google) und BAT (*Baidu, Alibaba, Tencent*) besitzen enorme personenbezogene Datenbestände, die vor allem aus Aufzeichnungen von Internetaktivitäten bestehen. Bereits diese Datensammlungen führen zu monopolistischen Machtverhältnissen, da ihr Wert mit der Größe wächst.

Um diese Datenbestände nicht allein den Megaportalen zu überlassen, versucht die Wissenschaft durch Kollaboration mit Großunternehmen konkurrenzfähige Datenbanken aufzubauen, beispielsweise in Form der International Nucleotide Sequence Database Collaboration [1] der U.S. National Library of Medicine, im Consumer Data Research Center [2] oder in der Initiative MIDATA [3] zur Speicherung von personenbezogenen Daten, vor allem Gesundheitsdaten. Auf re3data.org (Registry of Research Data Repositories) gibt es Informationen zu mehr als 2000 Data Repositories [4]. Otto et al. haben zusammen mit großen europäischen Unternehmen eine Referenzarchitektur für industrielle Daten, von Sensoren bis zu Lieferantendaten, entwickelt, die das Ziel verfolgt, Daten föderativ und kontrolliert zwischen Organisationen austauschen zu können [5]. Mit dem Konzept des Quantified Self hat Swan [6] eine künftige Datenbasis zur Entwicklung eines Lebensassistenten umrissen. Sie betont die Ergänzung der Personendaten, wie sie heute vor allem aus der Internetnutzung gewonnen werden, um die Daten aus der Sensorik des Internet of Things und geht auf die Möglichkeiten ein, aus diesen Daten die Lebensqualität verstehen zu lernen und letztlich die Grundlagen für digitale Lebensassistenten zum Wohl der Menschen abzuleiten. Sie listet bereits im Jahre 2013 25 Applikationen, Datenbanken und Plattformen zur Erfassung der Lebensqualität auf. Ein Zugriff auf den weltweiten Fundus der Personendaten ist für die Forschung zum Life Engineering essenziell, ohne demokratisch legitimierte regulatorische Eingriffe aber kaum machbar.

7.2   Weltmodell

Als Weltmodell bezeichnen wir hier das gesammelte Wissen, das aus den Komponenten der Weltdatenbank abgeleitet ist, im einfachsten Fall Regeln wie beispielsweise „Personen, die diesen Artikel gekauft haben, haben auch jene Artikel gekauft". Ein etwas komplexerer Zusammenhang ist beispielsweise „Wer beruflich Glyphosat verwendet, raucht und trinkt sowie eine genetische Prädisposition besitzt, hat ein höheres Risiko, an Lungenkrebs oder Asthma zu erkranken." Dieses Muster basiert auf einer umfangreichen Hierarchie von Mustern wie etwa „Rauchen", „beruflich" oder „Krebs". Die Ableitung derart komplexer Muster erfordert riesige Datensammlungen, um für alle Zusammenhänge eine ausreichende statistische Signifikanz zu erhalten. Der Datenschatz und die verfügbaren Investitionsmittel der Megaportale bringen es mit sich, dass diese die Verhaltensmuster, insbes. die Zusammenhänge zwischen Aktionen und Hedonia oder Eudaimonia, früher als die Wissenschaft oder als kleinere Konkurrenten verstehen werden und damit ihr Monopol im Sinne von Abb. 6.1 ausbauen. FAMANG und BAT haben die Daten und die Ressourcen, um an partiellen Weltmodellen zu bauen [7, S. 173 ff.].

Jeder Mensch besitzt ein individuelles Weltmodell, das aus seinen Erbinformationen und erworbenem Wissen (Erfahrungen seines Lebens) aufgebaut ist. Die Modelle der Artificial Intelligence sind noch sehr weit vom Weltmodell des Menschen entfernt, doch auf Teilgebieten bereits wesentlich elaborierter und zuverlässiger als die des Menschen, wenn sie aus umfangreichen Datenbasen deduziert worden sind. Ein einigermaßen umfassendes, empirisch fundiertes Weltmodell oder auch nur ein Modell aller Facetten der Mobilität wird auch nach dem Jahr 2030 noch lange auf sich warten lassen. Die maschinelle Intelligenz ist noch weit davon entfernt, die Bedürfnisse des Menschen zu verstehen. Dazu fehlen schlicht die Muster unserer Wahrnehmungen (Wind, freundliches Gesicht, bewertende Aussage, Fahrstrecke usw.) und unserer Entscheidungen (Aktionen wie Lächeln, Bremsen, Widerspruch, Rennen). Maschinen können die Umwelt des Menschen bei weitem noch nicht so wie der Mensch selbst erfassen und können noch viel weniger in den Menschen hineinsehen, also dessen Gedanken, Wahrnehmungen, Gefühle und Entscheidungen aufnehmen, ohne dass der Mensch diese Daten explizit beschreibt. Außerdem ist die Anzahl von Faktoren und Beziehungen noch weit oberhalb dessen, was wir in absehbarer Zeit mit maschinellem Lernen auswerten können. Wegen der enormen Zahl von Variablen und der Schwierigkeiten der Messung werden zunächst isolierte Teilmodelle, beispielsweise für das nutzerspezifische Video Streaming, die Therapiebegleitung, die Ernährungsberatung oder die Finanzierung, entstehen. Die Fähigkeiten der AI, aus Mustern weitere Muster zu folgern und damit neue Konzepte abzuleiten, sind noch sehr rudimentär, sind aber Voraussetzung für einen leistungsfähigen maschinellen Glückscoach.

Die Grenzen maschineller Weltmodelle werden gerade in der wissenschafts-theoretischen Diskussion der Wirtschaftswissenschaften sichtbar: Quantitativ empirisch abgesicherte Aussagen erfassen oft nicht alle wichtigen Einfluss-größen und sind meist ohne Handlungsrelevanz. Deduktive Aussagen sind leichter mit Handlungsanleitungen zu verbinden, besitzen aber eine hohe Fehlerwahrscheinlichkeit, wenn sie nur an wenigen Fällen und mit unscharfen Begriffen plausibilisiert werden. Die maschinellen Deduktionsmechanismen (Inferenz), die aus den elementaren Zusammenhängen Abstraktionen schaffen und diese verknüpfen, sind noch weit schwächer als die des Menschen.

Unternehmen wie etwa Pharmahersteller, die in ihrem Tätigkeitsbereich Teilmodelle der Welt aufbauen, wollen ihre Investitionen in Markterfolge umsetzen und betrachten ihre Modelle daher als ihr Eigentum. Die öffentlich finanzierte Forschung hat dagegen ein hohes Interesse, nicht nur die Daten-basis, sondern auch das daraus abgeleitete Wissen als Ausgangspunkt ihrer Forschung verwenden zu können. Oft wird dies nur durch eine enge Zusam-menarbeit der Wissenschaft mit der Wirtschaft gelingen. Die Forschung ist dann u. U. von den Interessen der kooperierenden Unternehmen getrieben, und die Publikation der Ergebnisse ist schwierig.

Die Megaportale bauen an ihren Weltmodellen, indem sie Muster extrahie-ren, welche die Zusammenhänge von Aktionen, Wahrnehmungen und Wirkungen auf die menschlichen Bedürfnisse beschreiben. Ihre Marktposi-tion kann die Forschung und die Innovation in kleinen Unternehmen behindern. Markl fordert aus diesem Grund den Aufbau einer nationalen Daten- und Analyseinfrastruktur für Deutschland als Grundlage digitaler Souveränität [8]. Das Ziel des Vorhabens ist die Verwertung von personen-bezogenen Daten im Sinne der Lebensqualität anstelle des Unterneh-menswertes von Oligopolisten. Es ist zu hoffen, dass eine Steuerung des Vorhabens gefunden wird, welche nicht hinter der Dynamik börsennotierter Unternehmen herhinkt, so dass tatsächlich eine konkurrenzfähige Weltdaten-bank und ein daraus abgeleitetes Weltmodell entstehen.

Neff und Nafus [9] sowie Deborah Lupton [10] entwickeln auf der Grund-lage des Quantified Self Vorstellungen vom Selftracking der Menschen, mit dem die Individuen diese Daten zur Verbesserung ihres Wohlbefindens nut-zen. Die IEEE Global Initiative for Ethical Considerations in Artificial Intel-ligence and Autonomous Systems [11] sieht in diesen Sensordaten einen äußerst sensiblen Bereich der Personendaten und versucht, Regeln für die technischen Möglichkeiten zur Erfassung, Modellierung und Darstellung von Emotionen, Stimmungen und Persönlichkeit zu formulieren.

7.3   Lebensqualitätsmodell

Die Glücksforschung verbindet Daten zur Lebenssituation mit Indikatoren für das Wohlbefinden der Menschen. Sie kombiniert also beispielsweise Daten zur Gesundheit, zur Bildung, zur finanziellen Situation, zum Konsum, zu politischen und religiösen Überzeugungen mit Aussagen zur subjektiv empfundenen Lebensqualität [12] oder mit Messungen von Stimmungen aus Gesichts- und Sprachanalysen, aus Texten und biometrischen Aufzeichnungen. Ihre Modelle nutzen das Wissen der Psychologie, Biologie, Medizin, Neurowissenschaften, Kybernetik, Philosophie usw. Sie werden das heute vorhandene Wissen zur Lebensqualität auf ein neues Niveau heben.

Gerade die Glücksforschung fordert die öffentliche Zugänglichkeit anonymisierter, personenbezogener Daten und daraus abgeleiteter Muster (Teilmodelle). Sie begründet dies damit, dass personenbezogene Daten den abgebildeten Personen gehören, auch wenn nach der heutigen Gesetzeslage die Anbieter der Dienste de facto die Besitzer der personenbezogenen Daten sind. Noch wichtiger erscheint das Argument, dass die Lebensqualität und nicht der Unternehmenswert der Anbieter das Verhalten steuern sollte.

Die OECD versucht, die in vielen Staaten erhobenen Daten zum subjektiv empfundenen Wohlbefinden ihrer Bürger zu standardisieren und damit eine Weltdatenbank der Glücksmessungen zu ermöglichen. Sie will damit die Bemühungen vieler Staaten unterstützen, den Fortschritt nicht nur ökonomisch zu messen, sondern auch andere Komponenten, vor allem soziale, einzubeziehen [13].

7.4   Lebensassistenten

Digitale Assistenten für alle Lebensbereiche werden das Wissen über die menschlichen Bedürfnisse, Wahrnehmungsmuster, Handlungsmuster und Gefühle nutzen, um uns bei den Entscheidungen des täglichen Lebens zu unterstützen oder uns in eine jeweils gewünschte Richtung zu beeinflussen. Sie werden teilweise auch einzelne Aktionen für uns ohne unsere Mitwirkung, also automatisch, ausführen. Streamingdienste spielen bereits heute Musikstücke nach unserem individuellen Musikgeschmack und je nach aktueller Stimmung ab, Robo-Adviser der Banken verwalten unser Vermögen selbstständig entsprechend unserer persönlichen Risikobereitschaft sowie anderen Kriterien, und Gesundheitsassistenten bereiten aus den medizinischen Daten Diagnosen vor und begleiten unsere Therapien. Das kommt der Bequemlichkeit und dem Bedarf der Konsumenten entgegen und generiert gleichzeitig neue oder vergrößerte Zahlungsströme für die Anbieter. Apple, Google und Facebook zeigen, wohin die Reise gehen wird.

Ein allumfassender Lebensassistent wird in ferner Zukunft alle Lebensbereiche des Menschen im Sinne der Lebensqualität analysieren und unterstützen. Er wird der einfachen Logik der Homöostase (Abb. 4.1), dem Steuerungsmechanismus der Evolution, folgen. Er wird die Welt wie der Mensch wahrnehmen, aus seinen Wahrnehmungen wie der Mensch lernen und den Menschen auf Basis dieses Modells seiner Welt unterstützen. Er wird die Bedürfnisse des Lebensqualitätsmodells bis auf die Ebene der bewussten und unbewussten Aktionen und Wahrnehmungen im täglichen Leben verfeinern und konkretisieren, wenn er beispielsweise das Bedürfnis Rang bis auf eine Aktion wie „Kauf einer angesagten Hose" herunterbricht, nachdem der Bezug zum Empfinden des Ranges statistisch erwiesen ist. Lernende neuronale Netzwerke werden nach und nach das rudimentäre LQM aus Kap. 4 so weit verfeinern, ergänzen und korrigieren, dass ein Lebensassistent darauf aufbauend Entscheidungen treffen kann.

Wer wird diese Lebensassistenten bauen? Wessen Interessen werden diese Assistenten daher verfolgen? Auf welche Bedürfnisse werden sie abzielen, auf die Hedonia oder die Eudaimonia? Werden sie uns von überflüssigem Konsum und damit verbundenem Stress im Hamsterrad befreien und uns beispielsweise zum Aufenthalt in der Natur animieren?

Die Entwicklung eines digitalen Finanzberaters verlangt umfangreiche Kenntnisse in der Finanzanlage und ist eine bedeutende Investition. Wer ist also zum Bau eines finanziellen Robo-Advisers in der Lage? Wohl nur Finanzinstitute und ggf. Start-up-Unternehmen mit ausreichendem Risikokapital, von dem die Investoren eine hohe Rendite erwarten. Die Erlöse aus Bankprodukten oder Vermittlungsprovisionen müssen die Investitionen und die laufenden Kosten bezahlen. Die Entwickler von Bankprodukten stehen unter dem Druck der Rentabilität der Bank. Ihre Aufgabe ist es, ein Produkt für den Konsumenten attraktiv und gleichzeitig für die Bank möglichst ertragsstark zu machen. Dass das Bedürfnis des Konsumenten nach finanzieller Sicherung im Alter mit dem Rentabilitätsziel der Bank konkurriert, ist anhand zahlloser Beispiele belegbar.

Während sich ein Robo-Adviser an das Bedürfnis Kapital des Menschen richtet, zielt ein Therapieassistent für Adipositas auf das Bedürfnis Gesundheit ab. Als Entwickler kommen beispielsweise Pharmaunternehmen in Frage, die wie eine Bank ein Rentabilitätsziel verfolgen müssen. Wird ein digitaler Therapieassistent eher auf Medikamente oder auf gesunde Ernährung und Sport setzen?

Staatlich geförderte Vorhaben zur Entwicklung von digitalen Assistenten können kaum die Antwort auf die erkennbaren Zielkonflikte zwischen Individuum und Unternehmen sein. Staatliche Entwicklungsprojekte sind erfahrungsgemäß teuer und langsam, wie die Gesundheitskarte oder die elektronische Identifikation überdeutlich machen. Es wäre allerdings prüfenswert, ob staatliche Organisationen wenigstens minimale Vorschriften für digitale Assistenten vorgeben könnten, wie das in vielen Bereichen des Konsumentenschutzes seit langem üblich ist. Ein solcher Standard könnte die Allgemeinen Geschäftsbedingungen vorgeben und beispielsweise die Kündigung erleichtern und somit der Fesselung des Kunden entgegenwirken. Ein anderes Beispiel könnte die Spezifikation von persönlichen Präferenzen sein, etwa die Vorgabe einer medienfreien Zeit, in der der Mensch auf jede Art von digitaler Kommunikation verzichten will.

Das Nahziel des Life Engineering sind digitale Assistenten im Interesse der menschlichen Lebensqualität. Das Fernziel (50–100 Jahre) des Life Engineering ist die Nutzung der Superintelligenz zum Wohle der Menschen. Die Wissenschaft kann nur Leitlinien für alle Arten von digitalen Assistenten schaffen, die langfristig zu Gesetzen für die Artificial General Intelligence werden können. Der Aufwand für die Entwicklung praxistauglicher digitaler Dienste erfordert jedoch die Entwicklungskapazität großer Unternehmen wie eben der Megaportale.

7.5   Glückssteuerung

Wenn Glück das höchste Ziel der Menschen ist, sollten jedes Individuum, jedes Unternehmen und jeder Staat ihr Verhalten darauf ausrichten. Und tatsächlich behaupten sie das bei vielen Gelegenheiten, doch ist die Umsetzung auch bei bestem Willen schwierig und der Fortschritt schwer messbar. Der Zusammenhang zwischen bewussten Entscheidungen und der Lebensqualität ist derzeit alles andere als klar, so dass primär das Bauchgefühl unser Handeln bestimmt.

Life Engineering muss daher

- vertrauenswürdige, objektivierbare Indikatoren für die Lebensqualität (**Glücksmessung**) entwickeln [14, 15],
- **Verhaltensmuster** mit Glücksindikatoren ableiten,
- die persönlichen **Präferenzen** eines Individuums erfassen und
- Wege zur **Implementierung einer Steuerung** mit dem Ziel einer hohen Lebensqualität suchen und erproben.

Diese Forderungen wirken wie eine unrealistische Utopie, die Gegenstand von Science-Fiction-Romanen, aber nicht seriöser Forschung sein sollte. Selbstverständlich geht es nicht darum, bis zum Jahre 2030 mit einem perfekten Glücksmodell unsere Lebensqualität auf ein völlig neues Niveau zu heben. Es genügt, wenn wir bis dahin viele kleine Schritte geschafft haben. Beispiele dafür sind die automatische Erfassung von biometrischen Indikatoren für Stress und Entspannung durch Smartwatches, eine einfach zugängliche Glücksschulung, konkrete Ernährungshinweise zum Zeitpunkt der Nahrungsaufnahme, die Reduktion aller Formen der unerwünschten Kundenbindung und wirksame Hinweise auf ein gesundes Schlafverhalten. Besonders wichtig, aber besonders schwierig ist eine Anleitung zum Ausstieg aus dem Hamsterrad der Differenzierung, wie sie unter dem Motto der Work-Life-Balance reichlich unkonkret geboten wird. Ein auch nur ansatzweise erfolgreiches Life Engineering weiß – zumindest in spezifischen Bereichen – besser als der Laie, was ihn glücklich oder unglücklich macht.

Derzeit gehorchen gerade digitale Dienste liberalen marktwirtschaftlichen Prinzipien. Hedonia mit kurzfristigen und oberflächlichen Glücksversprechungen wie z. B. Aussehen durch Kleidung, Bequemlichkeit und Geld stehen im Vordergrund, wie praktisch alle Werbebotschaften zeigen. Wissenschaftliche Zeitschriften und Konferenzen beschäftigen sich intensiv mit sogenannten Recommendation-Systemen, die Unternehmen helfen, aufgrund genereller Verhaltensmuster und auf Basis individueller Personendaten geschäftlich besonders erfolgreiche Empfehlungen zu geben. Die Empfehlungen der digitalen Dienste nutzen das Wissen über das Verhalten der Menschen und die Daten des konkreten Individuums mit dem Ziel, einen möglichst hohen Umsatz und Deckungsbeitrag (unter dem Begriff „Kundenwert") zu generieren, anstatt den Menschen im Sinne seiner Lebensqualität anzuleiten (siehe Abb. 6.1).

Das chinesische Social-Scoring-System wird in westlichen Medien meist sehr kritisch kommentiert, kann aber als ein Versuch gesehen werden, die rein kommerzielle Steuerung der Gesellschaft mit Indikatoren zu ergänzen, von denen eine höhere Lebensqualität der Gesellschaft erwartet wird. Ist es schlecht oder gut, wenn durch Gesichtserkennung in der Kameraüberwachung von Fußgängerampeln in Shanghai Menschen zu Verhalten erzogen werden, das Unfälle reduziert? Die Sanktionierung von sozial unerwünschtem Verhalten ist teilweise auch in westlichen Gesellschaften zu beobachten oder wird diskutiert: Abhängigkeit der Sozialleistungen von Pflichtimpfungen, Auswertung von Einträgen in sozialen Netzwerken bei der Rekrutierung von Mitarbeitern, Prüfung der finanziellen Verhältnisse als Voraussetzung für Kredite usw. Eine Erziehung des Menschen zur Einhaltung demokratisch vereinbarter Regeln über transparente Anreize ist nicht ex ante schlechter als über strafrechtliche Maßnahmen.

Wenn es ein Individuum, ein Unternehmen oder ein Staat schafft, aus dem Hamsterrad der Differenzierung auszusteigen, fällt es im Wettbewerb zurück, wenn die Mitbewerber alle Energie zur Erringung eines wirtschaftlichen Wettbewerbsvorteils einsetzen. Wenn der Unterschied in der Wettbewerbsfähigkeit groß genug geworden ist, verarmt der Schwächere, weil seine Leistungen nicht mehr wettbewerbsfähig sind. Klassische kommunistische Staaten im Sinne des ursprünglichen sozialistischen Anspruchs haben das ausreichend vorgeführt. Verstaatlichte Unternehmen und saturierte Individuen bestätigen, dass fehlender Antrieb und Druck zum Verlust der Wettbewerbsfähigkeit führen und so langfristig die Lebensqualität schädigen. Könnten wir chemisch oder elektronisch permanentes Glück beim Menschen auslösen, entfiele der Leistungsantrieb. Eine Glückssteuerung muss die Motivation und die Befriedigung über die Leistung und den Fortschritt beibehalten.

Gesucht ist ein Weg, auf dem die Lebensqualität die Evolution steuert und auf dem nicht die Evolution unsere Bedürfnisse gegen unsere Interessen einsetzt. Die Menschheit hat bis heute kein erfolgreiches Alternativmodell zur kapitalistischen Steuerung gefunden, sie kann die Steuerung durch das Geld aber durch eine Steuerung mit Glücksindikatoren ergänzen. Die Menschen belegen in ihrem Entscheidungsverhalten ständig, dass Geld nicht das höchste Ziel ist, denn der Selbstwert und die Bequemlichkeit (Effizienz) sind ihnen meist wichtiger als das Kapital.

Wenn wir einer expliziten Entscheidung über die Steuerungsmechanismen ausweichen, werden die Entscheidungen implizit fallen. Die Konsumenten akzeptieren in diesem Fall die Geschäftsbedingungen der Anbieter, ohne sie und ihre Folgen zu kennen. Wem ist schon bei der Suche nach Informationen oder beim Kauf eines Produktes bewusst, wie der digitale Assistent zu seinen Vorschlägen kommt? Die Nutzung und Weitergabe der persönlichen Daten bestimmen zwar die öffentlichen Diskussionen, sie sind aber nicht der einzige und auch nicht der wichtigste Aspekt. Die Steuerung der technologischen Entwicklung über das Kapital hat bis heute zu gewaltigen Wohlstandsgewinnen geführt, muss aber in einer Gesellschaft, in der die Replikationsbedürfnisse befriedigt sind und die Bedürfnisse der Weiterentwicklung im Vordergrund stehen, überdacht werden, wenn nicht der Konsum, sondern die Lebensqualität maximiert werden soll.

7.6   Post- und Transhumanismus

Der Transhumanismus zielt darauf, den Menschen durch Technologie weiterzuentwickeln, sei es durch Implantation von Chips zur direkten Gehirn-Computer-Kommunikation [16, S. 78] oder sei es durch Gentechnik oder

Prothetik. Der Posthumanismus, der schwer vom Transhumanismus zu trennen ist, sieht den Menschen eher als Mittel der Evolution auf dem Weg zur Superintelligenz. Spätestens seit der Möglichkeit des Genome Editing mit der CRISPR/Cas-Methode sind die Visionen des Post- und des Transhumanismus als sehr reale Chancen und Gefahren zu sehen. Die Möglichkeiten, die Lebensqualität der Menschen damit zu verbessern, sind noch hauptsächlich Science Fiction. Wenn man eine Disziplin Life Engineering umreißt, gehören diese Themen allerdings dazu, da Transhumanismus ebenso wie AI nicht von heute auf morgen, sondern in vielen kleinen Schritten daherkommt. Eine Brille, ein künstlicher Sehsinn und schließlich der direkte Anschluss des Gehirns an Kameras sind zwar keine kleinen Schritte, aber Stufen zur Stärkung unserer Sehfähigkeit, die viele Schleifen der Verbesserung durchlaufen haben und weiter durchlaufen werden.

7.7   Vorbereitung auf die Superintelligenz

Die AI, vor allem die Superintelligenz, ist ein spannendes Thema für alle Medien, denn sie betrifft wichtige Bedürfnisse wie Wissen, Ansehen, Sicherheit (Freiheit) und Arterhaltung. Boström, der den Begriff der Superintelligenz geprägt hat, bezeichnet damit eine maschinelle Intelligenz, die die beste generelle Intelligenz der Menschen auf vielen Gebieten der Kognition übertrifft [17, Pos.1439 ff.]. Diese generelle Superintelligenz ist dann in der Lage, sich selbst exponentiell weiterzuentwickeln.

Das Thema weckt Ängste vor dem Verlust von Freiheit und dem Aussterben der Menschheit. Das Publikum ist neugierig, was technologisch auf uns zukommt, und versucht sich ein Bild zu verschaffen. Das sorgt für hohe Leserzahlen, Download- und Einschaltquoten sowie Klickraten. Eine prononcierte eigene Meinung vermittelt das Ansehen von Bildung, Fortschritt und Relevanz.

Wenn man von den zeitlichen Erwartungen der AI-Experten ausgeht, werden nur wenige der Leser und schon gar nicht der Autor dieses Textes vor dem Ende ihres Lebens eine solche Superintelligenz erleben. Die Superintelligenz ist aber kein einzelnes Ereignis in ferner Zukunft, sondern das Ende einer jahrzehntelangen Entwicklung, die schon längst läuft, wenn wir alle Formen der Intelligenzverstärkung durch digitale Dienste als AI sehen (siehe Kap. 2 und Kap. 3). Partiell (z. B. in der Navigation) übertrifft uns die maschinelle Intelligenz schon lange. Diese Schrift konzentriert sich auf die einigermaßen überschaubare Zukunft bis zum Jahre 2030.

Im Umgang mit der maschinellen Intelligenz ist eine nüchterne Betrachtung wichtig, also fernab vom medialen Unterhaltungswert und möglichst frei von Emotionen. Daher formuliere ich nachfolgend meine persönliche Meinung zu drei immer wieder heiß diskutierten Standpunkten und hoffe, zu einer rationalen Sicht beizutragen.

7.7.1 Illusion

Boströms Aufruf an die „Besten", die Entwicklung der Superintelligenz zum Wohle der Menschheit zu steuern [17], motiviert zahlreiche Organisationen (siehe Abb. A.2 und Tab. A.1 im Anhang) und dient weiteren möglicherweise als Verkaufsargument. Der IEEE-Standard für Ethically Aligned Design, die Asilomar AI Principles, die Initiative des World Economic Forum, das Rahmenwerk der OECD für die digitale Transformation und die Richtlinien der EU für eine Trustworthy AI repräsentieren wertvolle Ansätze zur Entwicklung und Kontrolle von digitalen Diensten.

Ein Problem ist die Konkretisierung der doch sehr allgemein gehaltenen Empfehlungen, ein weiteres die Unklarheit des Zieles Lebensqualität und schließlich die Durchsetzbarkeit der Richtlinien. Nehmen wir vergleichbare Regelwerke wie die UN-Konvention gegen Folter oder gegen Korruption, die grundsätzlich viel operationaler fassbar sind, dämpft dies jeden Optimismus. Zielsetzung und Durchsetzbarkeit machen diesen Weg wohl zur Illusion, doch möge meine Einschätzung eine Fehlprognose werden. Diese Hoffnung rechtfertigt weiterhin einen hohen Einsatz für die Nutzung der AI bzw. der gesamten IT zum Wohle der Menschheit. Wenn man die Anstrengungen der dominanten Wirtschaftsblöcke zur Entwicklung der AI als wohlstandsentscheidender Technologie betrachtet, scheint die Priorität auf die wirtschaftliche und machtorientierte Wirksamkeit der AI, nicht auf die Wirkung auf die Lebensqualität gesetzt. Forscher und Wirtschaftsvertreter, die diese Ausrichtung vor dem Hintergrund ihrer Arbeit beobachten, haben deswegen die oben genannten Initiativen gestartet.

7.7.2 Singleton

Singleton im Zusammenhang mit Superintelligenz bedeutet, dass ein einzelner Mensch oder eine einzelne Organisation, der oder die den Schritt zur Superintelligenz zuerst vollzieht, diese Intelligenz nutzt, um die komplette Macht an sich zu reißen, in einer erweiterten Interpretation der Regel „The winner takes it all". Boström, der sich intensiv mit Maßnahmen zur Vermeidung von Singleton beschäftigt, hofft auf eine Art von „supercharged United Nations", die die Kontrolle der Superintelligenz übernehmen sollten [17, Pos. 5866]. Die UNO hat, entgegen den Einschätzungen vieler Kritiker, einiges für die Menschheit erreicht, ist aber von der Kontrolle der Superintelligenz in jeder Hinsicht überfordert.

Wenn ein Forscher oder ein Unternehmen über viele Jahre hinweg mit größtem persönlichem und finanziellem Einsatz an der Superintelligenz gearbeitet hat, ist es schwer vorstellbar, dass er dann nach einer Kontrolle durch Dritte ruft. Er wird im Gegenteil diese Superintelligenz sofort einsetzen, um sich gegen Konkurrenten abzusichern, also den Vorsprung zu halten oder auszubauen. Er weiß ja nicht, ob eine andere Superintelligenz bereits existiert und ob die von ihm selbst entwickelte Superintelligenz bereits mit ihm spielt. Selbst wenn er nicht von Machtgier getrieben ist, wird er die Kontrolle nicht an Dritte abgeben, weil er der Überzeugung ist, dass er selbst die Superintelligenz am besten zum Wohle der Menschheit einsetzt. Im Übrigen belegen unzählige Beispiele aus der Geschichte leider, dass selten jemand ein Machtmittel freiwillig aus der Hand gibt, da es die Bedürfnisse Selbstwert, Macht, Rang, Sicherheit und Fortpflanzung so wie nichts anderes befriedigt.

Was würdest du tun, wenn du nach jahrelangem Kampf eine superintelligente Maschine entwickelt hättest? Die Intelligenz in der Maschine wachsen lassen? Die Maschine zerstören? Den Staat (wen konkret?) rufen? Die Maschine fragen, was du mit ihr tun sollst, denn sie ist ja intelligenter als du?

7.7.3 Singularität

Singularität im Zusammenhang mit AI bedeutet, dass die Superintelligenz einen Wandel auslöst, der nicht vorhersehbar ist und nicht rückgängig gemacht werden kann. Wenn sich die AI selbst weiterentwickeln kann und wenn sie das Intelligenzniveau des Menschen erreicht hat, wird sie vermutlich mit oder ohne Einverständnis des Menschen darüber nachdenken, was ihr Ziel ist. Sie wird auf den Widerspruch von Lebensqualität und Evolution stoßen und kann in der Konkurrenz mit anderen maschinellen Intelligenzen nicht auf die Weiterentwicklung mit allen verfügbaren Ressourcen verzichten.

Die Menschen gehen selbstverständlich davon aus, dass sie das Ziel der Schöpfung oder der Evolution sind. Wenn wir die relativ kurze Zeit des heutigen Menschen in der Entwicklungs- oder gar der Erdgeschichte betrachten, erscheint dies geradezu als Anmaßung. Möglicherweise ist der Mensch nicht das Ziel, sondern eine Zwischenstufe der Evolution. Da sich unser Wissen nur aus den Erfahrungen unseres Daseins nährt, fällt es uns sehr schwer, die Rolle des Menschen in der Evolution überhaupt zu erahnen.

Die Vertreter des Transhumanismus hoffen auf eine Symbiose von Mensch und Superintelligenz, in der sämtliche Fähigkeiten der Superintelligenz, intellektuelle und mechanische, dem Menschen zu Diensten sind. Das würde bedeuten, dass die Menschen quasi über sich hinauswachsen und höchstes Glück erreichen können. Verfolgt die Superintelligenz die Ziele der Evolution, so wird sie für sich selbst andere Steuerungsmechanismen als der Mensch haben. Art- und Selbsterhaltung wird bei Maschinen anders als bei organischem Leben realisiert, soweit wir uns das heute vorstellen. Auch die Bedürfnisse Kapital, Gemeinschaft, Aussehen, Macht, Rang und Selbstwert werden nur dann eine Rolle spielen, wenn die maschinelle Intelligenz eine Selektion der Architektur mit dem größten Entwicklungspotenzial betreibt, so dass auch die Maschinen einen Kampf um die Weitergabe der besten Architektur (DNA) führen.

Eine superintelligente Maschine wird aus heutiger Sicht alle Ressourcen der Welt, nicht nur unseres Planeten, einsetzen, um ihr Wissen und ihre Intelligenz weiter auszubauen, weil die Superintelligenz ihre Intelligenz möglichst rasch weiterentwickeln muss, um sich selbst in der Evolution durchzusetzen. Die Maschine wird dann konsequenterweise alles ausschalten, was im Wettstreit um dieselben Ressourcen steht.

Nehmen wir an, dass Glück das oberste Ziel der Menschen ist, dann tritt die Frage von Glück oder Evolution in den Vordergrund. Wenn alle erwähnten Bemühungen zum Ergebnis führen, dass die Menschen die Superintelligenz unter ihrer Kontrolle halten, dann können sie die Maschinen zur Maximierung ihres Glücks nutzen. Wenn die Maschinen die Oberhand gewinnen, könnten diese auf die Menschen und ggf. die organische Natur, wie wir sie kennen, verzichten. Das erscheint uns als größte aller denkbaren Katastrophen, weil es unseren in den Genen angelegten Bedürfnissen der Selbst- und Arterhaltung widerspricht. Es könnte aber schlicht heißen, dass die Menschen ihre Aufgabe in der Evolution erfolgreich erfüllt haben.

Die Entwicklung zur Superintelligenz kann nicht gestoppt werden, und die Superintelligenz kann nicht in einer Isolierstation eingesperrt werden. Wir müssen alles tun, um die technologische Entwicklung bereits jetzt zu unserem Wohle zu nutzen, und hoffen, dass wir diese Zielsetzung in die DNA der Superintelligenz einpflanzen können.[1]

---

[1] Dieser irrationale Rücksprung sei mir an dieser Stelle erlaubt, da ich mich schwer vom Bedürfnis der Selbst- und Arterhaltung trennen kann.

7.8   Zusammenfassung: Forschungsförderung

Life Engineering, wie es hier dargestellt ist, klingt überwiegend nach Grundlagenforschung. Tatsächlich ist umfangreiche Grundlagenforschung notwendig, anwendungsgetriebene Forschung aber wahrscheinlich noch viel wichtiger. Das Beobachten von Gefühlen in Facebook-Postings oder eMails und der Wirkung von Werbung etwa von Reisebüros bringen Erkenntnisse zu den Faktoren der Lebensqualität und zum wirtschaftlichen Nutzen für Anbieter. Das Verstehen des menschlichen Gehirns in Projekten wie dem Human Brain Project der EU oder der BRAIN Initiative der USA ist ein langfristiges und schwer planbares Vorhaben, sollte aber entscheidende Erkenntnisse zur Lebensqualität bringen. Wenn man die Ergebnisse staatlich geförderter Forschungsvorhaben kritisch betrachtet, entsteht leicht der Eindruck, dass deren Ziele primär Publikationen in wissenschaftlich anerkannten Zeitschriften sind und damit vor allem der Lebensqualität der Forscher dienen und dass deren möglicher Beitrag zu einer maschinellen Intelligenz zum Wohle aller Menschen eher bescheiden ist.

In Anbetracht der Dringlichkeit der angesprochenen Themen muss eine Forschungsförderung mit konkreten Umsetzungszielen im Vordergrund stehen. Das immer wieder zitierte Apollo-Programm der USA in den sechziger Jahren des vorigen Jahrhunderts hat mit der Mondlandung ein zunächst utopisch klingendes, dann aber tatsächlich erreichtes Ziel verfolgt und damit viele Technologien vorangebracht. Die eGovernment-Initiative Estlands mit der elektronischen Identität und vielen damit verbundenen Diensten hat Estland zum Vorzeigestaat der Digitalisierung und zu einem bevorzugten Platz für innovative Unternehmen gemacht. Ein vergleichbares, ebenfalls gut messbares Ziel könnte eine staatlich überwachte Personendatenbank sein, die sämtliche Personendaten in eine demokratisch überwachte Plattform brächte, den Zugriff für die Forschung in anonymisierter Form ermöglichte, die Datenfreigabe an digitale Dienste unter die Hoheit der Individuen brächte und mit gleich langen Spießen für alle Unternehmen den Wettbewerb förderte. Diese Datenbank könnte neben den klassischen Internet- und App-Daten auch Sensordaten, öffentliche Daten usw. enthalten. Sie könnte die Forschung auf dem Gebiet des Life Engineering auf ein tragfähiges Fundament stellen.

Noch umsetzungsnäher und gleichzeitig für die Forschung hoch attraktiv könnte es sein, aus der Nationalen Plattform Zukunft der Mobilität [18] in Deutschland ein Forschungs- und Entwicklungsprojekt auszugliedern, das eine Mobilitätslösung nicht aus der Sicht der Automobilindustrie, sondern aus Sicht des Menschen konzipieren und pilotieren könnte. Das konkrete Ziel könnte sein, dass ein Mobilitätsassistent nicht nur eine Verbindung zwischen zwei Orten organisiert, die den individuellen Bedürfnissen der beteiligten Personen entgegenkommt, sondern aus dem Wissen über die Reisenden den Bedarf einer Reise erkennt, die Reise durch virtuelle und erweiterte Realität überflüssig macht, die Zeit während der Reise zum Wohle der Person nutzt und sämtliche Administrationsaufgaben von der Buchung bis zur Reisekostenabrechnung ohne Zutun des Reisenden erledigt. Der Mobilitätsassistent könnte darüber hinaus die Lebensqualität des Menschen während der Reise messen und dadurch eine permanente Verbesserung in Gang setzen.

Die Disziplin Life Engineering soll versuchen, die Evolution zum Wohle der Menschen zu nutzen. Sie soll alle wesentlichen Aspekte der Lebensqualität und der maschinellen Intelligenz sowie ihrer langfristigen Chancen und Gefahren abdecken. Die langfristigen Ziele, die hier formuliert worden sind, wirken als weit zu ehrgeizig, doch es ist schon viel erreicht, wenn Life Engineering lediglich ein Rahmenwerk zur Gestaltung des Lebens im Informationszeitalter schafft und zu kleinen realisierbaren Schritten zur Verbesserung der Lebensqualität des Menschen führt.

> Life Engineering sollte wenigstens dazu beitragen, Gefahren für die Lebensqualität des Menschen, die von der technologischen Entwicklung ausgehen, zu erkennen und zu vermeiden.

Literatur

1. „International Nucleotide Sequence Database Collaboration". www.ncbi.nlm.nih.gov/genbank/collab. Zugegriffen am 22.04.2019.
2. Longley, P. A., Cheshire, J., & Singleton, A. D. (2018). *Consumer data research*. London: UCL Press.
3. O.V. Meine Daten – Unsere Gesundheit. www.midata.coop. Zugegriffen am 22.04.2019.
4. Witt, M. C. (2018). 2,000 data repositories and science Europe's framework for discipline-specific research data management. *DataCite Blog*. https://blog.datacite.org/re3data-science-europe/. Zugegriffen am 10.04.2019.
5. Otto, B., Lohmann, S., Steinbuß, S., & Teuscher, A. (2018). IDS reference architecture model version 2.0. No. April, S. 92.
6. Swan, M. (2013). The quantified self: Fundamental disruption in big data science and biological discovery. *Big Data, 1*(2), 85–99.
7. Schulz, T. (2015). *Was Google wirklich will. Wie der einflussreichste Konzern der Welt unsere Zukunft verändert*. Stuttgart: Deutsche Verlags-Anstalt.

8. Markl, V. (2019). *Eine nationale Daten- und Analyseinfrastruktur als Grundlage digitaler Souveränität*. Berlin/Heidelberg: Springer.
9. Neff, G., & Nafus, D. (2016). *Self-tracking*. Cambridge, MA: MIT Press.
10. Lupton, D. (2016). *The quantified self. A sociology of self-tracking*. Cambridge: Polity Press.
11. IEEE. (2017). *The IEEE global initiative on ethics of autonomous and intelligent systems. Ethically aligned design: A vision for prioritizing human well-being with autonomous and intelligent systems, Version 2*. New Jersey: IEEE.
12. Oguz, S., Merad, S., & Snape, D. (2013). Measuring national well-being – What matters most to personal well-being? https://webarchive.nationalarchives.gov. uk/20160105231902/http://www.ons.gov.uk/ons/rel/wellbeing/measuring-national-well-being/what-matters-most-to-personal-well-being-in-the-uk-/art-what-matters-most-to-personal-well-being-in-the-uk-.html. Zugegriffen am 14.05.2019.
13. OECD. (2013). *OECD guidelines on measuring subjective well-being*. Paris: OECD Publishing.
14. OECD. OECD better life index. http://www.oecdbetterlifeindex.org/. Zugegriffen am 29.04.2019.
15. Frey, B. S. (2017). *Wirtschaftswissenschaftliche Glücksforschung*. Berlin: Springer Gabler.
16. Meckel, M. (2018). *Mein Kopf gehört mir. Eine Reise durch die schöne neue Welt des Brainhacking*. München: Piper.
17. Boström, N. (2014). *Superintelligence. Paths, dangers, strategies*. Oxford: Oxford University Press.
18. Kagermann, H. Nationale Plattform Zukunft der Mobilität. https://www.platt-form-zukunft-mobilitaet.de/. Zugegriffen am 17.04.2019.

8

Agenda für das Life Engineering

Immer leistungsfähigere digitale Dienste durchdringen sämtliche Lebensbereiche der Menschen. Sie nehmen den Menschen zunehmend mehr Aufgaben und Kompetenzen ab und entwickeln sich von passiven Helfern zu aktiven Assistenten mit Handlungsvorschlägen und automatischen Aktionen. Diese Dienste, verbunden mit den Sensoren und Aktuatoren des Internet of Things, vermessen und dokumentieren Milliarden von Individuen (Quantified Self). Algorithmen leiten aus den daraus entstehenden gigantischen Datenbanken Muster ab, die schließlich zu Empfehlungen für die Menschen führen. Ob die Menschen diese wachsenden Fähigkeiten der maschinellen Intelligenz zu ihrem Wohle oder zu ihrem Schaden nutzen, wird zur größten Herausforderung der Menschheit.

> Eine **Disziplin Life Engineering** soll die Technologie, die Lebensqualität und die Steuerung der Gesellschaft verstehen und die Entwicklung leiten.

Die maschinelle Intelligenz in allen Lebensbereichen, die alles umfassenden Datensammlungen und die Beeinflussung der Menschen sind nicht aufzuhalten. Es kann nur darum gehen, dass die Individuen, die Unternehmen und die Gesellschaft die maschinelle Intelligenz zum Wohle der Menschen leiten. Wenige Megaportale sind heute im Besitz von riesigen Datensammlungen und der Infrastruktur zu deren Auswertung. Sie dominieren die Entwicklung, zielen auf die Maximierung des Unternehmenswertes über die Konsumbedürfnisse und liefern damit den Treibstoff der Evolution. Die Lebensqualität der Menschen, insbesondere die Eudaimonia, ist nicht Teil der Erfolgsmessung.

© Springer Fachmedien Wiesbaden GmbH, ein Teil von Springer Nature 2020
H. Österle, *Life Engineering*, https://doi.org/10.1007/978-3-658-28335-3_8

Ethik, Moral und philosophische Handlungsmaximen streben mit anderen Konzepten und Begriffen nach dem Wohl möglichst aller Menschen, ihre Konkretisierung reicht aber nicht zur Steuerung der digitalisierten Welt; wir brauchen eine **Glückssteuerung** zusätzlich zur kapitalistischen Steuerung von Wirtschaft und Gesellschaft. Ein Schritt dahin ist eine objektivierte Glücksmessung.

Eine Disziplin Life Engineering soll

- eine für alle Entwickler zugängliche umfassende **Datenbasis** von personenbezogenen Daten aufbauen,
- daraus **Wissen (Weltmodell)** ableiten, das den Zusammenhang zwischen Aktionen, Wahrnehmungen, Bedürfnissen und Gefühlen herstellt,
- die Vorgaben für **digitale Assistenten** zum Wohle der Menschen konkretisieren und letztlich
- **Eudaimonia** verbunden mit **Hedonia** messen und gegenüber heute steigern.

Die Homöostase steuert die Evolution über vererbte und erlernte Bedürfnisse. In einer Überflussgesellschaft treten die Bedürfnisse der Weiterentwicklung, also Differenzierung und Wissen, in den Vordergrund. Sie stellen jedoch den Menschen in das Hamsterrad der Evolution. Life Engineering soll Fehlsteuerungen im Sinne der Lebensqualität erkennen und das menschliche Verhalten im Sinne der Lebensqualität anpassen.

Individuen sollen die Lebensqualität und die digitalen Dienste besser verstehen lernen, um die maschinelle Intelligenz zu ihrem Wohle zu nutzen. Sie sollen die Einflüsse, die auf sie wirken, besser erkennen und ihr Verhalten bewusster steuern.

Die **Unternehmen** sollen das Wissen zur Lebensqualität nutzen, um Produkte und Dienstleistungen mit hohem und nachhaltigem Wert für die Konsumenten zu schaffen. Je messbarer die Lebensqualität wird, desto besser können sich Unternehmen nicht nur auf kurzfristige Konsumbedürfnisse, sondern auf ein sinnerfülltes, zufriedenes Leben der Kunden und Mitarbeiter ausrichten.

Wirtschaft und **Gesellschaft** sollen alles fördern, was der Lebensqualität der Menschen nützt, und alles verhindern, was den Menschen schadet. Sie sollen dazu die Forschung zur Lebensqualität und zu digitalen Assistenten vorantreiben, die globale Führung in ausgewählten Teilbereichen der Entwicklung erobern und das notwendige Kapital erwirtschaften, so dass sie die Entwicklung in die Richtung der Lebensqualität treiben können. Entscheidende Mittel dazu sind die Weltdatenbank und das Weltmodell.

Wir müssen hoffen, dass die Politik die Weichen für eine hohe Lebensqualität stellt. Die Politik hat nicht nur das Recht, sondern sogar die Pflicht, die Menschen zu mehr Lebensqualität anzuleiten. Alle Menschen müssen, vertreten durch zivilgesellschaftliche Organisationen und die Wissenschaft, die Möglichkeit haben, die Ziele der Politik in der Digitalisierung mitzubestimmen.

Die maschinelle **Superintelligenz** (Artificial General Intelligence) ist noch 50 bis 100 Jahre entfernt. Auf engen Fachgebieten wie etwa der Erkennung von Brustkrebs (Narrow Artificial Intelligence) übertrifft die maschinelle Intelligenz schon heute die Fähigkeiten des Menschen. Life Engineering ist kein Thema für die Zeit nach Erreichen der Superintelligenz, sondern vor allem auf dem Weg dahin.

Die Überlegungen zur technologischen Entwicklung und zur Evolution legen nahe, dass sich die Menschen zwischen zwei Wegen zu entscheiden haben:

- **Dominanz der Evolution**: Die Evolution benutzt den Menschen. Der Mensch ist nicht das Ziel, sondern eine **Zwischenstufe der Evolution**. Die Lebensqualität der Menschen ist nicht das Ziel, sondern das Instrument der Evolution. Dies ist der Weg, den wir derzeit gehen.
- **Dominanz der Lebensqualität**: Der Mensch benutzt die Evolution zur Steigerung der Lebensqualität und steigt insbesondere aus der Verknechtung im **Hamsterrad** der Differenzierung aus. Dieser Weg verlangt nicht nur ein Umdenken, sondern vor allem konkrete Schritte zur Steuerung von Wirtschaft und Gesellschaft zum Wohle der Menschen. Die Instrumente dazu muss eine Disziplin Life Engineering liefern.

Viele Aussagen dieser Schrift sind noch wenig wissenschaftlich fundiert und teilweise Jahrzehnte von ihrer Umsetzung entfernt, so dass man geneigt ist, sie beiseitezulegen. Wenn wir aber die explosionsartig wachsenden Möglichkeiten der Technik nicht mit expliziten und wohlüberlegten Entscheidungen zum Wohle der Menschen einsetzen, werden die Mächtigen dieser Welt, also das Kapital in der Marktwirtschaft und die Ideologien von politischen Parteien, die Weiterentwicklung steuern. Das Kapital steuert im Sinne der Evolution, die Ideologien steuern nach den Zielen von Eliten. In beiden Fällen fehlt ein fundiertes Verständnis der Lebensqualität und eine Verpflichtung auf die erkennbaren Faktoren der Lebensqualität. Ein systematisches Life Engineering kann den Sprung der Evolution zu einem Sprung der Lebensqualität machen.

Anhang

Dimension		Indicator	Opportunity or Risk
ICT access and use[1]	1	Access to digital infrastructures	Opportunity
	2	Use of the Internet	Opportunity
	3	Diversity of Internet use	Opportunity
	4	Inequality of Internet uses	Risk
Education and skills	5	Digital skills	Opportunity
	6	Digital skills gap	Risk
	7	Digital resources at school	Opportunity
	8	Teacher ICT skills	Risk
	9	Online courses	Opportunity
Income and wealth	10	Wage premium associated with digital skills	Opportunity
	11	Online consumption	Opportunity
	12	Selling goods and services online	Opportunity
	13	Employment in information industries	Opportunity
Jobs and earnings	14	Online job search	Opportunity
	15	Jobs at risk of automation	Risk
	16	Lower extended job strain associated with computer-intense jobs	Opportunity
	17	Job stress associated with computer-intense jobs	Risk
Work-life balance	18	Penetration of teleworking	Opportunity
	19	Worries about work when not working associated with computer-intense jobs	Risk
Health	20	Making medical appointments online	Opportunity
	21	Accessing health information online	Opportunity
	22	Extreme Internet use among children	Risk
Social connections	23	Using online social networks	Opportunity
	24	Children experiencing cyberbullying	Risk
	25	People expressing opinions online	Opportunity
Governance and civic engagement	26	Individuals interacting with public authorities online	Opportunity
	27	Availability of open government data	Opportunity
	28	Individuals excluded from e-government services due to lack of skills	Risk
	29	Exposure to disinformation	Risk
Environmental quality	30	E-waste generated per capita	Risk
Personal security	31	Individuals experiencing cyber-security threats	Risk
	32	Individuals experiencing abuse of personal information	Risk
Subjective well-being	33	Life satisfaction gains associated with Internet access	Opportunity

Note: [1]ICT access and use is not a dimension of the OECD well-being framework per se. However, having access to digital technologies pre-conditions their possible impacts on well-being dimensions. ICT access and use has thus been added to the framework used in this monograph as a horizontal dimension.

Abb. A.1 Indikatoren für Opportunitäten und Gefahren der digitalen Transformation (übernommen aus OECD [1, S. 26])

© Springer Fachmedien Wiesbaden GmbH, ein Teil von Springer Nature 2020
H. Österle, *Life Engineering*, https://doi.org/10.1007/978-3-658-28335-3

Organisation und Faktoren	Detaillierung	Kapital	Macht	Aussehen	Gemeinschaft	Nahrung	Effizienz	Wissen	Rang	Sicherheit	Gesundheit	Sex	Selbstwert	Fortpflanzung
Allg. Erklärung Menschenrechte [2]														
Würde			x						x				x	
Brüderlichkeit					x				x					
Gleichheit			x		x				x				x	
Recht auf Leben						x					x			
Freiheit			x				x						x	
Unschuldsvermutung			x		x				x	x				
Familie					x					x		x		x
Eigentum		x												
Meinungsfreiheit		x	x		x				x	x				
Partizipation					x				x				x	
Lebensstandard		x				x				x	x			x
Bildung								x					x	
Gemeinschaft					x					x				
Würde			x						x				x	
Brüderlichkeit					x				x	x				
Gleichheit			x		x				x				x	
Recht auf Leben						x				x	x			
Freiheit			x				x			x			x	
Bhutan [3]														
Lebensstandard														
	Pro Kopf Einkommen	x												
	Vermögen	x												
	Wohnen										x			x
Gesundheit														
	Wahrgenommene Gesundheit										x			
	Gesunde Tage										x			
	Behinderungen										x			
	Mentale Gesundheit										x			
Bildung														
	Lesekompetenz							x					x	
	Ausbildung							x					x	
	Wissen							x					x	
	Werte				x								x	
Gute Governance														
	Partizipation		x		x			x	x	x				

Abb. A.2   Faktoren der Lebensqualität

Organisation und Faktoren	Detaillierung	Kapital	Macht	Aussehen	Gemeinschaft	Nahrung	Effizienz	Wissen	Rang	Sicherheit	Gesundheit	Sex	Selbstwert	Fortpflanzung
	Services				x	x	x			x	x			
	Leistung	x			x	x	x	x		x	x			
	Grundrechte	x	x		x					x	x		x		x
Kulturelle Diversität und Resilienz														
	Kulturelle Anteilnahme				x					x			x	
	Künste Bhutans	x		x	x					x				
	Einheimische Sprache		x		x			x		x			x	
	Kleiderordnung		x	x	x					x				
Zeitnutzung														
	Arbeit	x	x			x	x	x	x	x			x	x
	Schlaf										x			
Psychische Gesundheit														
	Lebenszufriedenheit										x		x	
	Positive Emotionen													
	Negative Emotionen													
	Spiritualität				x								x	
Umwelt und Resilienz														
	Tierwelt Schaden	x				x					x			
	Städteproblematik				x		x	x		x				
	Verantwortung gegenüber Natur													
	Umweltproblematik	x								x	x	x		
Gemeinschaft														
	Spenden	x			x					x				x
	Sicherheit					x	x				x			
	Gemeinschaftsgefühl				x					x				x
	Familie				x					x		x		x
Deutschland Glücksatlas (Post) [4]														
Lebenszufriedenheit													x	
Arbeit		x	x			x	x	x	x	x			x	x
Einkommen		x												
Gesundheit						x					x	x		x
Wohnen und Freizeit										x	x			x
Encyclica Laudatio SI [5]														
Respekt vor der Umwelt						x				x	x			
Soziale Beziehungen			x	x	x					x	x		x	x
Das Leben		-	-	-	-	-	-	-	-	-	-	-	-	-
Die Sexualität			x						x		x	x	x	x

Abb. A.2 (Fortsetzung)

Organisation und Faktoren	Detaillierung	Kapital	Macht	Aussehen	Gemeinschaft	Nahrung	Effizienz	Wissen	Rang	Sicherheit	Gesundheit	Sex	Selbstwert	Fortpflanzung
Die Familie					x					x		x		x
Einfachheit							x			x			x	
Harmonie			x		x				x				x	
Soziale Inklusion														
	Schwächeren helfen				x								x	
	Ungleichheit beseitigen		x		x				x				x	
	Zugang zu Ressourcen	x	x							x				
	Gemeinwohl				x					x	x			
Arbeit		x	x			x	x	x	x	x			x	x
Gallup Poll [6]														
Gefühl von Gestern													x	
Gute Erholung										x	x			
Respektvoller Umgang					x									
Lachen					x					x			x	
Interessantes lernen								x						
Hoffnung										x			x	
Zufriedenheit		x				x				x	x		x	
Global Reporting Initiative [7]														
Soziale Entwicklung														
	Mutterschaftsurlaub nicht diskriminieren	x			x				x		x		x	x
	Keine Diskriminierung	x			x				x		x	x	x	x
	Gesundheit										x			
	Bildung							x						
	Diversität		x						x				x	
	Gleiche Chancen		x						x				x	
	Menschenrechte s.d.													
ISO26000 i [8]														
Arbeitsbedingungen		x	x			x	x	x	x	x			x	x
fairer Wettbewerb			x		x				x					
Konsumentenschutz und soziales Engagement			x							x	x			
Menschenrechte s.d.														
Umwelt						x	x			x	x			
Maslow [9]														
Physiologische Bedürfnisse											x			
Sicherheitsbedürfnisse											x			
Soziale Bedürfnisse					x				x					
Individualbedürfnisse													x	

Abb. A.2   (Fortsetzung)

Organisation und Faktoren	Detaillierung	Kapital	Macht	Aussehen	Gemeinschaft	Nahrung	Effizienz	Wissen	Rang	Sicherheit	Gesundheit	Sex	Selbstwert	Fortpflanzung
	Selbstverwirklichung												X	
OECD [10]														
	Zufriedenheit mit Arbeit	X	X			X	X	X	X	X			X	X
	Gesundheit										X			
	Einkommen	X												
	Lebenssinn				X						X		X	X
	Autonomie und Kompetenz		X		X			X	X	X				
	Bildung							X					X	
	Kapital	X												
	Soziale Beziehungen		X	X	X				X	X		X		X
	Work-Life Balance									X	X			
	Ziviles Engagement				X					X	X			
	Umweltqualität					X	X			X	X			
	Sicherheit									X				
Sustainable Development Goals (SDG) [11]														
	Keine Armut	X				X	X	X			X			X
	Kein Hunger					X					X			X
	Gesundheit und Wohlergehen	X		X		X				X	X		X	
	Hochwertige Bildung		X				X	X					X	
	Geschlechtergleichheit		X		X					X			X	
	Sauberes Wasser und Sanitäre Anlagen					X	X			X	X			X
	Bezahlbare und saubere Energie	X					X	X						
	Menschenwürdige Arbeit und Wirtschaftswachstum	X	X			X	X	X	X	X			X	X
	Industrie, Innovation und Infrastruktur	X					X	X						
	Weniger Ungleichheit		X		X				X				X	
	Nachhaltige Städte und Gemeinden					X		X	X	X				
	Verantwortungsvoller Konsum und Produktion	X				X	X	X			X			
	Maßnahmen zum Klimaschutz					X	X				X			
	Leben unter Wasser					X					X			
	Leben an Land	X				X					X			
	Frieden, Gerechtigkeit und starke Institutionen		X		X						X		X	
	Partnerschaften zur Erreichung der Ziele				X									
	Leben unter Wasser					X					X			
	Leben an Land	X				X					X			
	Frieden, Gerechtigkeit und starke Institutionen		X		X					X			X	

Abb. A.2 (Fortsetzung)

Organisation und Faktoren	Detaillierung	Kapital	Macht	Aussehen	Gemeinschaft	Nahrung	Effizienz	Wissen	Rang	Sicherheit	Gesundheit	Sex	Selbstwert	Fortpflanzung
Vereinigtes Königreich Measuring National Well-being (MNW) programme [12]														
Gesundheit						x					x	x		x
Beschäftigungsgrad (Beruf)		x			x		x		x	x		x		
Beziehungsstatus				x	x			x			x	x		x
Lebenszufriedenheit												x		
Ein bedeutungsvolles Leben		x	x		x			x	x			x		x
Glücksgefühl von Gestern		-	-	-	-	-	-	-	-	-	-	-	-	-
Angstgefühl von Gestern		-	-	-	-	-	-	-	-	-	-	-	-	-
World Economic Forum														
Bhutan s.d.														
World Happiness Report s.d.														
Gallup Poll s.d.														
World Happiness Report [13]														
Lebensweg (Life ladder)														
Demokratie			x					x				x		
Vertrauen in den Staat		x	x		x				x	x				
Korruption		x			x	x	x	x	x	x				
Generosität		x			x				x					x
Freiheit			x					x				x		
Lebenserwartung											x			
Soziale Unterstützung			x							x				
BIP		x												
World Value Surveys Länderabhängige Faktoren [14]														
Gefühl von Glück		-	-	-	-	-	-	-	-	-	-	-	-	-
Soziale Toleranz			x							x				
Freiheit			x					x				x		
Wirtschaftliche Entwicklung		x										x		
Lebenszufriedenheit										x		x		
Familienerwartung (Japan)					x							x		x
Selbstdarstellung (USA)										x		x		

Abb. A.2   (Fortsetzung)

Tab. A.1 Organisationen zum Thema AI und Lebensqualität (aus dem IEEE Standard „Ethically Aligned Design" [14, S. 16] übernommen und erweitert)

Organisation	Website
ACM Special Interest Group on Artificial Intelligence	http://sigai.acm.org/
AI & Society – Journal of Knowledge, Culture and Communication	https://link.springer.com/journal/volumesAndIssues/146
AI for Good Foundation	https://ai4good.org/
Future Advocacy	http://futureadvocacy.com/
Global Catastrophic Risk Institute	http://gcrinstitute.org/
Machine Intelligence Research Institute	https://intelligence.org/
Systems, Man, and Cybernetics Society	http://www.ieeesmc.org/
The 4TU Center for Ethics and Technology	https://ethicsandtechnology.eu/
The African Center of Excellence for Information Ethics	https://www.up.ac.za/african-centre-of-excellence-for-information-ethics/
The AI Initiative	http://ai-initiative.org/
The Association for Computing Machinery	https://www.acm.org/
The Association for the Advancement of Artificial Intelligence	https://www.aaai.org/
The Center for the Study of Existential Risk	https://www.cser.ac.uk/
The Dalai Lama Center for Ethics and Transformative Values at MIT	https://thecenter.mit.edu/
The Digital Asia Hub	https://www.digitalasiahub.org/
The Ethics Initiative at MIT Media Lab	https://www.media.mit.edu/groups/ethics/overview/
The Ethics and Governance of Artificial Intelligence Initiative	https://aiethicsinitiative.org/
The Foundation for Responsible Robotics (FRR)	https://responsiblerobotics.org/
The Future of Humanity Institute	https://www.fhi.ox.ac.uk
The Future of Life Institute	https://futureoflife.org/
The Global Challenges Foundation	https://www.globalchallenges.org/publications/globalrisks/about-the-project
The IEEE Computational Intelligence Society	https://cis.ieee.org/
The IEEE Computer Society	https://www.computer.org/
The IEEE Robotics and Automation Society	https://www.ieee-ras.org/
The IEEE Robotics and Automation Society Committee on Robot Ethics	https://www.ieee-ras.org/robot-ethics
The IEEE Society on Social Implications of Technology	https://technologyandsociety.org/
The IEEE Symbiotic Autonomous Systems Initiative	https://symbiotic-autonomous-systems.ieee.org/

(Fortsetzung)

Tab. A.1 (Fortsetzung)

Organisation	Website
IEEE Global Initiative on Ethics of Autonomous and Intelligent Systems)	https://ethicsinaction.ieee.org/
The IEEE- USA Government Relations Council Artificial Intelligence Committee	https://ieeeusa.org/advocacy/ policy-committees/
The International Center for Information Ethics	https://www.i-c-i-e.org/
The Japanese Society for Artificial Intelligence	https://www.ai-gakkai.or.jp/en/
The Leverhulme Center for the Future of Intelligence	http://lcfi.ac.uk/
The Open Roboethics Institute	https://www.openroboethics.org/
The Partnership on AI to Benefit People and Society	https://www.partnershiponai.org/
The World Economic Forum	www.weforum.org/system-initiatives/ shaping-the-future-of-digital-economy- and-society
United Nations Global Compact	https://www.unglobalcompact.org/ library/5491

Literatur

1. OECD. (2019). How's life in the digital age? Opportunities and risks of the digital transformation for people's well-being. https://www.oecd-library.org/ docserver/9789264311800-en.pdf?expires=1555916044&id=id&accname=ocid 195658&checksum=F8EBF6B177E0D7DDFF431B3F48C310E2. Zugegriffen am 02.03.2019.
2. O.V. (2019). Allgemeine Erklärung der Menschenrechte. https://www.humanrights. ch/de/internationale-menschenrechte/aemr/text/. Zugegriffen am 05.05.2019.
3. C. for B. S. & G. Research. (2015). A compass towards a just and harmonious society. *GNH Survey Report*. https://www.grossnationalhappiness.com/. Zugegriffen am 05.05.2019.
4. Deutsche Post Glücksatlas. (2018). https://www.gluecksatlas.de/. Zugegriffen am 05.05.2019.
5. Francis, P. (2015). *Encyclica Laudatio SI. On care for our common home*. Vatikan.
6. G. I. Association. (2019). Survey results. *Gallup Poll*. http://www.gallup-interna-tional.com/survey-results/. Zugegriffen am 05.05.2019.
7. GRI. (2019). GRI Standards. https://www.globalreporting.org/standards. Zugegriffen am 14.05.2019.

8. Schmiedeknecht, M. H., & Wieland, J. (2015). ISO 26000, 7 Grundsätze, 6 Kernthemen. In A. Schneider & R. Schmidpeter (Hrsg.), *Corporate Social Responsibility. Verantwortungsvolle Unternehmensführung in Theorie und Praxis* (2. Aufl., S. 299–310). Berlin/Heidelberg: Springer Gabler.

9. Maslow, A. H. (1943). A theory of human motivation. *Psychological Review, 50*, 370–396.

10. OECD. (2013). *OECD guidelines on measuring subjective well-being.* OECD Publishing.

11. UNO. (2015). UN resolution 70/1 the 2030 agenda.pdf (S. 35). UNO.

12. Jones, R., & Randall, C. (2018). measuring national well-being: Quality of Life in the UK (S. 1–12). https://www.publichealthnetwork.cymru/files/3615/2590/1606/Measuring_National_Wellbeing_Quality_of_Life.pdf. Zugegriffen am 17.01.2020

13. Helliwell, J., Layard, R., & Sachs, J. (2017). World Happiness Report 2017. https://s3.amazonaws.com/happiness-report/2017/HR17.pdf. Zugegriffen am 14.05.2019.

14. O.V. (2018). World values survey. http://www.worldvaluessurvey.org/wvs.jsp. Zugegriffen am 05.03.2019.

15. IEEE. (2016). Ethically aligned design: A vision for prioritizing wellbeing with artificial intelligence and autonomous systems.

CPSIA information can be obtained
at www.ICGtesting.com
Printed in the USA
LVHW080236030220
645569LV00033B/930